广西审判实务与探索

民事审判监督专辑

2022年　第3辑　总第25辑

卢上需／主编

GUANGXI JUDICIARY
PRACTICE AND STUDIES

北京

图书在版编目(CIP)数据

广西审判实务与探索. 2022年. 第3辑 : 总第25辑 / 卢上需主编. -- 北京 : 法律出版社, 2023

ISBN 978-7-5197-7869-9

Ⅰ. ①广… Ⅱ. ①卢… Ⅲ. ①法院-审判-工作-研究-广西 Ⅳ. ①D926.22

中国国家版本馆CIP数据核字(2023)第069239号

广西审判实务与探索(2022年第3辑)(总第25辑)
GUANGXI SHENPAN SHIWU YU TANSUO
(2022 NIAN DI 3 JI)(ZONG DI-25 JI)

卢上需 主编

责任编辑 章 雯 慕雪丹
装帧设计 汪奇峰

出版发行 法律出版社
编辑统筹 法商出版分社
责任校对 赵明霞
责任印制 胡晓雅
经　　销 新华书店

开本 710毫米×1000毫米 1/16
印张 16.75 **字数** 296千
版本 2023年6月第1版
印次 2023年6月第1次印刷
印刷 固安华明印业有限公司

地址:北京市丰台区莲花池西里7号(100073)
网址:www.lawpress.com.cn
投稿邮箱:info@lawpress.com.cn
举报盗版邮箱:jbwq@lawpress.com.cn

销售电话:010-83938349
客服电话:010-83938350
咨询电话:010-63939796

书号:ISBN 978-7-5197-7869-9　　**定价**:48.00元

凡购买本社图书,如有印装错误,我社负责退换。电话:010-83938349

《广西审判实务与探索》编辑委员会

目　录

Contents

实务探讨

司法论坛

调查研究

案例分析

实务探讨

检视与规范:以抵押物抵偿债务的效力

程丽文[*]　李伟钊[**]

摘要:近年来,新类型担保、非典型担保在实务中层见叠出。传统民法理论囿于公平原则、保护债务人利益、避免道德风险和尊重抵押权变价受偿属性考量,长期否认流押契约的效力并对各种类型以物抵债的效力存在质疑。本文从尊重当事人意思自治、尊重市场经济规律、顺应担保物权发展趋势、降低抵押权实现成本和避免道德风险等角度予以衡量,认为应当有条件的认可流押契约效力、原则性认可以物抵债效力,并尝试提出建立流押契约登记制度、规定流押契约应载明抵押物价值、对流押契约的内容进行限制,以及在法律层面认可履行期限届满后达成以物抵债协议的效力、认可履行期限届满前达成以物抵债协议的效力、建立以物抵债协议登记制度等相关合理化建议,以求对立法和实务有所裨益。

一、问题的提出

问题的提出,系源于以下案例。

(一)基本案情

1999 年至2001 年,粤丰公司先后与邕宁信用社签订6 份《抵押借款

* 广西壮族自治区高级人民法院审判监督第一庭庭长,三级高级法官。

** 广西壮族自治区高级人民法院审判监督第一庭二级法官助理。

合同》,贷款1040万元,茂联公司以案涉土地、设备、房屋、汽车等进行抵押对上述贷款承担担保责任。2002年3月21日,上述贷款中790万元本金的部分已到期。当日,邕宁信用社、粤丰公司、茂联公司共同签订《折价偿债协议》,约定将抵押物作价1331万元抵偿全部贷款本息。2002年12月25日,邕宁信用社取得部分抵债房屋房屋的所有权。2014年5月23日,邕宁信用社另案诉请判令粤丰公司、茂联公司返还贷款本息。粤丰公司、茂联公司在该案中主张原有的《抵押借款合同》已经被《折价偿债协议》取代,粤丰公司与邕宁信用社之间的借贷关系已经终结。该案因邕宁信用社撤诉,被裁定终结诉讼。后因案涉土地被征收,当事人之间再次产生纠纷,本案成讼。邕宁信用社遂起诉请求:确认《折价偿债协议》有效,并确认案涉土地为邕宁信用社所有。

(二)历次裁判理由及结果

一审法院认为,《折价偿债协议》系当事人真实意思表示,协议内容不违反法律法规强制性规定,合法有效。以物抵债协议与流押契约存在本质区别,流押契约是担保合同中的条款,而以物抵债则是对债的履行的变更,不具有担保性质。本案不属于《担保法》第40条规定的禁止流押契约的情形,且《折价偿债协议》不以借款期限届满为生效要件,茂联公司、粤丰公司自愿签订《折价偿债协议》的行为应视为提前偿还借款的行为。一审法院判决:《折价偿债协议》合法有效。

茂联公司不服一审判决,提起上诉。二审法院认为,《折价抵债协议》并非当事人于债务清偿期届满后签订的以物抵债协议,且茂联公司未实际全部履行《折价偿债协议》约定,即邕宁信用社未实际占有和使用案涉土地。案涉土地使用权仍登记在茂联公司名下,该土地上共计已建成17栋房屋,除茂联公司已按《折价偿债协议》约定将其中4栋房屋抵债过户至邕宁信用社名下外,仍有13栋房屋属于茂联公司所有。如履行《折价偿债协议》,将产生"房地分离"的情况,违反了我国法律关于建设用地使用权和地上建筑物一并处分的强制性规定,该约定应属无效约定。二审法院判决:(1)撤销一审判决;(2)驳回邕宁信用社的诉讼请求。

邕宁信用社不服二审判决,申请再审。再审法院认为,在粤丰公司拖欠案涉借款本息无力偿还的情况下,各方当事人协商一致达成《折价偿债协议》,约定将原抵押财产作价抵偿债务,该协议的内容不违反法律、行政法规的强制性规定,系各方当事人对各自经济利益的处分和安排,茂联公司并未提供充分证据证明该处分和安排损害了国家、集体或第三人的合法权益,故《折价偿债协议》依法有效。茂联公司主张《折价偿债协议》为流押契约,违反法律强制性规定,应属无效。从法律规定来看,根据

《担保法》第40条“订立抵押合同时，抵押权人和抵押人在合同中不得约定在债务履行期届满抵押权人未受清偿时，抵押物的所有权转移为债权人所有”和最高人民法院《关于适用〈中华人民共和国担保法〉若干问题的解释》(以下简称《担保法司法解释》第57条第1款“当事人在抵押合同中约定，债务履行期届满抵押权人未受清偿时，抵押物的所有权转移为债权人所有的内容无效”的规定，流押契约的认定应符合与抵押权同时在抵押合同中约定设立这一条件，而本案中茂联公司在大部分债务已到期的情况下与邕宁信用社达成的《折价偿债协议》，并不符合认定流押契约的时间要件，不应认定为流押契约。根据原《物权法》第186条“抵押权人在债务履行期届满前，不得与抵押人约定债务人不履行到期债务时抵押财产归债权人所有”的规定，流押契约的认定还应满足“在债务履行期届满前”的条件，但在《折价偿债协议》签订之际，案涉大部分债务已到期，况且《物权法》施行时间晚于《折价偿债协议》签订时间且并无溯及既往的效力，故该规定亦不适用于本案。以物抵债协议与流押契约存在本质区别，流押契约是担保合同中的条款，而以物抵债则是对债的履行的变更，不具有担保的性质。案涉《折价偿债协议》中，用于折价偿债的财产虽系抵押物，但各方经协商以之抵偿债务本息，既非为借款合同提供担保，亦非转移担保物所有权，故根据原《合同法》第71条第1款“债权人可以拒绝债务人提前履行债务，但提前履行不损害债权人利益的除外”的规定，该协议为合法有效的以物抵债协议，而非法律所禁止的流押契约。茂联公司主张《折价偿债协议》将导致房地分离，应属无效。但是，茂联公司部分房屋未用于抵债是否将产生房地分离的问题，并不属于本案审理范围。倘若产生该问题，当事人亦可进行协商或另案处理。茂联公司还主张《折价偿债协议》未经政府主管部门批准而无效、《折价偿债协议》已经实际无法履行，亦均无事实和法律依据，不应予以采信。综上，《折价偿债协议》系合同当事人的真实意思表示，合法有效，应当继续履行。再审法院判决：撤销二审判决，维持一审判决。

(三)涉及的问题

前述案例中，抵押人茂联公司在大多数债务已经到期的情况下，与债权人邕宁信用社约定以抵押物抵偿债务，后双方对该约定是否有效以及应否继续履行产生争议，该案成讼。该案涉及如何区别流押契约和以物抵债协议，以及当事人协商一致以抵押物抵偿债务的约定及行为是否合法有效等问题。本案将总结归纳学界的相关观点，围绕上述问题展开分析和论证，并尝试从立法的角度提出相应改进建议。

二、流押契约的效力

关于流押契约是否合法有效，学界观点不一，且流押契约本身存在“一个硬币的两面”,值得研究和探讨。

（一）流押契约的沿革

1. 我国历史上的规定。1995年10月1日起施行的《担保法》第40条明确规定了抵押合同的禁止:“订立抵押合同时,抵押权人和抵押人在合同中不得约定在债务履行期届满抵押权人未受清偿时,抵押物的所有权转移为债权人所有。”相应地,该法第53条规定了抵押权实现的条件和方式:“债务履行期届满抵押权人未受清偿的,可以与抵押人协议以抵押物折价或者以拍卖、变卖该抵押物所得的价款受偿;协议不成的,抵押权人可以向人民法院提起诉讼。抵押物折价或者拍卖、变卖后,其价款超过债权数额的部分归抵押人所有,不足部分由债务人清偿。”2000年12月13日起施行的《担保法司法解释》第57条规定,当事人在抵押合同中约定,债务履行期届满抵押权人未受清偿时,抵押物的所有权转移为债权人所有的内容无效。该内容的无效不影响抵押合同其他部分内容的效力。债务履行期届满后抵押权人未受清偿时,抵押权人和抵押人可以协议以抵押物折价取得抵押物。但是,损害顺序在后的担保物权人和其他债权人利益的,人民法院可以适用原《合同法》第74条、第75条的规定(债权人撤销权)进行处理。2007年10月1日起施行的《物权法》在第186条和第211条明确规定了禁止流押和流质,即抵押权人、质权人在债务履行期限届满前,不得与抵押人、出质人约定债务人不履行到期债务时抵押财产、质押财产归债权人所有。

2. 指导性案例和《全国法院民商事审判工作会议纪要》。2016年12月28日,最高人民法院在72号指导性案例汤某、刘某龙、马某太、王某刚诉新疆鄂尔多斯彦海房地产开发有限公司商品房买卖合同纠纷案中阐明了如下裁判规则:借款合同双方当事人经协商一致,终止借款合同关系,建立商品房买卖合同关系,将借款本金及利息转化为已付购房款并经对账清算的,不属于《物权法》第186条规定禁止的情形,该商品房买卖合同的订立目的,亦不属于2015年最高人民法院《关于审理民间借贷案件适用法律若干问题的规定》第24条第1款规定的“作为民间借贷合同的担保”。在不存在《合同法》第52条规定情形的情况下,该商品房买卖合同具有法律效力。最高人民法院在2019年11月8日印发的《全国法院民商事审判工作会议纪要》第44条中,对履行期届满后当事人之间自愿达成的不存在恶意损害第三人合法权益等情形的以物抵债协议的合法性进行了认可。该纪要第45条则规定,当事人在债务履行期届满前达成以物抵债协议,抵债物尚未交付债权人,债权人请求债务人交付的,因此种情况并不同于该纪要第71条规定的让与担保,人民法院应当向其释明,其应当根据原债权债务关系提起诉讼。结合该纪要第71条规定的让与担保制度来看,履行期限届满前达成的以物抵债协议，其效力应当根据抵债物是否完成相应的财产权利变动公示，作不同区分：(1)尚未完成公示，不形成担保法律关系。当事人之间诉争的基础法律关系仍是原债，以物抵债协议并非当事人之间的真实意思表示，其真实意思仍是履行原债；以物抵债协议具有担保合同的性质；债权人对抵债物的变价款并不享有优先受偿权。(2)已经完成公示的，构成让与担保。债权人对抵债物所享有的权利处于既得状态，但这种权利具有从属性，其实质上享有的仅是担保物权，故债权人不得主张抵债物归其所有；债权人对抵债物享有实质的担保物权，对抵债物的变价款享有优先受偿权；为防止债权人以实际权利人的身份擅自处分抵债物、第三人基于善意取得制度取得抵债物的所有权或者他物权，故赋予债务人对抵债物进行变价，将所得价款用于清偿所欠债务的请求权。〔1〕 同时，《全国法院民商事审判工作会议纪要》第66条、第67条也对非典型担保的担保功能和合同效力予以肯定。

3. 现行规定。2021年1月1日起施行的《民法典》第401条规定："抵押权人在债务履行期限届满前，与抵押人约定债务人不履行到期债务时抵押财产归债权人所有的，只能依法就抵押财产优先受偿。"〔2〕本条并未直接规定流押条款的效力，但从条文表述看，流押条款仍然是无效的，因为如果流押条款是有效的，抵押权人就可直接根据约定享有抵押财产的所有权，而不是只能依法就抵押财产优先受偿。另外，本条并未沿袭《物权法》第186条关于禁止流押的表述，而是认为流押条款仍会产生"依法就抵押财产优先受偿"的约定的法律效果，并非归于绝对无效。从解释论上说，应当认为无效的流押条款已经转化为有效的清算型担保，即已附条件的承认抵押物在债权范围内的对价归属于债权人。准确理解《民法典》第401条的规定，关键在于确定条文中"依法"一词应当如何认定。有学者认为，此处的"依法"包括以下两层含义：一是抵押权须已依法设立；二是仍须以折价、拍卖、变卖等方式进行清算，《民法典》的该条规定立足我国经济和社会发展，对流押契约在一定程度上进行解禁，为归属型清算和处分型清算留下了空间。〔3〕 本文认为，在流押条款符合抵押权依法设立的条件时，通过归属型清算和处分型清算的方式认可流押条款的效力，实际与认可流

〔1〕 参见最高人民法院民事审判第二庭编著：《〈全国法院民商事审判工作会议纪要〉理解与适用》，人民法院出版社2019年版。

〔2〕 关于《民法典》第401条的详细研究，可参见黄家镇：《论〈民法典〉流押规定的解释适用》，载《甘肃政法学院学报》2021年第2期。

〔3〕 一般而言，归属型清算指担保权人取得抵押物的所有权，如抵押物价值高于担保债权数额的，担保权人应将差额部分予以返还；处分型清算指将抵押物进行拍卖或变卖，担保权人就价金受偿。

押条款应当具备的“抵押权依法设立”这一构成条件的效力并无不同，难以视为对流押契约的“解禁”，但该规定确实在《物权法》的基础上展现了立法机关对流押条款更大的包容。

（二）否认流押契约效力的理由

传统民法认为，流押契约应当作为绝对无效的约定来进行处理。理由不外乎以下四点：

1. 基于公平、等价有偿考量。从利益衡量角度来看，多数的债务人是因为经济上的窘迫，而以自己价值较高的抵押财产担保金额较小的债务。此时，债权人与债务人之间的地位往往不对等，债权人容易乘人之危，要求债务人签订流押条款，进而在债务到期债务人无法清偿的情况下获得抵押物，谋求暴利。若抵押权设定后，抵押物价值大跌，以致低于所担保的债权，此时虽对债务人有利，但对债权人亦不公平。

2. 保护债务人利益。根据大陆法系传统的民事诉讼证据规则，债务人主张流押契约的形成系其受胁迫或者系债权人乘人之危签订，应当承担举证证明责任。实际上，在民法发展初期，因市场经济和信息技术不发达，抵押物的价值难以通过评估、参考行业定价标准等方式确定，故债务人难以证明抵押物之价值与其所负债务之间存在较大差距，亦不能说明流押契约的订立并非基于其内心真意，进而作为债务人在涉及流押契约的诉讼中容易处于不利地位。

3. 抵押权本质属性的要求。从物权法定的原则方面考量，抵押权是一种担保物权，担保物权也是物权，其权利的内容只能由法律进行规定，而不能由当事人任意创设。根据物权法定原则，动产的物权变动以交付为要件，不动产的变动以登记为要件，流押条款仅以债权人和债务人的约定为变动的唯一要件，不符合物权变动的公示公信原则。同时，抵押权的本质是变价优先受偿权，而非所有权期待权，只能就抵押财产折价、拍卖、变卖后的价款优先受偿，流押不符合抵押权价值属性的特点。

4. 避免道德风险。流押合同签订后，债务人届期未清偿债务，债权人却可以依照流押的约定直接取得抵押财产，可能引发债权人恶意促成债务人违约的道德风险。同时，债务人与债权人订立流押契约，直接导致债务人责任财产的减少，容易侵害到债务人的其他债权人的权益。此外，流押契约仅通过当事人双方合意即可实现物权变动的目的，容易纵容债务人和债权人以订立流押契约作为手段进行虚假诉讼。

（三）认可流押契约效力的理由

禁止流押的效力性、强制性规定体现出法律像父亲一样根据当事人的实力强弱进行利益衡量，将债务人、抵押人视为弱者进行扶助的精神。但是，本文认为，私法自治理念是民法的基本精神，禁止流押的法律规制模式在当代应当更加体现当事人私法自治，在一定程度上予以放开，理由如下：

1. 尊重当事人意思自治。从立法者的视角俯瞰，民事主体都是理性的经济人，无论抵押物的价值大于还是小于其担保的债权金额，抑或出现债权人利用债务人举债时的急迫境地进而迫使其订立流押契约，只要不违反社会公共利益和其他人的合法权益，都属于当事人意思自治应当涵摄的范围，不应为法律横加干涉。例如，期货即远期交易合约，买卖双方均需具有一定射幸的主观意愿，均需自愿承担相关市场风险，否则无法达成任何期货交易。此等领域，一般应由市场提供平台供市场主体完成资源配置，当事人对自己的经营决策、融资举债、投资发展承担相应责任，享受经济收益或承担亏损，法律不宜过多干涉。在实际的经济和社会生活中，抵押权是典型的功能性物权，〔1〕应当以其功能的充分发挥为导向进行立法，而非仅机械立足于传统民法理论。

2. 便于拓宽融资渠道。市场经济的规律，本就是商品的价值由市场机制决定，当事人对稀缺的资源自然应当支付更高的价款。流押契约订立后，如债权人担心抵押物贬值或者本来就不足值，则其倾向于对债务人的用款情况进行跟踪，甚至动用自己的资源去促使债务人偿债能力的提升；如债务人认为抵押物的价值远远高于债务金额，则其亦会想方设法偿还债务，即“流押未必流押”。同样，如果流押契约合法有效，相较于不同意订立流押契约的债务人，债权人显然会倾向于同愿意订立流押契约的人建立债权债务关系。从利益衡量的角度来看，流押契约中可能涉及的风险均系正常的市场风险，与促进发挥抵押的功能和作用、便利债务人融资相权衡的话，相关风险由双方当事人自行承受更为符合常理。

3. 顺应担保物权发展趋势。《全国法院民商事审判工作会议纪要》明确指出，人民法院要充分发挥担保对缓解融资难融资贵问题的积极作用，不轻易否定新类型担保、非典型担保的合同效力及担保功能。以让与担保为例，其优势在于债务人即便已经向债权人转移了担保物的所有权，但是其仍然有权对担保物进行使用和收益。让与担保具有灵活、富有效率的特点，且并未为债权人增加任何风险，其在融资方面显示出的优越性，得到了实务界和学术界的肯定。〔2〕《全国法院民商事审判工作会议

---

〔1〕 参见梁上上：《物权法定主义：在自由与强制之间》，载《法学研究》2003 年第 3 期。

〔2〕 参见庄加园：《“买卖型担保”与流押条款的效力——〈民间借贷规定〉第 24 条的解读》，载《清华法学》2016 年第 3 期。

纪要》第71条明确认可了让与担保作为担保合同的效力，举重以明轻，让与担保约定担保物在担保设定之际就需完成财产权利变动公示至债权人名下，而流押契约的债权人只有在债务人不履行到期债务时候才能主张取得抵押物的所有权，这种事后主张归属的风险显然远远小于让与担保。

4. 降低抵押权实现成本。按照法经济学的观点，法律的基本功能是改变激励，以最低的制度成本实现财富的最大化。[1] 绝对禁止流押契约，意味着当事人必须通过拍卖、变卖等方式来实现抵押权。在债务人没有其他财产可供清偿债务的情况下，债权人与债务人之间很难就抵押物的处置达成一致意见，相关债权往往就需要通过民事诉讼来实现。通过民事诉讼实现债权，显然增加了债权实现的时间成本和经济成本，影响抵押权等担保物权功能的发挥，还将加剧人民法院案多人少的矛盾。相反，承认流押契约可以做到以极少的成本实现担保物权，有利于发挥担保物权的担保功能。[2]

5. 可以避免道德风险。主张否认流押契约效力的学者提出的道德风险的问题，即债权人不当促使债务人无法清偿债务进而流押获得不当利益的问题，完全可以依照《民法典》第159条"附条件的民事法律行为，当事人为自己的利益不正当地阻止条件成就的，视为条件已经成就；不正当地促成条件成就的，视为条件不成就"的规定进行处理。况且，道德风险在大量的民事法律行为中均存在，但立法者不能因噎废食。例如，禁止民间借贷、禁止射幸行为、禁止现金交易等，学界均能提出一定合理的理由。但是，立法应当坚持相当重要的一个原则：立足于时代发展和经济社会背景，综合进行利益权衡。

三、以物抵债的效力

（一）以物抵债概述

以物抵债协议并非《民法典》规定的典型合同，但在社会生活实践中大量存在。以物抵债也并非一个精确的法律概念，而是实践中形成的一种变通履行债务的方法。从以物抵债的法律沿革来看，1992年最高人民法院印发的《关于适用〈中华人民共和国民事诉讼法〉若干问题的意见》（已失效）第301条曾规定："经申请执行人和被执

---

〔1〕 参见钱弘道：《法律经济学和中国法律改革、未来法学》，载《法律科学（西北政法学院学报）》2002年第4期。

〔2〕 参见程啸：《担保物权研究》，中国人民大学出版社2017年版，第124页。

行人同意,可以不经拍卖、变卖,直接将被执行人的财产作价交申请执行人抵偿债务……”但以物抵债概念首次出现在法律法规中是在 1999 年起施行的《中国银行以物抵债管理办法(试行)》中,该办法第 2 条第 1 款规定“以物抵债,是指债务人将事先抵押、质押给债权银行的财产或者其他非货币财产折价归银行所有,用以偿还银行债务”。此外,原《物权法》第 195 条、第 219 条和第 236 条关于抵押物、质押物、流质物协议折价和原《合同法》关于建设工程优先权实现中的协议折价规定,均为以物抵债的表现形态。2005 年起施行的最高人民法院《关于人民法院民事执行中拍卖、变卖财产的规定》第 19 条第 1 款(修正后为第 16 条第 1 款)规定,“拍卖时无人竞买或者竞买人的最高应价低于保留价,到场的申请执行人或者其他执行债权人申请或者同意以该次拍卖所定的保留价接受拍卖财产的,应当将该财产交其抵债”。《全国法院民商事审判工作会议纪要》第 44 条和第 45 条分别就履行期届满后达成的以物抵债协议和履行期届满前达成的以物抵债协议进行了规定,并基于防范虚假诉讼的考量,规定人民法院不得根据以物抵债协议出具民事调解书。以上相关制度均为以物抵债提供了实践空间。

关于以物抵债协议的分类。根据以物抵债协议设立的时间划分,可分为债务履行期届满前的以物抵债协议和债务履行期限届满后的以物抵债;从以物抵债是否履行来看,可分为未实际履行的以物抵债和已履行的以物抵债。以物抵债协议的类型及当事人是否实际实际履行以物抵债协议,即是否完成了交付或过户,是认定以物抵债协议和以物抵债行为是否有效的关键。本文所涉案案例中,《折价偿债协议》总体属于履行期限届满后的、已实际大部分履行的以物抵债协议,协议合法有效,以物抵债的行为亦应受到法律的认可。

(二)以物抵债效力的判断

1. 以物抵债协议属于诺成合同。在崇尚私法意思自治的今天,对于有偿合同,一味强调“要物”的成立条件,有违合同法的逻辑和价值,更有可能给当事人甚至市场主体带来不利益,在一定程度上增加信用成本和交易成本。[1] 从法律规定来看,以物抵债协议作为无名合同,应当适用《民法典》合同编通则的规定,而合同编通则要求合同有效应当具备的条件,并不需要该协议具有实践性。[2] 早在 2017 年最高人民法

〔1〕 参见郑永宽:《要物合同之存在现状及其价值反思》,载《现代法学》2009 年第 1 期。

〔2〕 参见司伟:《债务清偿期届满后的以物抵债纠纷裁判若干疑难问题思考》,载《法律适用》2017 年第 17 期。

院公报案例“通州建总集团有限公司与内蒙古兴华房地产有限责任公司建设工程施工合同纠纷案”中,[1]最高人民法院对以物抵债协议的效力的认定更偏重于当事人意思自治,而非受领抵债物。最高人民法院明确指出,对以物抵债协议的认定应当以尊重当事人的意思自治为基本原则,一般而言,除了当事人明确约定外,当事人达成的以物抵债协议,并不以债权人现实的受领抵债物或取得抵债物的所有权、使用权等财产权利为成立或生效要件。只要当事人的意思表示真实,合同内容不违反法律、行政法规的强制性规定,合同即为有效。这一裁判规则,实质上明确了以物抵债协议属于诺成性合同。随着前述公报案例裁判规则的确立,以及《全国法院民商事审判工作会议纪要》的发布,以物抵债协议诺成性的观点逐渐成为学术界和实务界的主流观点。本文所涉案例中,《折价偿债协议》因不符合流押契约的构成要件而应依法认定为以物抵债协议,在当事人意思表示真实且不违反法律规定的情况下,该协议自然是合法有效的。

2. 以物抵债与代物清偿。有学者认为,当论及以物抵债这一概念之时,可以作两种划分:一种是当事人之间达成的以他种给付代替原定给付的合意,即以物抵债协议;另一种则是双方当事人不仅达成了以物抵债之合意,债权人还实际受领了债务人的他种给付。[2] 本文认为,后一种以物抵债,在具备债权人实际受领给付的条件下,与代物清偿并无二致。代物清偿合同成立,原债的关系消灭,债权的从属权利(如担保权)亦不复存在,纵使代物清偿的他种给付存有瑕疵,原债权亦不复生,债权人也不能请求无瑕疵的给付,只能依据代物清偿合同的有偿性主张债务人就代物清偿之物承担瑕疵担保责任。从代物清偿的构成要件来看,须债权人受领他种给付代原给付,因而代物清偿协议系实践性合同。以物抵债协议作为诺成性合同,当该诺成性合同约定的债权人受领他种给付代替原给付后,以物抵债协议的诺成性便完成了使命,从而更多地体现出以物抵债的“以替代物清偿”的本质。本文所涉案例中,《折价偿债协议》实际已得到部分履行,因此当事人履行该协议的行为已实际属于代物清偿,粤丰公司、茂联公司与邕宁信用社在已得到履行的原债的范围内的权利义务已归于消灭,粤丰公司、茂联公司无权再请求邕宁信用社返还案涉不动产。

3. 以物抵债与物权变动。最高人民法院《关于人民法院民事执行中拍卖、变卖财产的规定》第 26 条规定,不动产、动产或者其他财产权在民事执行程序中经拍卖或者

---

〔1〕 参见(2016)最高法民终字第 484 号民事判决书,载《最高人民法院公报》2017 年第 9 期。

〔2〕 参见崔建远:《以物抵债的理论与实践》,载《河北法学》2012 年第 3 期。

抵债后，产权的转移时间为拍卖成交或抵债裁定送达买受人或者承受人之时。《民法典》第229条也规定，“因人民法院、仲裁机构的法律文书或者人民政府的征收决定等，导致物权设立、变更、转让或者消灭的，自法律文书或者征收决定等生效时发生效力”。有观点认为，设权或者确权的法律文书本身具有与登记、交付等公示方法相同的法律效力，〔1〕但我国通说认为上述法律文书仅仅包含形成判决和形成裁决，确认判决、裁决和民事调解书不具有此效力。〔2〕据此，以物抵债协议将有四种归宿：其一，违反法律强制性规定的，合同无效；其二，实际未履行且协议不违反法律强制性规定的，在当事人之间产生合同效力；其三，实际未履行，但为形成判决和形成裁决确认物权变动的效力的，合同有效且发生物权变动的效果；其四，合同有效且实际履行的，产生代物清偿的法律效果。本文所涉案例中，《折价偿债协议》已实际为当事人所履行，属上述第四种情形，依法发生代物清偿的法律效果，已履行部分的物权已实现变动。

四、相关制度的完善

（一）有条件的认可流押契约的效力

1. 建立流押契约登记制度。债务人与债权人签订流押契约之后，依然可能对抵押物进行处分。如果一概认可流押契约的对世效力，则可能侵害第三人的权益，引发后续对抵押物权益的争议。通过流押契约登记和登记后在一定范围内的公示，使第三人在与债务人就抵押物进行交易磋商之际便知晓抵押物已经设置了流押条款，从而保障其知情权，使其在全面了解抵押物的状况的情况下做出决策。同样，流押契约作为民事合同，纵使其未经登记，亦并非当然无效，而是在当事人之间发生债权的效力，债权人有权诉请人民法院判令债务人依照流押契约履行义务。

2. 规定流押契约应载明抵押物价值。可以明确规定，当事人订立流押契约之际，应当明确约定抵押物的价值或者价值的计算方法。日后债务人无法清偿债务而不得不将抵押物的所有权转移给债权人所有时，双方应当就尚欠的债务与抵押物的价值进行结算。如抵押物的价值超出尚欠债务，债权人应在取得抵押物的所有权后，将超出的部分返还债务人。如抵押物的价值不足以清偿债务，根据合同约定免除债务人其他债务或者作为债务人的普通债务进行处理。

---

〔1〕 参见胡康生主编：《中华人民共和国物权法释义》，法律出版社2007年版，第79页。

〔2〕 参见谢在全：《民法物权论》（上册），台北，三民书局2003年版，第128～129页。

3. 对流押契约内容进行限制。例如，当抵押物是债务人的唯一住所时，不得约定流押契约，因为这种约定可能会损害债务人的基本生存权。对于限制流通的不动产或其他财产，如违反某个地区关于家庭购买商品房数量限制规定的，债权人根据其他法律法规的规定无获获得使用权资质的，不得设定流押契约。对于权属有争议的不动产、存在租约的不动产等可能存在权利瑕疵的抵押物，应当作出细化的限制规定。此外，对于流押契约生效后可能出现的影响合同继续履行的如行政机关对抵押物进行征收征用等情形，亦应有所细致规定。

（二）原则上认可以物抵债的效力

1. 在法律层面认可履行期限届满后达成的以物抵债协议的效力。以物抵债协议的效力已经为《全国法院民商事审判工作会议纪要》所认可，其合理性亦不再赘述，但《全国法院民商事审判工作会议纪要》终非法律，以物抵债协议应当作为重要的有名合同得到明确规定。至于学界担心以物抵债可能滋生虚假诉讼的问题，就逻辑而言，以物抵债和虚假诉讼系属不同范畴，并非同一层面上的问题。对虚假诉讼，我国法律已经设置了较为完善的制度体系来救济，如通谋无效和债的保全上之撤销权。虚假诉讼在任何一种诉讼中均可发生，与以物抵债本身无关。至于通过以物抵债规避法律规定禁止流通物转让的规定的，亦属于以合法形式掩盖非法目的的行为，当然归于无效。

2. 认可履行期限届满前达成以物抵债协议的效力。《全国法院民商事审判工作会议纪要》对当事人在债务履行期限届满后达成以物抵债协议，债权人具有请求人民法院判令债务人交付抵债物的权利进行了认可。同时，也规定了人民法院要着重审查以物抵债协议是否存在恶意损害第三人合法权益等情形，避免虚假诉讼的发生。但是，对履行期届满前达成的以物抵债协议，抵押物已交付的，按照让与担保处理，抵债物未交付的，债权人只能根据原债权债务关系主张权利。本文认为，履行期届满前达成的以物抵债协议，符合合同基本生效条件的，人民法院应当予以尊重，债权人有权选择根据原债权债务关系主张权利还是根据以物抵债协议主张权利。当然，人民法院对以物抵债协议是否符合合同生效的其他法定条件，以及应否认定为流押契约进而适用相应法律规定，应当严格审查。

3. 建立以物抵债协议登记制度。履行期限届满前达成的以物抵债协议，与传统民法理解的流押契约之间在法律价值判断和衡量方面并无显著区别。从实务中看，流押契约的订立一般在债权债务形成之际，而以物抵债可以存在于债权债务形成之际以及债权债务履行的全过程。本文认为，应当参照前述建立流押契约登记制度的建议，相应建立履行期限届满前达成的以物抵债协议的登记制度，防范第三人可能因抵债物的瑕疵而遭受损害的情况发生。此外，亦应建立相应配套制度以充分维护各方主体权益。如债权人或债务人诉请确认以物抵债协议效力的，人民法院应当将确认协议有效的生效判决抄送有关登记机关。如不赋予人民法院此项职责，亦可规定该确认之诉的胜诉一方有义务进行抄送，如不抄送，对当事人之外的第三人不发生确认的效力等。

五、结语

法治的发展是一个渐进的过程。《民法典》通过“其他具有担保功能的合同”这一概念，从功能主义的角度认可了多种担保制度，后续《担保法司法解释》第 1 条也进一步界定了其他具有担保功能合同的广阔范围。由此可以窥见，我国现行担保法律制度相较于以往，已经有了长足的进步。但是，本文论及的流押契约之禁止和履行期限届满前以物抵债效力无效等制度规范，尚未能充分贯彻民事主体意思自治的原则，亟待修订。“法与时转则治”，期待相关法律制度早日得以完善，更加符合新时代经济社会发展的要求。

“住改商”认定问题探析

——以民用建筑基站建设为视角

张英伦[*]　韦颖媚[**]

摘要：2020 年 3 月，国家发改委将 5G 通信基站建设列入新型基础设施建设范围，“十四五”规划更是提出了“数字中国”的战略部署，5G 通信基站建设也从单纯的企业成本投入变成具有一定程度公益性质的新型基础设施建设。基础电信业务经营者因在民用建筑搭建通信基站引发的纠纷与日俱增，为妥善处理该类纠纷，本文拟以《民法典》第 279 条为视角，从“十四五”规划提出“数字中国”战略部署的背景出发，对基础电信业务经营者在民用建筑搭建通信基站是否属于“住改商”的认定问题进行探讨，为妥善审理该类纠纷提供新的裁判思路。

一、“住改商”认定问题的提出

（一）案例引入：基本案情与裁判结果

郑某系武汉市玫瑰苑小区 A 号房的业主，将该住宅出租给中国联通网络通信有限公司武汉分公司（以下简称联通武汉分公司）。2011 年 12 月，郑某与联通武汉分公司未经小区内相关业主的同意，擅自将光纤传输机柜、电源柜、蓄电池等设备安置在案涉住宅，将案涉住宅建成通信机房。张某以郑某、联通武汉分公司擅自将案涉住宅改变成经营性用房为由诉至法院，诉请判令两被告拆除位于武汉市玫瑰苑小区 A 号房的

* 广西壮族自治区高级人民法院执行裁判庭庭长，三级高级法官。

** 广西壮族自治区高级人民法院民事审判第一庭三级法官助理。

光纤传输设备,恢复房屋住宅用途,并承担本案诉讼费用。

一审法院认为,联通武汉分公司在案涉住宅搭建通信基站的行为并未改变涉案房屋的住宅性质,即或改变亦是用于公益事业,且张某未提供其房屋价值、生活质量受到或者可能受到不利影响的证据。故驳回张某的诉请。

二审法院认为,联通武汉分公司在租赁案涉房屋并在屋内搭建通信基站是为解决接入业务的汇聚、交换需求,不是为了生活居住,联通武汉分公司的上述行为属于将住宅改变为经营性用房,从而改判支持张某诉请,判令武汉联通公司拆除位于武汉市玫瑰苑 A 号房的光纤传输设备,恢复房屋住宅用途。

(二)问题提出:争议焦点及主要裁判观点

案件的主要争议焦点在于:基础电信业务经营者在民用建筑搭建通信基站的行为是否属于《民法典》物权编第 279 条中规制的将住宅改变为经营性用房的行为。对此,实务中存在以下两种裁判观点:

裁判观点一:《民法典》物权编第 279 条中规制的将住宅改变为经营性用房的行为,主要针对的是利用住宅从事较大规模、给其他物权所有人带来噪声、污染、异味、增加外来人员出入影响其安宁生活的经营生产行为,如将住宅改变成传统的餐饮、娱乐、洗浴场所或者作为公司办公用房等。基础电信业务经营者为了保证通信质量在民用建筑搭建通信基站的行为,符合公共利益需要,且无证据证明该行为造成噪声、污染、增加外来人员出入等结果,打扰其他业主的安宁生活,亦无证据证明房屋价值、生活质量受到或者可能受到不利影响。故不应认定基础电信业务经营者为了保证通信质量在民用建筑搭建通信基站的行为属于《民法典》物权编第 279 条中规制的将住宅改变为经营性用房的行为。

裁判观点二:基础电信业务经营者虽然属于国营企业,但仍属于以营利为目的的企业法人,并不属于国家机关,更不代表国家意志。基础电信业务经营者租赁民用住宅搭建通信基站是为了解决其所经营的通信业务的汇聚、交换需要,虽然该经营行为不同于传统的商业经营行为,但仍不能否认该行为的经营性。故在未经过全体业主一致同意的情况下,基础电信业务经营者在民用建筑搭建通信基站的行为应认定为《民法典》物权编第 279 条中规制的将住宅改变为经营性用房的行为。

(三)争议问题评析

上述案例发生在《电信条例》修订和国家将 5G 列入战略性新型基础设施之前,基础电信业务经营者在民用建筑搭建通信基站缺乏符合国家公共利益之需的政策性基础;同时,从案情来看,联通武汉分公司未能举证证明案涉通信基站产生的电磁辐射低于《电磁环境控制限值》(GB 8702—2014)的规定，亦未能证明案涉通信基站不属于《电磁辐射环境保护管理办法》第 20 条规定的大型电磁辐射发射设施或高频设备，缺乏确保人民生命健康安全的技术基础。二审法院由此将基础电信业务经营者搭建通信基站的行为认定为以营利为目的的经营活动，判决联通武汉分公司拆除基站，恢复住宅原状符合当时的政策和社会需求，不存在国家发展与业主利益之间的冲突平衡问题。

但随着通信科技发展和国家战略部署的需要，国家将 5G 通信基站建设列入新型基础设施，并从中央到地方政府都相继出台政策推进 5G 技术的发展，特别是针对通信基站的建设难问题。5G 通信基站的搭建技术和方式也已从传统的高辐射率的大型基站向低辐射率的小型基站发展，关于电磁辐射问题的标准规范也相继出台，以保障在推进 5G 发展的同时，确保人民生命健康。在这个背景下，基础电信业务经营者为了满足国家发展 5G 技术和民众对通信质量的需求在民用建筑搭建通信基站的行为，应否认定为《民法典》第 279 条规制的"住改商"行为值得商榷。

本文第二部分将从《民法典》第 279 条的立法目的和公共利益的概念标准两个方面，从 5G 通信基站建设成为新型基础设施、"十四五"规划提出"数字中国"的背景出发，对基础电信业务经营者在民用建筑搭建通信基站的行为应否认定为传统"住改商"行为进行论证。

二、否定"住改商"性质的前提：行为具有公益性、合法性

(一)从公共利益的概念与国家政策的需求分析民用建筑搭建通信基站性的公益性

公共利益的概念并不是亘古不变的，它会因时代和地区的不同而有所不同。因此，各国法律虽然都有与"公共利益"相关的规定，但均未对"公共利益"的概念作出明确界定。学界对"公共利益"的概念亦无统一的认识。边沁认为，社会公共利益只是一种抽象的概念，它不过是个人利益的总和。[1] 庞德则将公共利益分为六大类型：包括社会的一般安全、社会体制、基本道德、保护社会资源、不断发展及按照社会标准所过的个人生活。[2] 美国法学家斯通则认为，社会公共利益可大致总结为社会

---

〔1〕 参见[英]边沁：《道德与立法原理导论》，时殷弘译，商务印书馆 2000 年版，第 58 页。

〔2〕 参见[美]罗斯科·庞德：《法理学》(第 3 卷)，廖德宇译，法律出版社 2007 年版，第 218 ~ 244 页。

制度安全、一般道德以及个人的社会生活。[1]

笔者通过梳理各学说并结合我国社会及司法实践,认为公共利益应当分为以下两种类型:一是基本道德利益,即被社会大多数人所认可的、约定俗成的一般道德,应当被全体社会人所尊重的道德情感;二是公共政策利益,即社会的公共安全、社会组织安全、社会资源及社会的可持续发展等。判断是否符合公共利益的标准,主要有以下四个方面:一是行为是否具有公共性;二是行为是否具有重要性;三是行为是否具有现实性;四是行为是否具有正当程序性。下文将从"公共利益"概念之判断标准和我国支持5G技术发展的政策需求两个方面,就本文所讨论的"基础电信业务经营者在民用建筑搭建通信基站"这一行为是否具有公益性进行分析:

1. 在民用建筑搭建通信基站符合国家政策利益之需

随着科技的进步和社会的发展,国家战略和社会公众生活同时对通信网络的速度和质量提出了更高要求,国家为保障民众通信自由和国家发展战略的落实,大力推进信息化建设。2020年3月,国家发改委将5G通信基站建设列入新型基础设施建设的范围;2021年3月通过的《中华人民共和国国民经济和社会发展第十四个五年规划和2035年远景目标纲要》(以下简称"十四五"规划)更是提出了数字中国和网络强国的战略部署。5G作为新一代移动通信技术,是万物互联的入口,也是数字经济发展的基础。5G发展,基站先行,5G通信基站的选址建设,是保证5G信号覆盖的基础,5G通信基站建设是5G产业布局的第一步。在此背景下,从中央到地方,各级党委政府相继出台推动5G通信技术发展的政策,推进5G通信基站建设,确保"数字中国"战略部署的落实。

法律法规层面对在民用建筑搭建基站行为予以合法性肯定:国务院新修订的《电信条例》对电信业务经营者在民用建筑上架设公通信基站等公用电信设施的行为在法规上予以准许,同时要求电信业务经营者履行通知和支付费用义务;[2]部门规章层面对在民用建筑搭建基站予以规划上的支持:住房城乡建设部、工业和信息化部出台的《关于加强城市通信基础设施规划的通知》规定,建设单位应根据规划设计条件预留基站的设备机房和天线位置。地方层面,以广西壮族自治区为例,相继出台《广西壮族自治区电信设施建设与保护条例》、广西壮族自治区人民政府办公厅《关于印

---

〔1〕 参见薄振峰:《朱利叶斯·斯通的社会法学思想》,载《清华法学》2006年第3期。

〔2〕 《电信条例》第46条规定:"基础电信业务经营者可以在民用建筑物上附挂电信线路或者设置小型天线、移动通信基站等公用电信设施,但是应当事先通知建筑物产权人或者使用人,并按照省、自治区、直辖市人民政府规定的标准向该建筑物的产权人或者其他权利人支付使用费。"

发数字广西信息通信基础设施会战三年行动计划(2018 - 2020 年)的通知》等政策,[1]保障通信基站的建设,推进地区信息化建设。综上可以看出,从国家政策到地方行政规章,都将 5G 通信基站建设作为新型基础设施建设,对 5G 通信基站的建设更是予以政策和法规上的支持。因此,基础电信业务经营者为落实国家关于 5G 技术发展的要求和民众对通信质量的要求,在民用建筑搭建通信基站的行为已不再是单纯的企业经营性成本投入,而是符合国家政策利益之需的具有公益性质的行为。

2. 在民用建筑搭建通信基站符合“公共利益”概念的判断条件

首先,如前文所述,5G 通信基站建设已被列入新型基础设施建设的范围,并成为“十四五”规划的重要一环,5G 通信基站的建设不仅大大提高社会公众的通信质量保障通信自由,更是我国在全球经济呈现数字化特征的背景下,应对新一轮科技革命和产业变革的基础[2],因此,5G 通信基站的建设对社会公众的生活质量和国家的发展都有着重要性和现实性。其次,5G 通信基站的建设产生的影响和受益对象并不针对单一个人或单一区域,而是面向广泛的社会公众,具有公共性。最后,在程序性上,我国在通信基站、机房建设程序方面有《通信建筑工程设计规范》(YD 5003—2014)《边远通信局(站)安全管理技术要求》(YD/T 2381—2011)等严格的技术标准和规范,基站的建设需满足通信网络规划、通信技术要求以及通信安全保密、国防、人防、消防等要求,并应结合水文、气象、地理、地形、地质、地震、交通、城市规划、土地利用、名胜古迹、环境保护、投资效益等因素及生活设施综合比较进行选址建设,场地建设不应破坏当地文物、自然水系、湿地、基本农田、森林和其他保护区。在建设基站前基础电信业务经营者会进行基站对周边产生的辐射、噪声等影响的评估,考虑对周围环境影响及防护对策,对周围环境的影响必须符合《电磁环境控制限值》(GB 8702—2014)的要求。值得注意的是,对于电磁辐射,国家相继颁布了《电磁辐射环境保护管理办法》(已失效)、《电磁辐射防护规定》《辐射环境保护管理导则——电磁辐射环境影响评价方法与标准》《辐射环境保护管理导则——电磁辐射监测仪器和方法》《移动通信基站电磁辐射环境监测方法》《环境电磁波卫生标准》《电磁兼容通用标准居住商

---

〔1〕 广西壮族自治区相继出台《电信设施建设与保护条例》、广西壮族自治区人民政府办公厅《关于印发数字广西信息通信基础设施会战三年行动计划(2018 - 2020 年)的通知》(桂政办发〔2018〕97 号)、广西壮族自治区人民政府办公厅《关于支持移动通信基站建设的通知》(桂政办电〔2017〕238 号)等法规文件对 5G 通信发展予以支持。

〔2〕 参见国家发改委规划司:《“十四五”规划〈纲要〉解读文章之 11 | 建设数字中国》,载 https://www.ndrc.gov.cn/fggz/fzzlgh/gjfzgh/202112/t20211225_1309699_ext.html。

业和轻工业环境中的发射标准》等一系列规定和国家标准,并且我国标准比欧美各国所制定的标准更加严格,确保了电磁辐射的安全性和规范性。因此,笔者认为,基础电信业务经营者在民用建筑搭建通信基站的行为符合国家相关法律法规的要求,按要求完成规划、报建、环评、备案等程序的情况,其在民用建筑搭建通信基站的行为符合程序性规范。

综上,基础电信业务经营者在符合程序性规范的前提下,在民用建筑搭建通信基站的行为,符合"公共利益"概念的判断条件和国家政策利益之需,具有公益性,有别于企业单纯的经营性成本投入行为。

(二)从立法目的分析民用建筑搭建通信基站行为的合法性

住宅,是指专供居住的房屋,包括别墅、公寓、职工家属宿舍和集体宿舍(包括职工单身宿舍和学生宿舍)等,但不包括住宅楼中作为人防用、不住人的地下室等,也不包括托儿所、病房、疗养院、旅馆等具有专门用途的房屋。[1] 从社会生活角度来看,住宅是人类建造来居住、生活、休息和社交的固定且私密的空间,外人不得肆意进入。[2] 从法律角度来看,《宪法》规定我国公民的住宅不受侵犯。由此可以看出,住宅具有自然特征、社会特征和经济特征。

商用,是指利用物业从事以营利为目的的经营活动,以达到商业用房的功能和获取经济利益的效果,例如,将物业用于零售、批发、办公、旅馆或其他服务行业,[3] 其经济性特征更为突出。同时,商用房与住宅在功能用途、造价成本、物业费用、水电费、土地出让金及税费方面都存在较大差异。

"住改商"的概念来自《民法典》物权编第 279 条[4]的规定:业主不得违反相关法律法规,将住宅改变为经营性用房。但同时又规定了利害相关业主一致同意时,可以将住宅改变为经营性用房。从文义解释角度看,《民法典》第 279 条规定的"住改商"指的是,业主违反相关法律法规,在未经有利害关系业主一致同意的情况下,将专供居住的房屋改变为以营利为目的从事经营性活动的经营性用房。从立法设计角度看,《民法典》第 279 条对"住改商"行为进行规制,并非是绝对禁止的,在征得有利害关系业主一致同意并符合相关法律法规的情况下,允许将住宅改变为经营性用房。

---

〔1〕《房地产统计指标解释(试行)》(住建房〔2002〕66 号)。

〔2〕参见周珂主编:《住宅立法研究》,法律出版社 2008 年版,第 3 页。

〔3〕参见安元:《多元主体模式下"住改商"法律规制研究》,西南大学 2018 年硕士学位论文。

〔4〕《民法典》第 279 条规定:"业主不得违反法律、法规以及管理规约,将住宅改变为经营性用房。业主将住宅改变为经营性用房的,除遵守法律、法规以及管理规约外,应当经有利害关系的业主一致同意。"

从立法目的的角度看,《民法典》第 279 条对“住改商”行为进行规制,主要因为“住改商”行为会带来以下四个方面的消极影响:第一,对有利害关系业主的正常生活造成严重的消极影响,如在住宅区内经营餐饮店,会产生异味、噪声和大量生活垃圾,严重影响住宅区的生活环境,降低住宅区的安宁和舒适度,给其他业主的正常生活造成消极影响。第二,增加住宅区的安全隐患。业主在将住宅改变为经营性用房时,往往会为满足经营需要,将住宅的内部格局作出修改,如拆改住宅承重墙以增加经营空间、擅自改造用电线路、燃气管道线路等,这些改造很大程度上给建筑物整体增加安全隐患,又如业主将住宅改变为经营场所后,使陌生人因消费进出小区变得更为频繁,给整个住宅区的安保增加安全隐患。第三,造成住宅区公共资源紧张。业主将住宅改变为经营场所后,将导致大量外来人员进入住宅区进行消费,将不可避免地挤占小区内的电梯、公共设施、道路、停车场等公共资源,造成住宅区的公共资源紧张,降低其他业主的居住舒适度、增加小区公共设施的维修开支。第四,给国家利益造成损失。如前文所述,国家对住宅用地和商业用地征收的土地出让金和税费有所不同,住宅用地的相关费用要低于商业用地。“住改商”的行为实质上是擅自改变了住宅所占土地的用途和性质,从某种意义上会给国家造成土地出让金和税费上的损失。[1]

换言之,在认定一行为是否属于《民法典》第 279 条规制的“住改商”行为时,应当充分考虑是否造成了立法所要避免的上述四种消极影响。笔者将从业主、社区利益和国家利益两个方面论证基础电信业务经营者在符合程序规范的前提下,在民用建筑搭建通信基站的行为,不存在立法所要避免的消极影响。

1. 在民用建筑搭建通信基站不存在业主和社区方面的消极影响

上述案例发生在 2014 年,与当下的政策环境、通信技术存在一定的脱节,为更好地论证观点,笔者找到发生在 2022 年的类案“陈某等与联通贺州分公司、徐某相邻污染侵害纠纷案”予以说明。2022 年的类案中,联通贺州分公司租用徐某住宅搭建通信基站,陈某以联通贺州分公司、许某将住宅改变为经营性用房、机房辐射对其身体健康造成损害并存在承重和消防隐患为由,诉请拆除机房、恢复原状并赔偿损失。诉讼中,陈某并无证据证明案涉机房辐射污染对其身体健康造成损害,亦未能证明机房存在承重、消防危害。相反,经审理查明,联通贺州分公司未改变房屋原有结构,且经检测案涉房屋的电场强度在 0.31V/m ~ 2.21V/m 之间,功率密度在 0.03μW/cm^2 ~ 1.30μW/cm^2 之间,远低于《电磁环境控制限值》(GB 8702—2014)电场强度 12V/m,

〔1〕 参见史月强:《“住改商”法律问题研究》,湘潭大学 2017 年硕士学位论文。

功率密度 40μW/cm² 的范围，符合国家安全标准，不属于《电磁辐射环境保护管理办法》（已失效）第 20 条规定的“大型电磁辐射发射设施”，不属于禁止在住宅和幼儿园建设的设备设施；按规定，对等效辐射功率小于 100W 的通信基站豁免管理，案涉机房的功率仅为 0.03μW/cm² ~0.33μW/cm² 之间，属于环保部门豁免管理的范围，联通贺州分公司只需待投入使用后，报环保部门备案即可，其建设程序合法。

通信基站的建设需经过一系列的环评审批手续，其所产生的电磁辐射值和噪声值均被严格控制在国家标准范围，通信基站的建设符合程序规范的情况下，不存在对有利害关系业主的正常生活造成严重消极影响、增加住宅区的安全隐患的情况。机房只需要技术人员予以日常维护，更不会引来外来人频繁地进出小区，出现挤占住宅区公共资源的情形。

2. 在民用建筑搭建通信基站不存在国家利益方面的消极影响

在“十四五”规划提出“数字中国”战略部署、5G 通信基站列入新型基础设施建设的背景下，国家、各级党委政府都相继出台关于推进 5G 通信事业发展的政策文件。其中，住房城乡建设部、工业和信息化部出台的《关于加强城市通信基础设施规划的通知》（建规〔2015〕132 号）规定，建设单位应根据规划设计条件，同步规划建设用地红线内的通信管道、设备间和楼内通信暗管，预留基站的设备机房和天线位置。由此可以看出，为发展通信、推进国家信息化建设，国家相继出台政策保障通信基站的建设，建设单位应为基础电信业务经营者在建筑（包括商品房住宅楼等民用建筑）上搭建通信基站预留基站设备机房和天线位置，保障通信基站建设。但在实践中，落实上述规定的建设单位为数不多，加上很大一部分的民用建筑都在上述通知印发前建成，故基础电信业务经营者多通过租赁、支付补偿金等方式在住宅楼等民用建筑内搭建通信基站，以满足 5G 技术发展和民众对通信质量的需求。因此，基础电信业务经营者在住宅区搭建通信基站有别于一般商业经营行为，该行为属于国家出台政策保障的新型基础设施建设行为，不存在会因此造成国家土地出让金、税费损失的情形。

综上，基础电信业务经营者在符合程序规范的情况下，在民用建筑搭建 5G 通信基站的行为，符合公共利益之需、不存在立法所要避免的消极影响具有一定合法性，不应认定为传统意义上的“住改商”行为。

三、问题的解决：案件审理的裁判思路与审查要点

基础电信业务经营者在民用建筑搭建通信基站所引起的民事纠纷，实质是公共

利益与个人利益之间相冲突时，如何取舍与平衡的问题。上文从公益性和合法性两个方面否定该行为的“住改商”性质，并不意味着当公共利益与个人利益相冲突时，个人利益就要无条件为公共利益让步，而是应当遵循比例原则进行利益平衡。具体而言，基础电信业务经营者不能打着公共利益的旗号，肆意搭建通信基站、无边界地侵犯个人利益。如何根据具体案情运用比例原则进行利益平衡，是裁判者辨法析理、妥善审理案件的应有之义。下文将结合案件特点运用比例原则，提出裁判思路。

就如何处理公共利益与个人利益之间的冲突问题，理论界提出比例原则、利益衡量原则、辅助性原则、补偿性原则、信赖保护原则等理论，其中最重要的就是比例原则。人民法院在审理该类纠纷案件时，要充分运用比例原则对具体案件中的公共利益和个人利益进行利益平衡，作出的裁判必须合乎比例、不能任意、无边界地保护一方利益。

比例原则包括：一是妥当性原则，所采取的对个人利益的限制或损害的措施或行为，能够实现或者促成公共利益的实现；二是必要性原则，采取的措施或行为是实现公共利益的方式中，造成对个人利益侵害程度最小的一种方式；三是均衡性原则，所要实现的公共利益必须要在“质”和“量”两个方面均高于个人利益。但在实务中，妥当性原则和均衡性原则通常被认定为公共利益的形式被法定性吸收，主要表现在通过法律法规、政策等形式法定化，而必要性则通过行政审批的方式予以确认。结合案例具体而言，基础电信业务经营者在民用建筑搭建通信基站的妥当性、均衡性及必要性，已通过《电信条例》和基站建设报批程序确认，这也是该行为具备合法性、公益性的前提基础。因此，审查该类纠纷时应重点围绕以下四个方面进行审查：

（一）基础电信业务经营者在民用建筑搭建通信基站是否符合程序规范是该行为具有妥当性和均衡性的前提基础

如前文所述，妥当性原则和均衡性原则通常被认定为公共利益的形式被法定性吸收，主要表现在通过法律法规、政策等形式法定化。国家为在发展5G通信技术的同时确保人民生命健康，制定了一系列关于基站建设的管理办法、技术规范要求。符合相关程序规范的搭建行为才符合妥当性和均衡性的要求。具体而言，《电信建设管理办法》规定，基础电信业务经营者建设通信基站等电信网络传输工程，应进行专题规划审批，通信工程应符合通信工程建设强制性标准。经过规划审批、符合通信工程建设强制性标准及国家关于电磁辐射的规范标准，是行为具备合法性的基础，也是否定其在民用建筑搭建通信基站行为的“住改商”性质的前提，应由基础电信业务经营者举证证明其基站建设行为符合《电信建设管理办法》和国家关于电磁辐射的相关规定，如经营者能举证证明则应认定其行为的合法性，具有妥当性和均衡性。

（二）基础电信业务经营者在民用建筑搭建通信基站是否具有必要性仍需基础电信业务经营者在个案中举证证明

前文已从国家发展和政策利益角度对5G通信基站建设的合法性与公益性予以论证。但值得注意的是，5G通信发展的必要性和现实性并不能当然论证个案中的基站选址建设具有必要性。个案中基础电信业务经营者的基站选址建设是否具有必要性，需要通过审批、符合规范的方式予以确认。根据《通信建筑工程设计规范》（YD 5003—2014）、《边远通信局（站）安全管理技术要求》（YD/T 2381—2011）等规范要求，基站的建设需满足通信网络规划、通信技术要求以及通信安全保密、国防、人防、消防等要求，并应结合水文、气象、地理、地形、地质、地震、交通、城市规划、土地利用、名胜古迹、环境保护、投资效益等因素及生活设施综合比较进行选址建设，场地建设不应破坏当地文物、自然水系、湿地、基本农田、森林和其他保护区。在建设基站前基础电信业务经营者必须进行基站对周边居民辐射、噪声等影响的评估，考虑对周围环境影响及防护对策，对周围环境的影响必须符合《电磁环境控制限值》（GB 8702—2014）的要求。因此，确实需要在住宅区内搭建基站的，应由基础电信业务经营者举证证明在该住宅内搭建通信基站的必要性，如无法举证的应承担举证不能的不利后果。

（三）基础电信业务经营者在民用建筑搭建通信基站是否履行《电信条例》规定的通知和支付相关费用的义务

基础电信业务经营者搭建通信基站的行为符合程序性和必要性可否定其行为的“住改商”性质认定，在此基础上，可适用《电信条例》予以审查，基础电信业务经营者在民用建筑搭建通信基站时是否履行通知和支付相关费用义务，诉讼中应由电信业务经营者对此进行举证。值得注意的是，实务中基础电信业务经营者往往与业主或业主委员会以签订租赁合同、支付租金的方式达成合议，租金亦应认定为《电信条例》规定的相关费用。通知对象范围应根据案件实际认定：如在乡镇宅基地上建设的独栋民用住宅上搭建基站的，通知到该栋住宅产权人即可；如在商业住宅小区的楼顶、物业用房或住宅房搭建基站的，则应通知到产权人和相关住户，通过短信、业主群发布公告的，应认定为已完成通知义务。如未履行告知和支付费用义务的，则应及时履行并给予相关权利人适当补偿。

（四）基础电信业务经营者在民用建筑搭建通信基站是否给有利害关系的业主造成实质损害

在该类案件诉讼中，原告往往主张因基站建设给其带来损害，如噪声、辐射污染损害其身心健康，或设备过重压裂墙体造成安全隐患或财产损失等，此时，除让原告对实际损害进行举证，基础电信业务经营者亦应对其基站符合国家关于通信建设中关于噪声、辐射标准进行举证。值得注意的是，对于电磁辐射，我国相继颁布了《电磁辐射环境保护管理办法》（已失效）、《电磁辐射防护规定》、《辐射环境保护管理导则——电磁辐射环境影响评价方法与标准》、《环境电磁波卫生标准》、《电磁兼容通用标准居住商业和轻工业环境中的发射标准》等一系列规定和国家标准，我国现行的对于通信基站的电磁辐射要求是0.4 瓦/平方米，有关5G 通信的辐射现场测试数据显示，在距离基站50 米处，基站的辐射量为0.0041 瓦/平方米，远远小于0.4 瓦/平方米的法规要求。基站辐射衰减率很高，距离 10 米后，基站辐射值为 0.8 ~ 1.5 微瓦/平方厘米，小于电脑和剃须刀等家用电器的辐射值。我国现行的 5G 通信基站电磁辐射值不仅小于我国对通信基站的要求，亦远小于国际非电离辐射防护委员会（ICNIRP）标准限值，表明 5G 通信基站电磁辐射水平总体可控，并不会给业主带来其想象中严重身心健康危害。由此，在基础电信业务经营者能够举证证明案涉基站产生的辐射符合国家关于电磁辐射的相关标准，原告又无案涉基站造成实质性损害证明的情况下，不应支持原告关于损害主张的请求。

四、结语

基础电信业务经营者在民用建筑搭建通信基站引发的纠纷，反映的是公共利益与个人利益之间的取舍与平衡问题。笔者在与中国移动、中国联通、中国电信及中国铁塔三大电信业务经营商、基站建设公司座谈时了解到，该类纠纷产生的主要原因在于相关业主对5G 通信基站辐射的误解和收益分配达不到其预期。在居民反映强烈、存在群体性事件隐患的情况下，基础电信业务经营者往往在诉前就会做出让步，将基站从民宅区撤出，但结果会造成该基站覆盖区域的通信质量下降，影响更多民众的通信质量和地区 5G 新型基础设施建设的进度。因此，人民法院在审理该类案件时，要根据国家、社会发展需要的现实背景，充分理解公共利益含义，合理运用比例原则进行审查，做好调解工作。基础电信业务经营者亦应肩负起科普宣传的责任，改变依赖国家科普宣传或“纠纷—宣传”的方式，把 5G 基站辐射相关知识当成盈利点采用广告模式进行有效宣传，从根源上消除误会、化解矛盾。

商业特许经营外部民事责任承担问题研究

——以消费者权益保护为视角

李　延[*]　田丽霞[**]

摘要：商业特许经营模式掩盖了商业交易原有的法律关系与责任承担方式，普通消费者无法直观分清商业特许经营体系中的老板及交易对象，他们各自在经营中扮演着何种角色？商业特许经营中，被特许人对交易第三人，特别是对消费者造成损害时，特许人应否承担外部民事责任，应如何承担何责任等问题，目前的法律法规无法解决，商业特许经营外部民事责任的承担成为司法实践的难点。截至目前，我国商业特许经营方面的法律法规更多的是调整特许人与被特许人之间的内部法律关系，对于外部民事责任的承担，法律法规尚未作出明确规定，导致司法实践中遇到此类纠纷时"无法可用"。本文试图以消费者权益保护为视角，厘清商业特许经营中外部民事责任承担问题，探索保护消费者合法权益的有效途径。

一、商业特许经营概述

商业特许经营模式自20世纪90年代开始引入我国，其以低成本、高效率的优势在我国迅速发展。近年来，受疫情影响，互联网线上经营方式备受欢迎，线上商业特许经营方式层出不穷。

---

* 广西壮族自治区高级人民法院审判监督第一庭四级高级法官。

** 广西壮族自治区高级人民法院审判监督第一庭三级法官助理。

(一)商业特许经营的定义

特许经营最早是指政府或者拥有权力的人所行使的特别许可,即现在的政府特许经营,后来逐渐衍生了商业特许经营,常见的商业特许经营模式有"加盟店""连锁店"等。《商业特许经营管理条例》第3条第1款规定,商业特许经营是指拥有注册商标、企业标志、专利、专有技术等经营资源的企业(特许人),以合同形式将其拥有的经营资源许可其他经营者(被特许人)使用,被特许人按照合同约定在统一的经营模式下开展经营,并向特许人支付特许经营费用的经营活动。从前述条款对商业特许经营的定义来看,商业特许经营的核心是经营资源的有偿许可使用,特许人授予被特许人使用其品牌标识和经营模式并收取相应的费用,由被特许人自行提供门店、承担经营费用,特许人负责品牌维护和具体管理,双方有机结合为利益共同体,各司其职,各获其利,共同发展,实现合作共赢。这种经营模式成本低、效率高,能快速扩张经营范围和规模,是商业特许经营在我国快速发展的主要原因之一。

(二)商业特许经营与其他商业经营模式的区别

商业特许经营广泛应用于餐饮业、批发零售业及其他服务行业,具有其他商业经营模式所固有的基本特征,但也与其他商业经营模式存在本质区别。为此,我国专门出台《商业特许经营管理条例》对商业特许经营的经营主体、经营方式和法律责任等进行了明确。

1. 商业特许经营与直营的区别

直营是指由企业总部直接投资经营,以一个品牌为主导,在各地投资设立分公司或子公司的经营管理模式。[1] 在直营模式下,所有权和经营管理权统一集中于企业总部,各直营店实行标准化经营管理,具有统一资本、集中管理、分散销售的特点,是大型垄断商业资本通过吞并、兼并或独资、控股等途径发展壮大自身实力和规模的一种形式。直营与商业特许经营的本质区别在于,在直营模式中,企业总部享有直营门店的所有权与经营权,而商业特许经营所有权和经营权归属于被特许人,特许人只是传授被特许人相关信息、知识、经营模式等一整套经营系统,同时授予被特许人在一定区域和一定期限内使用其店名、商号、服务标志等。因经营方式不同,在直营和商业特许经营的外部民事责任承担问题上也会存在较大区别,直营门店可以成为民事活动的当事人,却不是最终责任的承担者,最终责任的承担者是它的设立者——企业

---

〔1〕 参见于培明:《直营模式中药品连锁经营涉及的法律问题》,载《中国医药报》2006年7月18日,第B03版。

总部，商业特许经营则不同，商业特许经营门店既是民事活动的直接当事人，同时也是最终责任的承担者。[1]

2. 商业特许经营与商标许可的区别

商标许可是指商标注册人通过签订商标使用许可合同，允许他人使用其注册商标的一种法律行为。商标许可一般只是涉及对注册商标的许可，并不涉及经营模式的许可，虽然被许可人受限于商标使用许可合同中关于商标使用的约定，被许可人使用注册商标的商品质量受许可人监督，但被许可人仍然可以按照自己的意志使用被许可的商标，简单来说，商标许可中的被许可人拥有较大的自主决定权。商业特许经营中除了知识产权的许可外，还涉及经营模式的许可，特许人对被特许人既是授权也是控制，被特许人需按照特许人统一的经营模式开展经营，包括门店装修、员工服饰等，均需与特许人保持一致，受特许人的约束较大。

3. 商业特许经营与委托代理的区别

委托代理是指代理人与被代理人达成合意，由代理人在代理权范围内以被代理人的名义与消费者独立开展民事活动，产生的法律后果直接归属被代理人的一种法律制度。代理本质上是一种委托关系，被代理人通过代理人支付代理费获利。商业特许经营与委托代理的区别在于，代理人所经营的业务是被代理人的业务，其第三人开展民事活动产生的法律后果是法律规定由被代理人承担。商业特许经营是被特许人经营自己的业务，被特许人不能以特许人的名义开展经营活动，被特许人与特许人之间仅存在商业特许经营合同关系，双方可以约定被特许人与消费者开展民事活动产生法律后果的承担主体，一般情况下双方约定由被特许人自行承担，但该约定是否合法合理，是本文主要探讨的问题之一。

（三）商业特许经营的特征

从商业特许经营的定义及与其他商业经营模式的比较来看，商业特许经营主要特征可以归纳为以下四点：

1. 特许人与被特许人之间是互为独立的民事主体

特许人与被特许人之间以商业特许经营合同为纽带，双方具有完全独立的法律人格。[2] 特许人与被特许人之间相互财务独立、人事独立，双方不存在权力上的隶

〔1〕 参见于培明：《直营模式中药品连锁经营涉及的法律问题》，载《中国医药报》2006 年 7 月 18 日，第 B03 版。

〔2〕 参见周天保：《商业特许经营的性质探讨》，载《延边党校学报》2011 年第 4 期。

属关系,也没有合作、合资等经济上的联系。从经营模式来看,特许人无须对被特许人的经营投入资金,被特许人在经营过程中自负盈亏,故特许人无须对被特许人的经营承担风险。从法律关系的角度分析,特许人与被特许人之间是相互独立的民事主体,被特许人在商业特许经营中需独自承担经营风险,完全不同于具有投资控股或者隶属关系的母子公司或总部与分支机构之间的关系。

2. 特许人和被特许人具有外部同一性

商业特许经营以经营资源的许可使用为核心,特许人和被特许人需对外保持同一企业形象。〔1〕 商业特许经营是集经营资源、经营模式以及特许双方的监管、服务等一系列关系和诸多要素于一体的综合系统。按照商业特许经营模式的要求,被特许人需按照特许人统一的经营模式开展经营,为了维护品牌和声誉,特许人要求对被特许人所经营的门店形象进行统一策划,包括统一的商标、门店装修、员工服饰、广告宣传、供货、指导价格、经营模式、服务规范等,以便统一品牌形象,因此,特许人和被特许人具有高度的外部同一性。从消费者尤其是普通大众的角度来看,其只认识特许人的品牌,并不清楚经营这一品牌背后的主体是谁。

3. 特许人对被特许人具有一定的控制力

特许经营体系往往实行标准化经营管理,被特许人的经营活动必然受特许人的控制和管理,缺少完全独立自主的经营权。商业特许经营合同由特许人提供,基本上为格式合同。特许人在设计合同时,除具备《商业特许经营管理条例》及其他法律法规规定的合同所必备的内容外,主要是在合同中明确如何更好地保护自己的利益。《商业特许经营管理条例》第 11 条第 2 款第 7 项中规定,特许人和被特许人可以通过商业特许经营合同约定消费者权益保护和赔偿责任的承担问题,通常情况下,特许人设计的格式合同中会约定由被特许人自行承担责任,进而将该责任转嫁到被特许人身上,规避自身的风险。在经营模式上,被特许人也会受商业特许经合同制约,在独立性上大打折扣,被特许人无法在经营中体现自己的经营管理理念。越是成功的商业特许经营,被特许人的独立性越小。〔2〕 这种管理和支配使特许人和被特许人"绑定"成为一个"利益共同体"。〔3〕

---

〔1〕 参见何易:《特许经营法律问题研究》,中国方正出版社 2004 年版,第 5 页。

〔2〕 参见周麟:《商业特许经营中特许人民事责任研究》,福建师范大学 2012 年硕士学位论文。

〔3〕 参见尹雪英:《论商业特许经营主体对消费者责任的承担》,载《中国集体经济》2007 年第 7 期。

4. 特许人向被特许人收取特许经营费用

商业特许经营合同是双务合同、有偿合同，特许人通过收取被特许人一定的特许经营费的方式盈利，并负责指导经营。特许人收取特许经营费用的名目多种多样，如加盟费、管理费、特许使用费、品牌使用费、保证金、培训费及广告宣传费等，所收取的费用可能一次性支付，也可能是按期支付，但不管特许人收取的费用名称叫什么，一次性支付还是分期支付，其本质都有属于特许经营费用。

二、商业特许经营外部民事责任承担

通过前述分析，商业特许经营与其他经营模式的优势在于，被特许人加盟门槛低，且特许人无须对被特许人的经营进行投资，可以最大限度地降低成本，充分利用社会资源，有利于特许人的门店快速扩张，加速营销网络布局，这也是商业特许经营快速发展的原因。正因如此，一方面，扩大经营规模成本低，特许人盲目扩大经营规模以提高效益，在签订商业特许经营合同时，特许人对被特许人不加筛选，使被特许人的整体水平和承担风险能力降低，一个自然人随便注册一人公司就可以加盟经营；另一方面，被特许人为了在短期内快速盈利，加盟后不注重经营品质，与消费者产生的纠纷也随之而来。

本文讨论的是因被特许人的行为造成消费者损失的情况，如果是特许人提供给被特许人的产品存在质量问题导致消费者遭受损失的，该责任承担方式在《产品责任法》和《消费者权益保护法》中已经明确规定，按照上述法律规定就可以解决，因此该问题不在本文讨论之列。

（一）商业特许经营外部责任承担的学理观点

商业特许经营双方系合同关系，兼具外部经营形象同一性及法律地位独立性之特征。商业特许经营合同的设计大部分情况下是约定被特许人自行承担外部民事责任，但这只是特许人与被特许人之间的内部约定，对外并无法律效力。因被特许人的行为造成消费者损失时，特许人应否承担责任，理论界有不同的观点。

1. 自己责任说[1]

自己责任说主要从“法律人格独立，责任独立”的原则和从“消费关系的相对性”的角度出发，认为特许人与被特许人虽然存在一定的关联性，但本质上两者是互相独立的民事主体，具有独立的法律地位。因此，在责任承担问题上，应当按照现代民法

---

〔1〕 参见宁跃晋：《特许经营责任的承担》，载《山西高等学校社会科学学报》2005 年第 10 期。

基本原则,由民商事主体为其行为自负责任。[1] 与消费者直接发生交易的是被特许人,按照合同相对性及"谁受益,谁承担"原则,应该由被特许人独自承担责任。笔者认为,该观点过于片面。商业特许经营是特殊的商事活动,特许人虽然不参与被特许人与消费者的具体经营,但在整个经营模式中特许人占优势地位,对商业特许经营具有一定的影响力和控制力。消费者往往受特许人的知名品牌影响而与被特许人交易,虽然商业特许经营合同约定被特许人与消费者产生的外部责任均由被特许人自行承担,但该约定只是特许人与被特许人之间的内部约定,消费者无从知晓。当被特许人承担责任能力不足时,按照"谁受益,谁承担"的原则要求被特许人自行承担责任,相当于是变相转嫁风险。对于普通消费者而言,消费者有理由相信自己是在与大型连锁品牌而不是与独立的小经营者进行交易。从收益角度来看,虽然经营过程中的直接受益人是被特许人,但特许人也是经营活动的隐形受益人之一,特许人会从被特许人的经营中获取隐形收益,被特许人在经营过程中同时也是对特许人的品牌进行宣传。如严格按照合同相对性,固守责任自负原则,可能会助长特许人大规模发展被特许人,盲目扩大经营规模和范围,无形之中将风险转嫁给被特许人和社会公众,甚至引发道德风险。

2. 表见代理说[2]

表见代理说认为,被特许人对外销售和提供服务的同一性足以使外部消费者相信特许人是被特许人的代理人,由此可请求特许人承担法律责任。[3] 消费者因特许人与被特许人的外观同一性而产生的信赖,基于信赖利益保护原则,特许人需承担责任。商业特许经营与表见代理存在本质区别。在表见代理中,代理人本质上是无权代理,但其使消费者有理由相信其为被代理人的代理人而与之交易。商业特许经营中特许人与被特许人之间是基于双方签订的商业特许经营合同开展经活动,被特许人有权使用特许人的经营资源,存在合法的合同基础,并非被特许人故意行使无权代理。表见代理说应用于商业特许经营缺乏相应的法理依据,只要在进行民事法律行为时被特许人不以特许人的名义进行经营活动,一般而言,不会认为二者之间存在代理关系。[4]

---

〔1〕 参见孙宪忠:《现代民法之理念》,中国法制出版社2001年版,第42页。

〔2〕 参见李心淑:《特许经营法律责任研究》,载《北京审计学院学报》2007年第2期。

〔3〕 参见滕丽娜:《特许经营企业对消费者的责任承担问题分析》,载《海峡法学》2012年第1期。

〔4〕 参见张璐:《特许人对外责任研究》,吉林大学2014年硕士学位论文。

3. 替代责任说[1]

替代责任说理论源于雇主责任，认为特许人需为被特许人的行为对消费者承担责任。该观点援引雇主责任是认为特许人如雇主，被特许人如雇员，特许人对被特许人存在一定程度的控制，雇主需对雇员的行为承担责任。从商业特许经营的本质特征来看，特许人对被特许人所实施的控制行为与雇主对雇员的控制行为有所区别。在雇主雇员关系中，雇员必须听从雇主的安排，即绝对的控制。商业特许经营活动中，特许人只对被特许人实施一定范围的控制，并没有达到绝对控制的程度。如按照雇主责任原则要求特许人对被特许人的行为承担替代责任，对特许人来说责任过重，不利于商业特许经营的发展。

4. 补充责任说[2]

补充责任说最先由俄罗斯提出。《俄罗斯联邦民法典》第 1034 条第 1 款规定："对向使用人(即被特许人)提出的关于使用人依照商业特许经营合同所出售的商品(完成的工作，给予的服务)不合质量的要求，权利人(即特许人)负补充责任。"[3]补充责任是指当被特许人不能承担全部法律责任时，特许人基于约定或过错承担补充清偿的法律责任。笔者认为，这一学说是值得肯定的，它首先肯定了被特许人承担首要责任这一前提，同时也肯定了特许人不能免责。但若被特许人完全丧失承担责任能力，该学说是否会沦为替代责任说的结果，值得思考。

(二)商业特许经营外部民事责任承担的应然模式

由于商业特许经营本身独具的特征及直接法律法规的缺位，商业特许经营外部民事责任如何承担成为司法实践亟须解决的难题。笔者认为，对于商业特许经营外部民事责任承担问题不能一概而论，在司法实践中应兼顾以下原则。

1. 以被特许人责任自负原则为主

被特许人责任自负原则要求被特许人首先要对自己的行为负责。该原则主要基于以下三个方面考虑：第一，基于民事基础法律关系需要。被特许人与消费者的交易本质上是普通的民事法律行为，与消费者直接发生民事法律关系的是被特许人，基于合同相对性基本原则，被特许人应当承担责任。第二，被特许人在商业特许经营日常活动中是第一受益人，按照"谁受益，谁承担"的原则，被特许人应为自己的行为承担

〔1〕 参见李心淑：《特许经营法律责任研究》，载《北京审计学院学报》2007 年第 2 期。

〔2〕 参见李心淑：《特许经营法律责任研究》，载《北京审计学院学报》2007 年第 2 期。

〔3〕《俄罗斯联邦民法典》，黄秀道译，中国大百科全书出版社 1999 年版，第 424 页。

责任。第三,商业特许经营活动以双方签订的商业特许经营合同为基础,尽管特许经营合同使特许人与被特许人的关系变得非常密切,但并未从根本上改变双方民事主体资格的独立性,特许人与被特许人仍是相互独立的民事主体,不存在隶属关系,〔1〕独立的民事主体应为其行为承担责任。

2. 以特许人承担责任为补充

在经营活动中因被特许人的行为造成消费者损失,而被特许人承担责任的能力低,即使消费者起诉到法院获得胜诉,被特许人无财产可供执行,消费者也只是拿到一张"空头支票",无法实际获得赔偿,最终造成的结果就是责任风险被转嫁给了消费者。因此,仅以最基础的法律关系来判断,要求被特许人自行承担责任,对消费者的保护力度是远远不够的。在被特许人责任自负原则为主的基础上,还应规定特许人承担责任为补充的原则。第一,特许人对被特许人与消费者之间的纠纷承担责任具有事实基础和法律基础。特许人授予被特许人使用其经营资源和经营模式,说明特许人允许被特许人用其产品或服务与消费者交易。第二,特许人在商业特许经营活动中也是受益人。商业特许经营是一种盈利活动,特许人之所以将品牌和经营模式授予被特许人使用,主要目的就是扩大经营规模,获取更高收益。除了特许人直接向被特许人收取的加盟费、管理费等相关费用外,被特许人在经营过程中,使特许人的市场份额扩大,知名度提高,特许人无形之中可以从被特许人的经营活动中获得间接收益。特许人和被特许人之间形成利益共同体,特许人与被特许人均可以从商业特许经营活动中获益,如特许人只受益不担风险,显然不符合公平正义的基本要求。按照"谁受益,谁承担"原则,被特许人也应承担责任。第三,特许人与被特许人的外部同一性,给消费者产生信赖利益。商号、商标是最直观的外观标志,是消费者判断和识别市场主体的商品或服务品牌的直接参考依据。按照传统的商业外观理论,当行为人基于法律和交易观念,对他人的主体资格、权利状态和表意行为等法律上视为重要因素的外部要件事实为信赖,当为之法律行为时,如该要件事实具有确实可信赖性,那么基于信赖所为之法律行为应受法律保护。〔2〕日常生活中,消费者往往基于特许人的知名品牌而选择购买被特许人的商品或服务,特许人的品牌效应对消费者的消费起着直接引导作用,影响着消费者的消费取向。第四,特许人对被特许人有一

〔1〕 参见戴文杰:《商业特许经营中特许人对外责任研究》,载《上海法学研究》集刊 2020 年第 7 卷。

〔2〕 参见施天涛:《商法学》(第 4 版),法律出版社 2009 年版,第 108 页。

定的监管和控制力。商业特许经营在实践中是一种组织经营关系,[1]在特许人与被特许人之间会有一套内部监管体系,被特许人需按照特许人的要求开展经营,被特许人会受到特许人的约束,对被特许人与消费者的交易也会产生一定的影响。因此,特许人应对被特许人与消费者产生的纠纷承担相应的责任。

综合上述分析,被特许人责任自负原则可以有效防止被特许人为追求利益忽视自己的经营品质,减少与消费者发生纠纷;被特许人承担责任为补充原则亦可以有效防止特许人盲目扩大特许范围,对被特许人加盟资格不加以审核,将经营风险转嫁给社会公众。该两项原则兼顾并行,既可以促进商业特许经营的快速发展,又可以更好地维护市场经营秩序,实现共赢。

三、司法实践中具体操作

被特许人承担责任自负原则自然简单,即被特许人首先应承担全部责任,但对于被特许人如何承担,承担何种责任,司法实践中仍缺乏具体操作。笔者认为,应遵循以下原则。

(一)严格认定特许人对被特许人的全部债务承担连带责任的条件

此处所说的连带责任是指对特许人不确定责任范围的连带责任,即特许人对被特许人的全部债务承担连带责任。首先,连带责任意味着消费者可以直接向特许人主张权利,不符合被特许人责任自负、特许人承担责任为补充的基本原则。其次,一般情况下被特许人承担责任的能力较低,如要求特许人对被特许人的全部债务承担连带责任,如被特许人濒临破产,丧失承担责任的能力,会造成特许人责任自负原则被架空,也不符合被特许人责任自负、特许人承担责任为补充的基本原则。最后,特许人对被特许人的全部债务承担连带责任,虽然这种责任承担方式对消费者的保护最为有利,消费者最容易获得赔偿,但对于特许人来说责任过大,加重了特许人的经营风险,将会阻碍商业特许经营的发展。因此,司法实践中应严格认定特许人对被特许人的全部债务承担连带责任的条件。

(二)特许人与被特许人承担按份责任实操性不强

按份责任是指按照特许人与被特许人双方的内部过错,由特许人和被特许人对消费者按份承担责任。在司法实践中,消费者起诉特许人和被特许人,其只关心自己如何及时、充分的获得赔偿,基本上所提的诉讼请求是要求特许人和被特许人承担连

---

〔1〕 参见郑曙光、储江南:《商业特许经营外部民事责任探析》,载《宁波大学学报》2008 年第 6 期。

带责任，至于特许人和被特许人承担责任的比例，按照多少份额来划分并未主张。若由法官在责任承担份额大小、多少方面行使自由裁量权，综合具体案件判断双方的过错，容易导致裁判尺度不统一，出现类案不同判的结果，社会效果不好。

（三）特许人在获益范围内对被特许人的债务承担补充责任

补充责任是指被特许人因其行为造成消费者损失应先由被特许人自行承担责任，如被特许人无力承担全部责任，则由特许人承担补充责任。在特许人责任苛责程度上，补充责任表面上看起来似乎比连带责任要轻，但实际并非如此。若被特许人承担风险能力低，特别是被特许人濒临破产的情况下，被特许人完全没有能力对消费者承担责任，最终结果也会使特许人承担的补充责任演变成连带责任。因此，对特许人承担责任范围不加以限制，仍然有可能导致被特许人责任自负原则被架空。

从商业特许经营的特征及特许人承担责任的理论依据来看，特许人在整个经营过程中是获益的，特许人收取被特许人多少加盟费、管理费或其他费用，这些直接收益也是直观确定的。因此，可以要求特许人在其获益范围内对被特许人在经营过程中对消费者造成的损失承担补充责任。

四、小结

商业特许经营的引入和发展对我国的经济发展起到了极大的促进作用，在讨论商业特许经营外部民事责任承担时，既不能对特许人加以过于严苛的责任，降低商业特许经营的活力，又不能放任商业特许经营的风险转嫁给社会公众的现象泛滥，让特许人和被特许人肆意扩张经营规模带来的不稳定因素及结果由普通消费者来承担。既要把握好责任承担的尺度，又要保证消费者合法权益得到有效保障，同时尽可能统一司法裁判尺度。兼顾被特许人责任自负原则及特许人承担责任为补充原则，且对特许人承担责任的范围加以限定，既可以促进商业特许经营行业规范和企业品牌的自我维护，也可以最大限度地保护消费者的合法权益，同时又不阻碍商业特许经营的发展，实现全方位的互利共赢。

套用民间借贷利率上限计付逾期付款损失或违约金的检讨与纠偏

吴明鑫*

一、典型案例与问题提出

（一）案例及裁判基本情况

2007 年 6 月 19 日，甲公路宾馆与某河佳家酒店签订《甲公路宾馆经营权转让合同》约定：某河佳家酒店租用宾馆，租期 10 年，自 2007 年 6 月 21 日起至 2017 年 6 月 20 日止；第一年租金 165 万元人民币，租金逐年递增，每年比上一年递增 3%，本月租金必须于次月 10 日前转账至甲公路宾馆账户付清；租期内，某河佳家酒店承担与其经营、管理有关的一切税和费，同时承担出租物业、土地应缴纳的房产税、土地使用税和土地收益金；某河佳家酒店应注册成立新的企业专门运作宾馆……由新企业全部享有并承担某河佳家酒店在合同中的全部权利和义务……2007 年 8 月 15 日，某河佳家酒店注册成立某海佳家酒店，由某海佳家酒店专门运作宾馆并享有和承担某河佳家酒店在《甲公路宾馆经营权转让合同》中的全部权利和义务。某河佳家酒店后于 2016 年 6 月 29 日注销。经营期间，某海佳家酒店拖欠租金 1463248.21 元，甲公路宾馆垫付土地使用税 138732.96 元、房产税 637502.04 元、电费 397763.42 元、水费 104986.18 元。甲公路宾馆主张欠付租金和水电费按中国人民银行同期贷款利率 4 倍计算利息损失，欠付房产税、土地使用税按中国人民银行同期贷款利率计算利息损失。

* 广西壮族自治区高级人民法院审判监督第一庭二级法官助理。

一审法院判决某海佳家酒店向甲公路宾馆支付所欠负的租金、土地使用税、房产税等，对甲公路宾馆主张的电费、水费、利息损失没有支持。二审法院判决某海佳家酒店向甲公路宾馆支付所欠负的租金、土地使用税、房产税、电费、水费等，并适用最高人民法院《关于人民法院审理借贷案件的若干意见》第 6 条关于民间借贷利息利率最高不得超过银行同类贷款利率 4 倍的规定，判决支持按中国人民银行同期同类贷款利率的 4 倍计算前述欠付各项费用的利息损失。

检察机关抗诉认为，二审法院判决按中国人民银行同期同类贷款利率 4 倍计付利息，缺乏法律及合同依据。

再审法院认为，某海佳家酒店欠付本案租金、房产税、土地使用税、电费、水费，以及甲公路宾馆垫付了房产税、土地使用税、电费、水费是客观事实。双方合同对欠付前述款项相关利息损失并未约定如何计算，亦未约定相应违约金或该违约金的计算方法，某海佳家酒店欠付的租金、房产税、土地使用税、电费、水费并非借贷债务，二审法院适用最高人民法院《关于人民法院审理借贷案件的若干意见》第 6 条规定，按照中国人民银行同期同类贷款利率 4 倍支持利息损失，缺乏事实和法律依据，应予纠正。再审法院参照最高人民法院《关于审理买卖合同纠纷案件适用法律问题的解释》（法释〔2012〕8 号）第 24 条第 4 款“买卖合同没有约定逾期付款违约金或者该违约金的计算方法，出卖人以买受人违约为由主张赔偿逾期付款损失的，人民法院可以中国人民银行同期同类人民币贷款基准利率为基础，参照逾期罚息利率标准计算”的规定，调整欠付租金、电费、水费的利息损失自逾期之日起至 2019 年 8 月 19 日按中国人民银行同期同类人民币贷款基准利率上浮 30% 计算，自 2019 年 8 月 20 日起按全国银行间同业拆借中心公布的 1 年期贷款市场报价利率上浮 30% 计算；调整欠付房产税、土地使用税的利息损失，以甲公路宾馆的实际请求为限，支持自逾期之日起至 2019 年 8 月 19 日按中国人民银行同期同类人民币贷款基准利率计算，自 2019 年 8 月 20 日起按全国银行间同业拆借中心公布的 1 年期贷款市场报价利率计算（限于篇幅，案情其他部分略）。

（二）案例引发的问题和检讨

1. 案例具体问题

借贷合同之外的双务合同，作为对价的价款或者报酬给付之债，需以支付金钱作为履行标的物，但并非借贷合同项下的还款义务，其逾期给付金钱（逾期付款）与借贷合同，尤其是与民间借贷以高息、高利率获得金钱不是对等的权利与义务。前述案例中，二审法院套用民间借贷利率上限即中国人民银行同期同类贷款利率 4 倍来计算逾期给付租金等利息损失的赔偿责任，显然是失当的。

2. 案例问题的检讨

前述案例其判法不当，可以通过比较法学的方法，对比民间借贷逾期利率或者逾期利息损失的相关规定沿革来分析，[1]可给出结论：

借贷合同中，逾期利息的性质是借款人未按约定清偿借款的后果，是借款人承担违约责任的一种形式，逾期利息不属法定孳息，不属法定违约金。[2] 通过考察民间借贷司法解释关于逾期利息的规范条款沿革，在借款人逾期还款的情形下，逾期利息损失视当事人是否约定借期利率或逾期利率区分对待。其中，针对“既没有约定借期内利率，也没有约定逾期利率”情形下的逾期还款利息损失，最初的最高人民法院《关于依法妥善审理民间借贷纠纷案件促进经济发展维护社会稳定的通知》规定支持参照中国人民银行同期同类贷款基准利率，自逾期还款之日起计算逾期利息损失；到了

〔1〕 最高人民法院《关于依法妥善审理民间借贷纠纷案件促进经济发展维护社会稳定的通知》（法〔2011〕336 号）第 6 点规定：“……当事人仅约定借期内利率，未约定逾期利率，出借人以借期内的利率主张逾期还款利息的，依法予以支持。当事人既未约定借期内利率，也未约定逾期利率的，出借人参照中国人民银行同期同类贷款基准利率，主张自逾期还款之日起的利息损失的，依法予以支持。”最高人民法院《关于审理民间借贷案件适用法律若干问题的规定》（法释〔2015〕18 号）第 29 条规定：“借贷双方对逾期利率有约定的，从其约定，但以不超过年利率 24% 为限。未约定逾期利率或者约定不明的，人民法院可以区分不同情况处理：（一）既未约定借期内的利率，也未约定逾期利率，出借人主张借款人自逾期还款之日起按照年利率 6% 支付资金占用期间利息的，人民法院应予支持；（二）约定了借期内的利率但未约定逾期利率，出借人主张借款人自逾期还款之日起按照借期内的利率支付资金占用期间利息的，人民法院应予支持。”最高人民法院《关于审理民间借贷案件适用法律若干问题的规定》（2020 年第一次修正）第 29 条规定：“借贷双方对逾期利率有约定的，从其约定，但是以不超过合同成立时一年期贷款市场报价利率四倍为限。未约定逾期利率或者约定不明的，人民法院可以区分不同情况处理：（一）既未约定借期内利率，也未约定逾期利率，出借人主张借款人自逾期还款之日起承担逾期还款违约责任的，人民法院应予支持；（二）约定了借期内利率但是未约定逾期利率，出借人主张借款人自逾期还款之日起按照借期内利率支付资金占用期间利息的，人民法院应予支持。”最高人民法院《关于审理民间借贷案件适用法律若干问题的规定》（2020 年第二次修正）第 28 条规定：“借贷双方对逾期利率有约定的，从其约定，但是以不超过合同成立时一年期贷款市场报价利率四倍为限。未约定逾期利率或者约定不明的，人民法院可以区分不同情况处理：（一）既未约定借期内利率，也未约定逾期利率，出借人主张借款人自逾期还款之日起参照当时一年期贷款市场报价利率标准计算的利息承担逾期还款违约责任的，人民法院应予支持；（二）约定了借期内利率但是未约定逾期利率，出借人主张借款人自逾期还款之日起按照借期内利率支付资金占用期间利息的，人民法院应予支持。”

〔2〕 杜万华主编：《最高人民法院民间借贷司法解释理解与适用》，人民法院出版社 2015 年版，第 507 ~ 509 页。

最高人民法院《关于审理民间借贷案件适用法律若干问题的规定》在 2015 年颁布实施后，支持自逾期还款之日起按照年利率 6% 支付资金占用期间利息损失；之后最高人民法院《关于审理民间借贷案件适用法律若干问题的规定》在 2020 年经两次修改，最终形成"支持自逾期还款之日起参照当时一年期贷款市场报价利率标准计算的利息承担逾期还款违约责任"的现行标准。

通过对比可知，同属承担违约责任，在"既没有约定借期内利率，也没有约定逾期利率"情形下的逾期还款利息损失，民间借贷中尚且不能按照受保护的民间借贷利率上限来判决支持赔偿逾期利息损失或承担逾期还款违约责任。借贷合同以外的逾期付款责任更加不能套用民间借贷利率上限判决和量化逾期付款违约责任（赔偿逾期付款损失或逾期付款违约金）。类推或参照适用法律规范，应当对拟类推适用法条的规范构成和制度目的进行审慎分析对比。民间借贷规范允许较高的利率上限，是基于借贷基础法律关系和鼓励借贷及高风险负担。逾期付款要承担违约责任，其基础法律关系、适用的规范及规范构成和制度目的，与民间借贷并不一致。显然，不能直接套用民间借贷利率上限来判决逾期付款违约责任（赔偿逾期付款损失或逾期付款违约金）。

由此得出，上述案例套用民间借贷利率上限计算逾期给付租金等的利息损失，是失当的，其法律适用错误。

3. 问题类型化

实践中，上述案例绝非个案。与该案例情况类似的突出问题是：借贷合同以外的金钱债务简单泛化套用民间借贷利率上限来判决逾期付款违约责任（赔偿逾期付款损失或逾期付款违约金），人为造成"低损高赔""低损失高违约金"，逾期付款违约责任异化为变相高利放贷现象，高赔偿金与高违约金沦为守约方"正当"变相盘剥违约方高额财产的工具。而且该种盘剥财产的行为，还是国家审判机关强制赋予，该如何规制与治理？借贷合同以外承担逾期付款责任的基本形式是什么？逾期付款损失或违约金计算方法没有约定时，逾期付款损失和逾期付款违约金该如何回归合理性与正当性？这是司法实践客观存在的问题，值得探讨研究。

二、逾期付款损失或违约金泛化套用民间借贷利率上限的"诟病"

（一）缺乏法律依据，背离契约自由原则

"民间借贷利率更高"这一现象是"民间借贷更易获得"的伴生物和对价。[1] 基

---

〔1〕 参见缪因知：《论信用卡债务与银行贷款不适用利率管制规则》，载《金融法苑》2016 年第 2 期。

于更高的风险承受和正向鼓励民间借贷资金，在我国民间借贷利率可以高于银行借款利率，具有特殊的政策考量基因与现实背景。但“逾期付款”与“逾期还款”不是同一概念，不能基于同样的理由和逻辑允许对逾期付款行为套用民间借贷利率上限来计算逾期付款损失或违约金，而且发生高利民间借贷尚需基于双方当事人在法律允许范围内的意思自治达成契约。实践中，一些案例遇到逾期付款损失或违约金计算方法没有约定时，泛化套用民间借贷上限利率来判决债务人承担逾期付款的违约责任（赔偿逾期付款损失或逾期付款违约金），并非基于双方当事人契约选择，缺乏双方合意达成，并非“你情我愿”，显然是违背契约自由原则的“变相高利借贷”，更为严重的是该“变相高利借贷”来自法院的强制，其正当性应予否定，也易于滋生司法腐败、恣意、擅断。总之，属于适用法律不当问题，缺乏合法性。最高人民法院对此在具体个案判决也态度鲜明指出，“因该4635.7万元系剩余工程欠款而非借款，一审判决参照《最高人民法院关于审理民间借贷案件适用法律若干问题的规定》第二十六条关于借贷利率未超过年利率24%的规定，支持邗建公司月息2%的违约金主张，适用法律不当”。[1]

（二）违背合同对价交易规则

借贷合同的对价交易是一方提供与让渡资金，另一方支付利息与获取资金，借贷合同以外金钱债务的形成，其对价交易基础与借贷合同不同，并非是让渡资金与支付利息，其逾期付款违约责任套用民间借贷利率上限为标准，判决赔偿逾期付款损失或违约金，显然背离对价交易基础。

（三）背离违约金责任性质

违约金的制度史在某种意义上也是违约金双重功能此消彼长又交织演进的历史。[2] 我国的违约金学说主流观点较为强调违约金的赔偿功能，即赔偿为主、惩罚为辅。逾期付款违约金计算方法没有约定时，实践中忽视实际损失事实，径行判决逾期付款违约金按照民间借贷利率上限计算，不符合违约金的功能，变相加重债务人债务负担，也剥夺了违约方请求调减违约金的权利。

（四）违背损失填补规则，利益失衡严重

赔偿损失责任和支付违约金责任其最基础功能是填补损失，违约金略带处罚性。逾期付款损失或违约金计算方法没有约定时，泛化套用民间借贷上限利率来判决债务人承担赔偿逾期付款损失或违约金的责任，违约方承担高额的逾期债务利息，背离

---

〔1〕 参见最高人民法院（2019）最高法民终1464号民事判决书。

〔2〕 参见姚明斌：《违约金双重功能论》，载《清华法学》2016年第5期。

实际损失,与损失填补规则有冲突。违约责任畸重,而守约方无异于空手套白狼,无异于变相盘剥违约方重大财产利益,获益畸大。从利益衡量论角度看,其利益失衡严重,有失公平。

三、理性认识:逾期付款责任形式与调整规则

(一)逾期付款责任的内涵和形式

逾期付款是指债务人未按照合同约定的期限给付债权人款项的行为,其基础法律关系可能为任何合同法律关系,但基础法律关系所向的是款项支付本身,并非资金利息。[1] 在金钱给付之债中,逾期付款责任,亦称逾期付款违约责任,系因付款义务人违反合同约定的交付金钱期限和金额给付金钱而应承担的违约责任,属于违约责任的具体形态,其系因迟延履行而伴生的违约责任。因此,作为违约责任,违约方逾期付款除了需要继续履行付款义务外,还需要向守约方赔偿损失或支付违约金,与此相应,形成逾期付款损失和逾期付款违约金两个法概念。简言之,逾期付款损失是债权人迟延收到金钱的法定孳息的损失,是违约损害赔偿的前提。逾期付款违约金是合同一方迟延履行给付金钱义务,应向守约方支付的一定金钱,其适用于逾期给付金钱的场合,适用场合具有一定特殊性。因此,赔偿逾期付款损失或支付逾期付款违约金,是逾期付违约款责任最重要的形式,与借贷关系中的权利义务直接指向支付资金利息行为本身有本质不同。实践中,赔偿逾期付款损失或支付逾期付款违约金多系参照一定的利率标准来判决计付,但是其性质属性不是法定孳息,也不是法定违约金。与逾期归还借款中"逾期利息不属法定孳息"[2]"逾期利息不属法定违约金"[3]的性质相近似。

逾期付款损失与逾期付款违约金具有一定的区别和联系,两者属于承担逾期付款违约责任的不同方式。其责任范围存在重合,也有不完全一致。基于契约自由,在当事人有约定逾期付款违约金的前提下,当事人通过主张逾期付款违约金可以获得的赔偿数额可以适当高于损失,而逾期付款损失赔偿则是以填补损失为限。这是两者的区别所在。在当事人约定逾期付款违约金但没有约定具体数额或没有明确如何计算或计算标准不明的情况下,逾期付款违约金的赔付标准与逾期付款损失赔偿应

[1] 杜万华主编:《最高人民法院民间借贷司法解释理解与适用》,人民法院出版社 2015 年版,第 509 页。

[2] 杜万华主编:《最高人民法院民间借贷司法解释理解与适用》,人民法院出版社 2015 年版,第 508 页。

[3] 杜万华主编:《最高人民法院民间借贷司法解释理解与适用》,人民法院出版社 2015 年版,第 508 页。

保持基本相当,即两者责任数额大小与计算方式相同。此时,裁判最终确定违约方承担的责任形式仍应是违约金责任,而非赔偿损失责任,但是在责任范围以及计算方法上,逾期付款违约金责任则与赔偿损失并不无不同。[1]

(二)逾期付款责任一般适用规则

实践中,逾期付款责任主要涉及逾期付款损失和逾期付款违约金相关调整规则适用问题。逾期付款损失或违约金计算方法没有约定时,借贷合同以外泛化套用民间借贷上限利率,主要是把赔偿损失或违约金责任不当扩大。作为裁判任务,无论是判决赔偿逾期付款损失,还是判决支付逾期付款违约金,面临核心问题是"损失数额或损失事实判断"与"违约金高低判断"。相关基础性判断规则有:

1. 关于逾期付款损失的一般判断基准

金钱可带来孳息收益的财产,未获按期清偿金钱债务时,债权人在迟延期间丧失了相应孳息收益,则构成其损害。结合可预见规则和可预期利益来看,逾期获得清偿金钱债务,其损失利益应以孳息收益丧失来作为判断原则。因此,逾期付款损失主要表现是法定孳息的损失,一般上应以法定孳息损失为判断的基准。最高人民法院相关指导观点也认为,逾期付款损失主要表现为价款接受方的利息损失,即当价款支付方按照约定的期限支付价款时,价款接受方本可以获得由该金钱所产生的法定孳息,但由于价款支付方并未按期支付,由此给价款接受方造成了法定孳息的损失。[2] 该观点直接体现在最高人民法院相关司法解释规定中,如《关于审理买卖合同纠纷案件适用法律问题的解释》(2012 年)第 24 条第 4 款规定[3],以及《关于审理买卖合同纠纷案件适用法律问题的解释》(2020 年修正)第 18 条第 4 款规定[4]。对于因逾期获

---

〔1〕 最高人民法院民事审判第二庭编著:《最高人民法院关于买卖合同司法解释理解与适用》,人民法院出版社 2016 年版,第 402 页。

〔2〕 最高人民法院民事审判第二庭编著:《最高人民法院关于买卖合同司法解释理解与适用》,人民法院出版社 2016 年版,第 397 页。

〔3〕 该款规定:"买卖合同没有约定逾期付款违约金或者该违约金的计算方法,出卖人以买受人违约为由主张赔偿逾期付款损失的,人民法院可以中国人民银行同期同类人民币贷款基准利率为基础,参照逾期罚息利率标准计算。"

〔4〕 该款规定:"买卖合同没有约定逾期付款违约金或者该违约金的计算方法,出卖人以买受人违约为由主张赔偿逾期付款损失,违约行为发生在 2019 年 8 月 19 日之前的,人民法院可以中国人民银行同期同类人民币贷款基准利率为基础,参照逾期罚息利率标准计算;违约行为发生在 2019 年 8 月 20 日之后的,人民法院可以违约行为发生时中国人民银行授权全国银行间同业拆借中心公布的一年期贷款市场报价利率(LPR)标准为基础,加计 30—50% 计算逾期付款损失。"

得清偿金钱债务,守约方丧失其他投资机会的盈利,应受可预见性规则限制,不应纳入损失范围。需要指出一点,法定孳息损失不应是以民间借贷上限利率来判断,因为民间借贷利率允许较高的上限是基于特殊的政策考量和管制,现在随着我国利率市场化改革推进,自2019年8月20日起已经形成了市场化的贷款利率即全国银行间同业拆借中心公布的贷款市场报价利率(LPR),该利率具有一般性与基础性,法定孳息的损失应以贷款市场报价利率为判断基础。

2. 关于判断逾期付款违约金高低几个重要原则

(1)违约金是否过高其判断基准是损失大小

判断违约金是否过分高于违约所造成损失的关键是对"损失"的认定。[1] 在我国法律制度下,无论是原《合同法》第114条,还是《民法典》第585条,都可以推导出违约金的性质是"补偿为主、惩罚为辅"。违约金制度系以弥补守约方的损失为主要功能,其要旨不是要严厉惩罚违约方,让违约方付出过于沉重代价。当事人约定的违约金低于造成的损失的,人民法院或者仲裁机构可以根据当事人的请求予以增加,此时的违约金体现为赔偿性;当事人约定的违约金过分高于造成的损失的,人民法院或者仲裁机构可以根据当事人的请求予以适当减少,此时的违约金兼有赔偿和惩罚双重性质,与损失等值部分即体现为赔偿性质,超出损失部分即体现为惩罚性质。因此,违约金是否过高最根本的、基础的判断标准是损失大小。

(2)违约金是否过高应互动考察合同履行情况、当事人过错程度、预期利益等因素,并结合公平、诚信原则衡量

关于合同履行情况与违约金高低的互动。合同履行情况对调整违约金有重要作用,实践中也较为被忽视。主要是要考察合同履行程度对违约金调整的影响。履行大部分的合同和未履行的合同,基本完全履行的合同和履行一半的合同,违约损失结果往往程度轻重是不一样的。从公平原则出发,在适用违约金调整规则时,应该考虑合同履行情况。

关于当事人过错与违约金高低的互动。合同违约是客观行为,不以过错为要件,但是因当事人过错不当履行合同造成违约后果,该过错在归责上是有帮助作用的。违约方是恶意违约还是过失违约,直接决定违约金的补偿性和惩罚性功能的此消彼长。在违约金过高之情形,由于惩罚性违约金的目的在于给债务人心理上制造压力,促使其积极履行债务;在债务不履行之场合,表现为对过错的惩罚,因此债务人的过

[1] 参见雷继平:《违约金司法调整的标准和相关因素》,载《法律适用》2009年第11期。

错自应成为惩罚性违约金的要件。[1]

关于预期利益与违约金高低的互动。预期利益是合同正常履行情况下可以获得的利益。约定违约金主要是目的还是借助违约金的压力保障,促使合同能够按约履行,保证一定的预期利益能够实现,因此,违约金的高低判断不可偏离预期利益。预期利益与违约金高低的判断,应注意结合诚实信用、公平原则来综合互动衡量。故在判断约定违约金是否低于损失时,仍应将其与可得利益损失进行比较。[2]

四、买卖合同关于逾期付款违约责任的限定及其参照适用意义

(一)买卖合同关于逾期付款损失的规定

最高人民法院《关于审理买卖合同纠纷案件适用法律问题的解释》(2012 年)第 24 条第 4 款规定:"买卖合同没有约定逾期付款违约金或者该违约金的计算方法,出卖人以买受人违约为由主张赔偿逾期付款损失的,人民法院可以中国人民银行同期同类人民币贷款基准利率为基础,参照逾期罚息利率标准计算。"最高人民法院《关于审理买卖合同纠纷案件适用法律问题的解释》(2020 年修正)第 18 条第 4 款规定:"买卖合同没有约定逾期付款违约金或者该违约金的计算方法,出卖人以买受人违约为由主张赔偿逾期付款损失,违约行为发生在 2019 年 8 月 19 日之前的,人民法院可以中国人民银行同期同类人民币贷款基准利率为基础,参照逾期罚息利率标准计算;违约行为发生在 2019 年 8 月 20 日之后的,人民法院可以违约行为发生时中国人民银行授权全国银行间同业拆借中心公布的一年期贷款市场报价利率(LPR)标准为基础,加计 30—50% 计算逾期付款损失。"

在买卖合同中,逾期付款违约行为造成实际损失是违约方赔偿的前提,违约方赔偿损失的范围包括可得利益,但受到可预见性规则限制责任上限。逾期付款违约金高低的判断基础是损失,该损失是决定支付违约金数额(责任)大小的前提。同时,买卖合同司法解释明确规定了在没有约定逾期付款违约金或者该违约金计算方法情形下的裁判标准:出卖人可以按照一定的利率标准请求赔偿逾期付款损失,即可按"以同期同类贷款基准利率为基础,参照逾期罚息利率"或者"以一年期 LPR 为基础,加计 30—50% 计算逾期付款损失"的标准向买受人主张赔偿逾期付款损失,如此灵活

---

〔1〕 最高人民法院民事审判第二庭编著:《〈全国法院民商事审判工作会议纪要〉理解与适用》,人民法院出版社 2019 年版,第 327 页。

〔2〕 参见韩世远:《合同法总论》(第 2 版),法律出版社 2008 年版,第 593 页。

地兼顾了对违约方的一定惩罚性，在传统上也保持与最高人民法院《关于逾期付款违约金应当按照何种标准计算问题的批复》[1]（法释〔1999〕8 号，已失效）的历史标准相连贯，其实也是一定程度免去了出卖方证明损失的责任。

（二）买卖合同中关于逾期付款责任的规定对其他有偿合同具有参照适用意义

买卖是最古老的一种交易方式，其他交易无非从买卖中衍生。买卖合同位于典型合同之首，是有偿合同的典范，其他双务合同或是从买卖合同派生出来，或是可以看到有买卖合同的影子。买卖合同是立法规定得较为完善的合同，相关有偿合同的共性通则可以在买卖合同的相关规则中找到。为此，基于立法技术的考虑，对属于有偿合同的共性规则，无论是原《合同法》还是《民法典》均有规定其他有偿合同可以参照适用买卖合同有关规定的准用性条款，具体体现在原《合同法》第 174 条规定“法律对其他有偿合同有规定的，依照其规定；没有规定的，参照买卖合同的有关规定”，以及《民法典》第 646 条规定“法律对其他有偿合同有规定的，依照其规定；没有规定的，参照适用买卖合同的有关规定”。因此，买卖合同的适用规范可作为其他有偿合同的参照。事实上，借贷合同以外的有偿合同中，逾期付款违约责任其规则具有共性或者通用性。买卖合同逾期付款责任规定虽是立足于买卖合同领域，但相关规则以金钱债务为适用对象，应适用于包括但不限于买卖合同的有偿合同（非借贷），可谓是诸多有偿合同的参照典范。而且，根据《民法典》第 646 条，买卖合同的适用规则，是可以被其他有偿合同参照适用。因此，从比较法学角度分析，逾期付款损失或违约金计算方法没有约定时，其他有偿合同的逾期付款责任（赔偿逾期付款损失或违约金），可以参照买卖合同中的裁判规则来判决处理逾期付款责任（赔偿逾期付款损失或违约金）。

五、买卖合同以外关于逾期付款违约责任的实践传统

（一）司法实践早期计付逾期付款违约金的历史标准

关于一般合同该如何计付逾期付款违约金，最高人民法院先后发布四个司法解释：1994 年 3 月 12 日《关于逾期付款的违约金应依何种标准计算问题的复函》（法函

[1] 该批复精神：“对于合同当事人没有约定逾期付款违约金标准的，人民法院可以参照中国人民银行规定的金融机构计收逾期贷款利息的标准计算逾期付款违约金。中国人民银行调整金融机构计收逾期贷款利息的标准时，人民法院可以相应调整计算逾期付款违约金的计算标准。”

〔1994〕10 号)、1996 年 5 月 16 日《关于逾期付款违约金应当依据何种标准计算问题的批复》(法复〔1996〕7 号)、1999 年 1 月 29 日《关于逾期付款违约金应当按照何种标准计算问题的批复》(法释〔1999〕8 号)、2000 年 11 月 21 日《关于修改〈最高人民法院关于逾期付款违约金应当按照何种标准计算问题的批复〉的批复》(法释〔2000〕34 号)(目前均废止)。其中:逾期付款违约金的标准也从 1996 年 5 月 16 日前的每天万分之三、年利率为 10.95%,变为 1996 年 5 月 17 日至 1999 年 1 月 29 日的每天万分之五、年利率为 18.25%,又变为 1999 年 1 月 30 日至 2000 年 11 月 21 日的每天万分之四、年利率为 14.6%,最后变为 2000 年 11 月 22 日以后的"参照中国人民银行规定的金融机构计收逾期贷款利息的标准计算逾期付款违约金",为每天万分之二点一、年利率为 7.665%。[1] 到了 2000 年 11 月 21 日,发布《关于修改〈最高人民法院关于逾期付款违约金应当按照何种标准计算问题的批复〉的批复》后,变为原则性规定"参照人民法院可以参照中国人民银行规定的金融机构计收逾期贷款利息的标准计算逾期付款违约金",删除了"逾期付款违约金标准可以按每日万分之四计算"的内容。

(二)商品房买卖合同和建设工程施工合同对逾期付款责任的特别规定

2003 年最高人民法院《关于审理商品房买卖合同纠纷案件适用法律若干问题的解释》第 17 条规定:"商品房买卖合同没有约定违约金数额或者损失赔偿额计算方法,违约金数额或者损失赔偿额可以参照以下标准确定:逾期付款的,按照未付购房款总额,参照中国人民银行规定的金融机构计收逾期贷款利息的标准计算……"该解释于 2020 年修正后继续沿用原第 17 条的规定精神,体现在修正后的第 13 条中,该规定直接明确了商品房买卖合同没有约定违约金数额或者损失赔偿额计算方法时,违约金数额或者损失赔偿额参照逾期贷款罚息标准计算。原最高人民法院《关于审理建设工程施工合同纠纷案件适用法律问题的解释》(已失效)第 17 条规定:"当事人对欠付工程价款利息计付标准有约定的,按照约定处理;没有约定的,按照中国人民银行发布的同期同类贷款利率计息。"最高人民法院《关于审理建设工程施工合同纠纷案件适用法律问题的解释(一)》第 26 条规定:"当事人对欠付工程价款利息计付标准有约定的,按照约定处理。没有约定的,按照同期同类贷款利率或者同期贷款市场报价利率计息。"

---

〔1〕 杜万华主编:《最高人民法院民间借贷司法解释理解与适用》,人民法院出版社 2015 年版,第 512 ~ 513 页。

由上文可知,传统实践中,买卖合同以外,对于逾期付款违约金或者逾期付款损失计付标准经过了一系列的历史变化,但整体原则是对标中国人民银行的贷款利率或者逾期贷款利率(罚息利率),或贷款市场报价利率(LPR),以该些利率为计付标准并维持补偿损失为基本原则。据此可知,逾期付款损失或违约金计算方法没有约定时,套用民间借贷利率保护上限判决逾期付款损失或违约金,背离了司法实践传统。换言之,司法实践上关于裁判逾期付款违约金或逾期付款利息的传统,不失作为限制套用民间借贷利率保护上限判决逾期付款损失或违约金不当裁判行为的一道“紧箍咒”。

六、纠偏:合理量化裁判逾期付款损失或违约金的计付标准

逾期付款损失或违约金的计算标准在有约定时依照约处理。通过对比民间借贷逾期利息(利率)的规范标准和界限范围,结合买卖合同关于逾期付款责任的规定,并考究买卖合同以外关于逾期付款违约责任的实践传统,逾期付款损失或违约金计算方法没有约定时,套用民间借贷利率上限判决债务人承担赔偿逾期付款损失或违约金的做法,无疑不当加重了债务人的责任负担,应予规制和纠偏。在逾期付款损失或违约金计算方法没有约定时,该如何量化计算逾期付款损失或违约金,现行法并未有“统一”的标准可鉴,此时面对逾期付款损失或违约金的裁判任务,应合理建立量化逾期付款违约责任的“参照系”,以统一裁判尺度和合理裁判逾期付款违约责任。

从预期利益来看,价款接受方不能按期得到款项而失去支配使用该笔款项的权益,一般上应相当于金融机构未能按期收取等值贷款的逾期罚息较为适中。一些观点主张按照存款利率计算或者贷款利率计算逾期付款损失或违约金,其造成违约成本过低,不利于制裁逾期付款违约行为。当然,为了避免走极端,逾期付款损失或违约金计算方法没有约定时,对于逾期付款违约责任不应简单以民间借贷利率上限作为判断标准,适宜对比已经为实践接受的买卖合同关于逾期付款违约责任的相关规定来判断,参照适用买卖合同的相应裁判规则,即将最高人民法院《关于审理买卖合同纠纷案件适用法律问题的解释》(2020 年修正)第 18 条第 4 款规定参照适用于其他有偿合同中,如此相对合理和简便有效。也就是说,囿于没有约定赔偿损失或违约金数额计算方法,借贷合同以外的双务合同其逾期付款的违约责任,价款接受方可参照“以同期同类贷款基准利率为基础,参照贷款逾期罚息利率”(针对违约行为发生在 2019 年 8 月 19 日之前的)或者“以一年期 LPR 为基础,加计 30% ~50%”(针对违约行为发生在 2019 年 8 月 20 日之后的)计算逾期付款损失的标准,从价款支付方获

得赔偿逾期付款损失，以体现逾期付款造成法定孳息损失的违约属性，并体现对违约方予以一定惩戒，文章案例再审判决对二审改判体现了这一理念或价值取向。如此参照适用，并不背离《全国法院民商事审判工作会议纪要》（法〔2019〕254 号）第 50 条关于认定违约金是否过高的规定精神，也避免了套用民间借贷利率上限计付导致逾期付款违约金过高或赔偿损失畸重的争议。需要说明的是，前述“30% ~50%”的浮动区间，可以根据个案综合考虑损失情况、违约方过错程度、履行程度等因素，结合公平、诚信原则在浮动区间内行使自由裁量权。对于商品房买卖合同、建设工程施工合同，因有不同的规定，其逾期付款或欠付工程款的违约责任，可依照商品房买卖合同、建设工程施工合同相应司法解释的具体规定处理。

涉年终奖劳动争议案件的审查与认定

茹　超*

摘要：年终奖是目前企业激励员工，提高员工工作积极性的重要手段之一。年终奖的发放属于企业自治的范畴，我国法律并没有明确的规定。但是，为公平合理的保护劳动者合法权益，对于劳动合同中约定或者企业规章制度中约定发放年终奖的内容，如果劳动者提供了符合约定的劳动成果的，有权请求获得相应的奖励。企业对于劳动者提前离职不得领取奖励的约定无效。劳动者对此应承担当年度应发放年终奖的证明责任，企业应承担年终奖发放具体标准和发放情况的证明责任。

一、年终奖的由来及其法律属性

每到年底，年终奖的发放总会成为企业职工关注的焦点问题。对于年终奖，目前并没有一个统一的概念能够完整、准确地概括其内涵、外延。主要是因为年终奖在很大程度上由企业自主决定，形式五花八门。在笔者看来，年终奖是泛指企业在每年度发放给员工的一次性奖励。无论是实物形式还是货币形式均属于此类范畴。企业专业的人力资源师会从企业盈利情况、员工岗位性质等方面去多元化调整员工薪资结构，不同的薪酬形式起到的作用也有所不同，在设计薪酬结构时必须要进行有效组合。[1] 这样会使员工薪资内容可能会产生多种法律性质。因

---

* 广西壮族自治区高级人民法院执行裁判庭三级法官助理。

〔1〕 刘建华：《如何设计薪酬结构以及薪酬的7种形式》，载简书网：https://www.jianshu.com/p/50a41952175a，最后访问时间：2023年3月13日。

此,涉年终奖劳动争议案件需要区分不同情况进行审查处理。

(一)年终奖的由来

企业年终奖始于1902年美国顶级投行摩根大通在年底给每位员工额外发了一份全年工资。在这一形式的影响下,久而久之,企业给员工发年终奖就成了人们心中约定俗成的惯例。到了20世纪50年代,美国一家名叫Niles－Bement－Pond的公司因为减少年终奖而被工会上诉,最终联邦劳工关系委员会裁定年终奖不是想发就发,而是劳动者理应得到的薪水。就这样,年终奖从一个约定俗成的惯例,在历史上成为有法理依据的制度。

现在,无论是政府机关、事业单位、国有企业还是私人企业,都存在发放年终奖的情况,已经成为相当普遍的现象。数据显示,2021年全国白领年终奖平均值为10227元,较2020年的7826元同比增长30.7%。其中,能拿到年终奖的白领占36.6%,此外,17.4%的白领表示年终奖"据说有,不确定",而表示拿不到年终奖的白领占比32.6%,比2020年的40.4%有所下降。[1]

(二)年终奖的法律属性

根据形式的不同,年终奖可分为以下三类:

1. 工资制。有的用人单位会预留工资中的一少部分比例放到年底发放。其主要是为了限制劳动者中途离职,保持员工的稳定。还有的表现为年底双薪。用人单位一般会在员工手册或者劳动合同中约定,员工工作满12个月,会在年底额外发放一个月工资。一般主要是基本工资。除非另有约定,在劳动者工作满12个月的情况下,不得扣除该部分工资。年底双薪一般采用合并计税的方式,即将第13个月工资合并到12月工资中,与12月工资一起计算缴纳税费,计算方法为:应缴纳税额＝(工资＋双薪－个税起征点)×税率。

2. 奖金制。《关于调整个人取得全年一次性奖金等计算征收个人所得税方法问题的通知》将年终奖称为全年一次性奖金。此种形式的奖金数额及发放时间均没有明显的限制,企业可以根据经营情况和劳动者的绩效、个人表现等自由决定是否发放及发放数额。差额在同岗位之间存在是正常现象。从2022年开始,全年一次性奖金计税全部并入综合所得。

3. 非货币形式。包括提供旅游等服务、购物代金券、过节礼品、带薪休假等形式。

---

〔1〕 参见周聪:《2021年年终奖报告:全国白领年终奖平均过万,你拖后腿了吗》,载金羊网:http://news.ycwb.com/2022－01/20/content_40527147.htm,最后访问时间:2023年3月13日。

有一种特殊的发放年终奖的方式是抽奖。发放数额和人员并不确定,需要靠一定的运气。问题在于劳动者在抽到用人单位设定的奖励时,此种行为如何定性?常见的有两种观点:一种观点认为,劳动者抽到奖励时,与用人单位之间成立赠与合同关系。此种情况下,用人单位可以在符合法律规定的条件下在合同履行前撤销赠与。此种观点在目前看法并不准确。就赠与合同而言,成立的条件是受赠人和赠与人均应当具体明确。另一种观点认为,抽奖行为属于民法中的射幸行为,是双方在偶然的条件下确定彼此的权利义务关系。在合同成立的情况下,双方都有忠实履行的义务。

二、年终奖争议问题的裁判理念

(一)用人单位是否应当发放年终奖

对于劳动合同中约定或者用人单位规章制度中明确有年终奖的,用人单位应当发放年终奖。劳动合同或者用人单位的规章制度中没有约定年终奖的,用人单位是否应当发放年终奖在实践中存在一定争议。

1.劳动者不能证明用人单位有年终奖制度的,用人单位不发放年终奖。此种观点先是将年终奖纳入应在劳动合同中予以明确的工资内容,劳动者在举证不能的情况下,承担举证不能的不利后果。比如,(2017)闽0102民初7607号兴业银行股份有限公司与郑某琳劳动争议案中,福州市鼓楼区人民法院认为,“月度奖金、年终奖是用人单位根据自身经营状况及员工工作考核情况对员工发放的奖励性工资,用人单位按照双方约定决定奖金发放与否及发放标准,属于用人单位行使经营自主权。在劳动合同没有对年终奖进行相关约定的情形下,劳动者主张年终奖的,应当根据《劳动争议调解仲裁法》第6条规定,由劳动者对自己提出的主张提供证据,否则应当承担举证不能的法律后果”。当然,劳动者无中生有向用人单位主张年终奖,似乎不符合常理。

2.劳动者提供证据证明,用人单位向劳动者发放年终奖已经形成惯例的,用人单位应当发放年终奖。比如,(2015)深中法劳终字第844号深圳市天一阁国际货运代理有限公司(以下简称天一阁公司)与王某军劳动争议案中,深圳市中级人民法院认为,“双方虽然未书面约定年终奖的发放,但天一阁公司自2007年开始,即向王某军等员工发放年终奖,且2013年天一阁公司亦有向与王某军同岗位的其他员工发放年终奖。因此,应当由天一阁公司就王某军没有资格领取2013年年终奖承担相关的举证责任。天一阁公司确认公司没有制定关于发放年终奖的相关规章制度,其主张2013年王某军工作表现不好,亦未能提交相关证据予以证明,应当就此承担举证不能的不利法律后果。”此种观点偏重于用人单位对之前的行为有继续保持的义务，没有继续履行前行为违背诚信和公平原则。

笔者认为，以上观点对于用人单位是否应当发放年终奖的认定标准在于劳动者能否证明用人单位是否已经形成了惯例。实际上是对于用人单位自主经营权的一种限制。笔者并不赞同。理由是：首先，在劳动合同或者用人单位规章制度中并无明确存在有年终奖的情况下，年终奖是否发放及其数额均属于用人单位自主决定，以形成惯例推定用人单位应当发放年终奖在法律上并无明确依据。其次，对于惯例如何界定很难有准确标准。用人单位性质本身存在不同，行政机关型、公益事业型、企业型都具有建立劳动关系的主体资格。特别是企业，本身的盈亏受自身经营和市场形势影响很大。以惯例认定企业应当发放年终奖未必符合企业的经营情况。最后，年终奖如果是奖励性质，则劳动者需要证明其符合奖励的条件。不能以用人单位没有制定奖励条件就推定劳动者符合条件。用人单位既然没有将年终奖明确约定在劳动合同中，当然是希望可以自己根据自身情况进行决定。

当然，在个案中为凸显公平诚信的社会主义核心价值观，从基于保护劳动者权益角度出发，在达到较高证明标准又未明显加重用人单位负担的情况下，人民法院可以行使自由裁量权认定用人单位支付年终奖。这种理念应当是例外，而不能成为原则。

（二）劳动者提前离职可否领取年终奖

年终奖本身附带有年度考核结算的属性，因此有用人单位会在劳动合同或者《员工手册》中写明劳动者在未满考核期提前离职的，不能获得年终奖。审判实务中对此问题的处理存在不同的裁判理念。

1. 年终奖的发放属于企业自主经营的范围，劳动法对此没有强制性规定。用人单位与员工就年终奖的发放在工资协议中有明确约定的，该约定有效，双方应遵守该约定。比如，北京市高级人民法院（2015）高民申字第02898号民事裁定书认为，“《工资协议》系恒都律所与邸某凯自愿签订，且不违反法律、行政法规的强制性规定，现邸某凯主张《工资协议》中有关提前离职不发放年终奖的条款无效，依据不足。《工资协议》中约定恒都律所将于2014年1月1日至1月31日之间对邸某凯的全年工作进行评定，邸某凯在年终奖评定之前辞职，将不发放年终奖。而邸某凯于2013年12月2日提出辞职，故依照《工资协议》的约定，恒都律所有权不发放邸某凯年终奖。邸某凯在《恒都员工离职登记表》中填写的离职原因系个人原因，恒都律所依法不应向邸某凯支付解除劳动合同的经济补偿金，原审判决对邸某凯的该项主张未予支持，并无不当”。此种观点侧重于对企业自主经营权的保护，奖励属于企业根据自我盈亏和发展情况考虑发放，对于不稳定的员工不利于企业发展可以不发放。并且，劳动者对于是否签订协议以及是否离职具有自我把控的能力，劳动合同也是合同的一种，其已经承诺对于其具有法律上的约束力。

2. 劳资双方在劳动合同约定劳动者提前离职，用人单位无须支付年终奖的，该约定属于用人单位免除自己的法定责任，排除劳动者权利的条款，应为无效。比如，深圳市中级人民法院二审认为，"首先，应当明确年终奖金的性质问题……年终奖是用人单位根据全年经济效益和对员工全年工作业绩的综合考核情况而发放的一次性奖金，属于合法劳动报酬的范畴，而不只是用人单位激励员工、留住人才的手段。就本案而言，某设备技术有限公司并未举证证明本案争议的年终奖金不属于法律规定的'工资'范畴，应当认定本案的年终奖金属于基本工资的补充，其性质仍属于工资。其次，双方所签订的《考核细则》第十二条'不管因何种原因于年底前离开公司的业务人员将不享受年终奖'的规定能否成为被告拒付年终奖金的合法依据的问题。根据《劳动合同法》第二十六条第一款第(二)项规定，劳动合同中，用人单位免除自己的法定责任，排除劳动者权利的条款应属于无效条款。就劳动关系双方当事人的权利义务而言，劳动者向用人单位提供劳动，用人单位支付工资是各自的主要义务。本案《考核细则》第十二条关于提前离职不支付年终奖的规定实际上是用人单位免除自己的法定责任，排除劳动者权利的约定，违反了法律的相关规定，与劳动法中用人单位不得克扣或者无故拖欠劳动者的工资的规定相冲突，同时也限制了劳动者合法取得劳动报酬的权利，与《劳动法》、《劳动合同法》的法律精神也是相悖的，应属无效条款……"[1]此种观点是将年终奖定性为工资，从而使年终奖纳入用人单位法定义务的范围，起到保护劳动者权益的目的。

根据《关于工资总额组成的规定》，工资总额由下列六个部分组成：(1)计时工资；(2)计件工资；(3)奖金；(4)津贴和补贴；(5)加班加点工资；(6)特殊情况下支付的工资。但是，对于奖金的具体内容缺乏明确的解释。笔者认为，工资总额中的奖金是指在劳动合同中或者用人单位的规章制度中明确存在的奖励性的劳动报酬。如果用人单位与劳动者明确约定了年终奖的内容，此时年终奖属于用人单位应当发放的工资，是用人单位应当履行的义务。用人单位仅约定劳动者提前离职，不得领取年终奖的内容无效。劳动者可以依据劳动情况向用人单位主张年终奖。如果用人单位并

---

〔1〕 参见 http://192.0.100.105/lib/cpal/AlyzContent.aspx? isAlyz = 1&gid = C671437&userinput = %E5%B9%B4%E7%BB%88%E5%A5%96。

未约定有年终奖，而是事实上发放年终奖，劳动者同意提前离职不发放年终奖的，则不能再向用人单位主张年终奖。

（三）经营不善可否不发年终奖

从奖励性角度来说，取得良好的业绩是发放奖励的前提。年终奖作为一种奖金，也应当与业绩挂钩。但实际上，用人单位并不能仅以当年度经营不善就擅自决定不发。其主要还是以劳动合同约定为准。

1. 劳动合同中确定了年终奖的具体内容，且没有与用人单位的业绩挂钩的，用人单位经营不善也不能不发年终奖。比如，（2019）沪 01 民终 10888 号民事判决书认为，“根据前述约定的文义，本案所指‘十三薪’、季度奖与一般观念不同，系数额固定部分，年终奖亦可以确定，且不与公司盈亏及劳动关系存续与否关联，上海济亿网络科技有限公司也未按照约定对朱某虹年度工作表现予以评估。故此，仲裁、一审支持系争款项按照在职时间予以折算，亦属合理，本院对此予以确认”。此类案件中，用人单位对于年终奖已经明确约定为固定数额，且并未与单位业绩挂钩，因此，不能仅以亏损决定不发年终奖。

2. 劳动合同约定了用人单位根据经营情况决定发放年终奖，其可以证明当年度经营不善的，可以不发年终奖。比如，在唐某与某集团仲裁案中，仲裁委认为“年终奖不同于每月固定发放的劳动报酬，系一种奖励性收入，故该部分收入如何发放应根据双方的约定以及公司规定执行，用人单位具有一定的自主权。在双方签订的劳动合同中约定公司根据公司业绩、个人职责范围及工作表现，对唐某发放年终奖金。双方约定不存在重大误解或显失公平，属于合法有效的约定。同时，仲裁委根据公司提供的审计报告显示公司 2019 年确系存在严重亏损，唐某也未能提供证据证明公司向其他员工发放了年终奖，故仲裁委最终未支持唐某的请求”。[1]

笔者认为，对于企业而言，其对于劳动合同内容的拟定具有绝对的控制权。其在劳动合同中未约定将年终奖与经营情况挂钩的，经营不善理当不能成为不发年终奖的理由。反过来说，企业存在的目的是获得更大资本，如果其在劳动合同中约定将年终奖与经营情况挂钩，在企业亏损的情况的，劳动者反而获得奖励本身也不公平。

三、引发年终奖劳动争议的原因

年终奖争议案件发生的原因多种多样，既包括立法层面的原因，也包括用人单位

〔1〕 川苏劳动法讲堂：《用人单位因经营不善，可以不发年终奖吗？》，载搜狐网：https://www.sohu.com/a/436908323_99961380，最后访问时间：2023 年 3 月 13 日。

和劳动者自身原因。

（一）薪酬结构多元化

为了更好地留住员工和激励员工创造好的业绩，现在企业大多采取多元化激励模式，就是针对不同类型、不同层面员工，采取不同的激励模式。薪酬结构也越来越多元化。越是优秀的企业，越注重对于人力资源的应用。薪酬结构从原来的固定薪酬模式转变为“固定薪酬 + 浮动薪酬 + 长期激励”模式。年终奖就属于浮动薪酬部分。浮动薪酬与个人业绩和企业经营挂钩，存在多变性。如前文所述，实践中企业对于浮动薪酬设计不一致，导致年终奖的性质与计算方法不同，容易引起劳动者与用人单位的争议，增加司法认定的难度。

（二）法律依据的缺乏

目前在司法实践中缺乏对于年终奖进行认定裁判的明确依据，多数裁决依据三个规定：原劳动部《关于贯彻执行〈中华人民共和国劳动法〉若干问题的意见》、国家统计局《关于工资总额组成的规定》、国家统计局《〈关于工资总额组成的规定〉若干具体范围的解释》。后面的两个规定是国家统计局发布的。从内容上看，对于年终奖规定比较笼统，具体如何界定没有明确说明。因此，法官在审理此类案件时需要依靠企业的内部规章制度和劳动合同的约定。但是，由于每个单位的规章制度不同、有些规定过于模糊，每个劳动者的情况也不同，在审理案件的时候就需要多方考虑。在举证责任方面，劳动者对于证据的把握和掌控都远不及用人单位，仅仅依靠“谁主张，谁举证”这一原则，容易忽略劳动者的弱势地位，对于自由裁量的标准也不好把握。

（三）企业自主权的把握

对于企业而言，从劳动合同内容的拟制和薪酬结构的调整，都处于其控制范围。企业都认为年终奖本身属于企业经营自主权的部分。在法律对年终奖进行界定的时候，将会对企业产生强制约束力。企业由于认识不到位或者基于自身发展考虑，对于设定年终奖制度不完善，对于年终奖的覆盖范围、发放标准和模式缺乏统一化和标准化的规定。有时甚至会有一些排除劳动者权利的规定，引发劳动争议。有的企业为了维护员工个人年终奖的神秘性，与劳动者缺乏有效的沟通，对年终奖的计算标准等讳莫如深，如康某因违反薪酬保密管理要求被公司要求离职的案件。[1] 在笔者看来，薪酬本身就是一人一议的，即便是同个岗位也没有强制规定薪酬必须一致。对于

---

〔1〕 参见《打听年终奖引发解聘官司，员工起诉公司一审获法院支持！》，载澎湃新闻网：https://www.thepaper.cn/newsDetail_forward_17281509，最后访问时间：2023 年 3 月 13 日。

同工同酬的理解，应当是指劳动者的固定工资部分。在劳动者个人条件、工作情况等存在不同的情况下，用人单位有权自主调节浮动部分。只要不违反已签订的劳动合同或者用人单位自身规章制度，就像同样岗位，劳动者学历不同，对于高学历待遇好一些也无可厚非。

（四）劳动者自己的行为

劳动者因为自身的认知或者对于寻找工作的急迫性等，有时对劳动合同的内容并没有认真研究，对自己的权利义务缺乏精准把握，对于劳动合同中是否有关于年终奖的条款，以及条款是如何规定的，都没有清晰的认识。对企业规章制度的解读也不到位，缺乏和企业的良性沟通，平时不注重对于证据的收集保存等，都增加了争议维权的难度。

四、企业年终奖争议问题处理建议

对于企业年终奖争议的处理，需要从立法层面、司法层面、用人单位和劳动者自身层面共同努力。

（一）从立法层面，引导和细化对于年终奖性质的规范

可以先从地方条例等中针对常见的争议问题进行规定。可以援引《劳动合同法》第 10 条第 1 款规定，用人单位应当与劳动者签订书面劳动合同。《劳动法》第 4 条和《劳动合同法》第 4 条都规定，用人单位应当依法建立和完善劳动规章制度，保障劳动者享有劳动权利、履行劳动义务。这些是制定地方法规可依据的法源。使针对年终奖问题在裁判时有法可依，也是引导用人单位充实劳动合同和规章制度，减少用人单位和劳动者发生争议的概率。同时也要明确用人单位自主经营权的范围，防止司法过多干预用人单位的自主经营。

（二）从司法层面，要统一裁判理念，明确举证责任分配

举证责任是民事诉讼程序中在真伪不明的情况下，为了平衡当事人的证明义务而拟制的一种不良后果。在有举证责任的存在时，负有举证义务的一方会感受到真正的压力，促使其尽力去解决事实真伪不明的状况，有利于裁判者对于事实的查明，从而公正高效地解决民事案件。民事诉讼证明的一般原则是“谁主张，谁举证”。因此，在有关涉年终奖争议案件中，一般由认为权益受到侵害的一方先行举证，且多数为劳动者一方。比如，前述论及的企业是否发放年终奖及发放基础数额的问题，劳动者须提供企业拖欠其年终奖及应发数额的问题。有学者提出，劳动争议诉讼中存在大量证据未形成案件，劳动者难以获得证据。为保护劳动者合法权益，有必要引入举

证责任减轻制度。[1] 由于劳动关系不同于一般民事法律关系,多数数据均由用人单位掌握,因此用人单位对自己控制的领域发生的事件承担举证责任。《劳动争议调解仲裁法》第39条第2款规定:“劳动者无法提供由用人单位掌握管理的与仲裁请求有关的证据,仲裁庭可以要求用人单位在指定期限内提供。用人单位在指定期限内不提供的,应当承担不利后果。”劳动者虽然承担证明企业向其他劳动者发放年终奖的事实,但是由于其他劳动者的考评结果、支付工资的事实、考勤登记、加班记录等内容都掌握在企业手中,因此应当适用举证责任倒置的规则,由企业对此承担举证责任。

(三)从用人单位层面,要设计好劳动者的薪酬结构,建立合理的对话方式

对于用人单位而言,其对于劳动合同的内容具有绝对的控制权,薪酬设计的越合理,越可以体现用人单位的水平。用人单位对于薪酬的合理设计,既可以控制运营成本,也可以理顺与劳动者的关系,有利于用人单位的长期稳定发展。将薪酬与岗位工作性质、工作结果、工作业绩、企业年度业绩等相联系,可以规避上述争议产生的问题,也是对用人单位自身的一种保护。同时,用人单位可以也应当建立有劳动者在内的与劳动者进行对话的工作机制,既可以听取职工对于单位发展的意见建议,也可以在走向司法程序前做好争议处理工作,符合诉源治理和枫桥经验的理念,减少劳动者和用人单位的对立,构建和谐的社会主义用工关系。

(四)从劳动者层面,要做好岗位培训,注意收集保存证据

劳动者在求职的过程中,可以提前学习一些《劳动法》《劳动合同法》等与劳动合同相关的法律法规,在对劳动合同条款有不理解或者有异议的时候可以向用人单位询问,请求解释或者变更。在工作之中发现用人单位有违法行为的,可以向劳动监察部门进行举报,由劳动监察部门对用人单位作出处理。做好这些的前提是劳动者在工作中要注意收集和保存好相关的证据材料,避免在维权的过程中因为举证不能而产生的败诉风险,导致无法实现维权的目的。

五、小结

对于劳动合同或者企业规章制度中明确有年终奖发放内容,劳动者提供了符合约定的劳动成果的,有权请求获得相应的奖励。企业对于劳动者提前离职不得领取

---

〔1〕 参见韦杰:《劳动争议案件引入举证责任减轻制度研究》,载《广西民族大学学报(哲学社会科学版)》2020年第2期。

奖励的约定无效。劳动者对此应承担当年度应发放年终奖的证明责任,以惯例证明存在年终奖发放约定的认定标准应当审慎适用,企业应承担年终奖发放具体标准和发放情况的证明责任。

逆向法人人格否认制度之构建探析

田丽霞[*]　李　延[**]

摘要：经济的快速发展带来了公司结构的高度异化，股东向公司恶意转移财产以规避其个人债务，或母子公司、姐妹公司等关联公司之间利用其关联关系转移公司财产或进行显失公平的关联交易，以规避公司债务的情形频发，不仅损害股东债权人的利益，而且对我国市场交易秩序造成严重破坏，传统的法人否认制度已不足以应对日趋复杂的经济局面，因此，司法实践中出现了逆向法人格否认制度的自发性适用。逆向法人人格否认制度就是在满足特定条件的情况下，逆向否认公司独立人格，由公司对股东的债务承担清偿责任的制度。本文通过探讨逆向法人人格否认制度的适用条件、适用范围及责任承担方式，对逆向法人人格否认制度进行研究，以适应公司结构的变化，弥补现有公司法制度的不足。

《公司法》规定了公司人格独立和股东有限责任两大基本原则，同时还规定了基本原则之例外，即《公司法》第 20 条第 3 款〔1〕规定的法人人格否认。随着经济社会的发展，传统的法人人格否认制度已不足以应对日趋复杂的经济局面，审判实务开始探索逆向法人人格否认制度的适用。

---

* 广西壮族自治区高级人民法院审判监督第一庭三级法官助理。

** 广西壮族自治区高级人民法院审判监督第一庭四级高级法官。

〔1〕《公司法》第 20 条第 3 款规定："公司股东滥用公司法人独立地位和股东有限责任，逃避债务，严重损害公司债权人利益的，应当对公司债务承担连带责任。"

一、逆向法人人格否认的内涵

传统的法人人格否认是指《公司法》第20条第3款规定的人格否认，即顺向法人人格否认，其责任流向是由公司流向股东，即由股东对公司的债务承担清偿责任。当传统法人人格否认制度出现扩张适用后，形成了三种法人人格否认类型，即顺向否认、逆向否认和横向否认。《公司法》施行以来，学者们多对顺向否认概念开展详细论述，社会大众对此类型也有较为清楚的了解，本文重点讨论的是逆向法人人格否认，因此，下面主要就逆向否认和横向否认的内涵进行阐述。

（一）逆向法人人格否认

逆向法人人格否认亦称为反向法人人格否认、反向刺破公司面纱，该制度起源于美国，在美国的发展已经较为成熟，其责任流向是从股东流向公司，即由公司对股东的债务承担清偿责任。从责任流向来看，逆向法人人格否认与顺向法人人格否认正好相反。依据请求权主体不同，逆向法人人格否认又分为内部逆向法人人格否认和外部逆向法人人格否认。内部逆向法人人格否认的请求权主体为公司内部股东，外部逆向法人人格否认的主体则是公司股东的外部债权人。本文主要讨论外部逆向法人人格否认的情形，因此后文所称的逆向法人人格否认均指外部逆向法人人格否认。逆向法人人格否认是指股东利用股东有限责任和公司独立人格，过度支配与控制公司，向公司恶意转移财产或与关联公司进行显失公平的关联交易等，以逃避自身债务，造成股东无力清偿债务的表象，严重损害股东债权人的利益，股东债权人请求公司对股东的债务承担清偿责任的情形。

（二）横向法人人格否认

横向法人人格否认又称揭开姐妹公司面纱，是指同一股东或关系密切的股东设立多个公司，完全操纵这些公司的运作，忽略各关联公司之间的独立人格，在公司之间转移财产、输送利益等，造成某公司的债权人利益损害，该公司债权人请求股东和各关联公司共同承担清偿责任的情形。从法理角度分析，横向法人人格否认的责任流出现三角路线流动，先顺向否认，再逆向否认，即由其中一个关联公司流向控股股东，再由控股股东流向其他关联公司。最高人民法院2013年公布的第15号指导案例〔1〕即属于横向否认的情形，但该指导案例与横向否认的区别之处在于，该指导案

〔1〕 最高人民法院2013年1月31日以法〔2013〕24号文件发布第15号指导案例《徐工集团工程机械股份有限公司诉成都川交工贸有限责任公司等买卖合同纠纷案》。

例中没有要求关联公司的控股股东承担责任，只是从企业整体的角度出发否认关联公司的独立性，将各关联公司之间视为一个独立的整体，由各关联公司共同承担连带责任。[1] 从该指导案例也可以看出，目前最高人民法院尚未认可逆向法人人格否认制度。

二、逆向法人人格否认制度适用的现实困境

逆向法人人格否认对弥补法律漏洞、保护股东债权人利益、维护市场交易秩序具有重要意义。现实交易中往往出现股东或母公司利用（子）公司独立人格，过度支配与控制（子）公司，恶意向（子）公司转移财产以逃避股东或母公司债务的现象，但现有公司法规定并不足以对股东及母公司债权人给予充分的救济，故司法实践中出现了逆向法人人格否认制度的自发适用。因缺乏统一规定，全国各地的裁判者在适用逆向法人人格否认制度过程中暴露出多种问题，构建逆向法人人格否认制度以满足司法实践的需要迫在眉睫。

（一）逆向法人人格否认制度适用的裁判依据混乱

司法实践中，确有依据逆向法人人格否认制度作出公正裁判的客观需求，但目前因法律法规缺位，导致裁判者“无法可依”，支持股东债权人请求公司对股东债务承担责任的判决，裁判依据混乱，裁判标准不统一。

1. 类推适用《公司法》第 20 条第 3 款之规定

审判实务中部分案件通过类推适用《公司法》第 20 条第 3 款的规定达到实现逆向法人人格否认的效果。这些案件的裁判理由多表述为参照适用《公司法》第 20 条第 3 款。此类案件的类推适用在一定程度上是受最高人民法院第 15 号指导案例的影响。[2] 虽然从法理的角度分析，关联公司之间的横向否认包含了逆向否认的过程，但目前最高人民法院对于逆向法人人格否认的观点尚未认可。笔者认为，《公司法》第 20 条第 3 款的责任流向是从公司流向股东，而逆向法人人格否认制度的责任流向是从股东流向公司，两者的责任流向完全相反，如将该条作为逆向法人人格否认制度的裁判依据，逻辑上难以理顺，缺乏合理性。

---

〔1〕 参见吴建斌：《公司法人格否认成文规则适用困境的化解》，载《法学》2009 年第 7 期。

〔2〕 第 15 号指导案例的裁判理由认为：关联公司之间的行为违背了法人制度设立的宗旨，违背了诚实信用原则，其行为本质和危害结果与《公司法》第 20 条第 3 款规定的情形相当，故参照《公司法》第 20 条第 3 款的规定，判决关联公司之间共同承担责任。

2. 扩大解释《公司法》第20条第3款

通过扩大解释《公司法》第20条第3款的规定实现逆向法人人格否认是司法实践中最常见的做法，此类案件在裁判理由中通常表述为直接适用，如沈阳二建与沈阳惠天、沈阳新东方建筑工程合同纠纷案，[1]该案的裁判理由载明，法院认为母子公司之间存在人格混同、业务混同、资金混同，子公司是母公司的另一自我，从而否认子公司的法人独立地位，依据《公司法》第20条第3款之规定，判决子公司对母公司债务承担连带责任。笔者认为，个别法院在裁判文书上的说理属于对法律条文的扩大解释，并不符合法律条文的文义要求，《公司法》第20条第3款规定的请求权主体是公司债权人，如通过裁判说理的方式以适用逆向法人人格否认，将请求权主体扩大至股东债权人，显然超出了扩大解释的范畴。

3. 未列明具体裁判依据

部分案件适用逆向法人人格否认制度仅简单阐述理由，未列明具体的法条依据；有些直接援引民法基本原则——诚实信用原则，以达到适用逆向法人人格否认制度的目的；或有些援引《全国法院民商事审判工作会议纪要》（以下简称《九民会议纪要》）精神，以《九民会议纪要》第10条至第12条中列举的情形作为裁判说理，如豪威莱斯房车租赁公司与大宇客车公司、玖玖汽车公司等买卖合同纠纷案[2]。笔者认为，诚实信用原则是民法的帝王条款，民法基本原则作为裁判依据自然没错，但在不同性质案件的处理上，法官作出的裁判应有明确的法律依据，简单套用民法基本原则，借助公平、诚实信用等基本原则裁判，带有极大主观性，可能导致法官自由裁量权过大。[3]《九民会议纪要》对公司人格混同的情形作出了详细的列举，为裁判者办理此类案件指明了方向，但就《九民会议纪要》的性质而言，其只是司法政策性文件，并不属于法律或司法解释范畴，裁判理由中可以遵循纪要精神，但不可直接作为法律依据予以适用，因此，可以援引司法政策文件的精神作为裁判说理，但仍缺乏具体适用的法律条文，从法律适用的角度而言，尚有欠缺。

4. 其他适用法律依据情形

司法实践中，除了上述三种情形外，还存在适用其他法律依据达到实现逆向法人

---

〔1〕 参见沈阳市中级人民法院（2010）沈民二终字第264号民事判决书。

〔2〕 参见广西壮族自治区高级人民法院（2020）桂民再600号民事判决书。

〔3〕 参见吴建斌：《公司法人格否认成文规则适用困境的化解》，载《法学》2009年第7期。

人格否认制度的情形。如一人公司的案件通过类推适用《公司法》第63条[1]实现逆向法人人格否认;适用最高人民法院《关于审理民间借贷案件适用法律若干问题的规定》(法释〔2015〕18号,已修改)第23条,[2]该条适用的重点在于法定代表人或负责人与企业对于借款合同的实质参与,而非人格否认,[3]其适用情形与逆向法人人格否认欠缺关联,且该条也仅适用于民间借贷纠纷案件场合,不适用于其他纠纷。部分案件扩大解释最高人民法院《关于审理与企业改制相关的民事纠纷案件若干问题的规定》第7条,[4]该条规定了通过企业改造逃避债务的责任承担方式,曾被认为是我国逆向法人人格否认制度的渊源,但该条与逆向法人人格否认制度有实质的区别,该条规定的是企业改制情形,原企业与新设企业的财产尚可区分,而逆向否认公司人格的前提是股东与公司财产混同,无法区分。因此,以该条作为适用逆向法人人格否认的依据仍然欠妥。

如前文所述,目前我国司法实践中确有适用逆向法人人格否认制度的现实需要,但自发式的适用导致裁判依据不一而同。相比之下,不支持逆向法人人格否认的判决理由则较为单一,多数案件以不能证明人格混同或没有法律规定为由对股东债权人的请求不予支持,同时,也将导致各地裁判标准不一。

(二)替代制度救济不足

部分学者认为逆向法人人格否认制度无须构建,现有的债权人救济手段已经足以保障股东债权人的合法利益。提出该观点的学者意识到逆向法人人格否认制度应审慎适用的一面,却忽视了现有救济制度对股东债权人救济存在不足之处。

---

〔1〕《公司法》第63条规定:“一人有限责任公司的股东不能证明公司财产独立于股东自己的财产的,应当对公司债务承担连带责任。”

〔2〕最高人民法院《关于审理民间借贷案件适用法律若干问题的规定》(法释〔2015〕18号)第23条规定:“企业法定代表人或者负责人以企业名义与出借人签订民间借贷合同,出借人、企业或者其股东能够证明所借款项用于企业法定代表人或负责人个人使用,出借人请求将企业法定代表人或负责人列为共同被告或者第三人的,人民法院应予准许。企业法定代表人或负责人以个人名义与出借人签订民间借贷合同,所借款项用于企业生产经营,出借人请求企业与个人共同承担责任的,人民法院应予支持。”

〔3〕参见尚连杰:《“私贷公用”规范的解释论——以〈民间借贷司法解释〉第23条第2款为中心》,载《法学》2017年第4期。

〔4〕最高人民法院《关于审理与企业改制相关的民事纠纷案件若干问题的规定》第7条规定:“企业以其优质财产与他人组建新公司,而将债务留在原企业,债权人以新设公司和原企业作为共同被告提起诉讼主张债权的,新设公司应当在所接收的财产范围内与原企业共同承担连带责任。”

1. 股权强制执行效率低下

股权强制执行是人民法院根据债权人的申请，依据生效的法律文书，对被执行人作为股东在其他公司持有的股份或出资所采取的一种强制转让措施。理论上，在股权强制执行理论下，股东债权人可以请求对股东所持公司股权强制执行以清偿债务，但实际操作的成本过高。首先，申请股权强制执行需获得胜诉生效的法律文书，而一个案件可能会经历一审、二审甚至再审，诉讼阶段耗费的时间成本高。其次，《公司法》第72条[1]、第73条[2]对股权强制执行的程序作了明确规定。即使案件进入执行阶段，在股权强制执行程序中，公司其他股东在同等条件下享有优先购买权，其他股东在20天内不行使优先购买权才视为放弃优先购买权，完成整套流程所耗的时间成本极高，股权变现难度大，导致这一制度在保障公司股东债权人利益的效率大打折扣。最后，决定股权价值的关键是公司财产价值，小型封闭公司的控股股东通常可以轻易实现"暗箱操作"，通过转移公司财产以影响股权的实际价值，即使股东债权人顺利通过股权强制执行程序，最终也难以达到保障债权的效果。

2. 债权人撤销权成本过高

《民法典》第538条[3]、第539条[4]规定了债权人撤销权，当债务人恶意减少其财产危害债权实现时，债权人为保全债权请求法院撤销该行为的权利。在一定程度上，该制度可以对股东转移财产逃避债务的行为产生规制，但并不足以替代逆向法人人格否认制度的效果。一方面，将债权人撤销权引入公司法领域需要引入大量的商事判断规则，其适用标准过于复杂，制度比较理想化，可操作性不强。另一方面，依据合同相对性原则，撤销权只是在股东及其债权人之间生效，如果股东作为债务人将财

---

〔1〕《公司法》第72条规定："人民法院依照法律规定的强制执行程序转让股东的股权时，应当通知公司及全体股东，其他股东在同等条件下有优先购买权。其他股东自人民法院通知之日起满二十日不行使优先购买权的，视为放弃优先购买权。"

〔2〕《公司法》第73条规定："依照本法第七十一条、第七十二条转让股权后，公司应当注销原股东的出资证明书，向新股东签发出资证明书，并相应修改公司章程和股东名册中有关股东及其出资额的记载。对公司章程的该项修改不需再由股东会表决。"

〔3〕《民法典》第538条规定："债务人以放弃其债权、放弃债权担保、无偿转让财产等方式无偿处分财产权益，或者恶意延长其到期债权的履行期限，影响债权人的债权实现的，债权人可以请求人民法院撤销债务人的行为。"

〔4〕《民法典》第539条规定："债务人以明显不合理的低价转让财产、以明显不合理的高价受让他人财产或者为他人的债务提供担保，影响债权人的债权实现，债务人的相对人知道或者应当知道该情形的，债权人可以请求人民法院撤销债务人的行为。"

产转移至公司,再利用其对公司的控制权将公司财产非法处分,股东债权人的权益仍无法得到有效保障。

3. 代理制度解释欠缺合理性

部分观点认为,代理制度可以替代逆向法人人格否认制度,将股东视为公司的代理人,从而使公司对股东的债务承担责任。[1] 该观点实际上是对逆向法人人格否认制度的错误理解,笔者对该观点不敢苟同。一方面,公司与股东之间并非代理关系,即使是担任公司董监高职务的股东,其所实施的行为也是职务行为,并非代理行为,因此将股东视为公司代理人的观点明显缺乏依据。另一方面,代理制度要求代理人从被代理人的利益出发代为从事民事法律行为,但逆向法人人格否认制度适用的情形是股东实施的行为仅从其个人不正当利益的角度出发,并非从公司的利益角度出发,这不符合代理制度的构成要件。

由此可见,上述三种制度均无法替代逆向法人人格否认制度实现保护股东债权人的目的。

三、构建逆向法人人格否认制度的法理基础

构建逆向法人人格否认制度并使其充分发挥效用,需弄清构建该制度的法理基础。

(一)资产分割理论的演绎分析

法人人格独立和股东有限责任这两大基石的确立,与法经济学中的资产分割理论一脉相承、息息相关。耶鲁法学院的汉斯曼(Henry Hansmann)教授和哈佛法学院的克拉克曼(Reinier Kraakman)教授指出,公司的资产往往与其股东的资产相分割,体现为两个方面——正向资产分割和反向资产分割。反向资产分割即大众所熟悉的股东有限责任,是指公司无法清偿债务时,一般情况下,公司债权人不能要求以股东的财产清偿公司债务。正向资产分割则是指股东无法清偿债务时,一般情况下,股东债权人不能要求以公司的财产清偿股东债务,逆向法人人格否认制度则是对正向资产分割理论的突破。

反向资产分割保护了股东的财产不受公司债权人的直接追索,而正向资产分割则确保了公司的财产不受其股东之债权人的直接追索。[2] 正向资产分割由优先权

[1] 参见张心悌:《反向揭穿公司面纱原则之研究》,载《东吴法律学报》2012 年第 4 期。

[2] 参见曾思:《资产分割理论下的企业财产独立性经济功能与法律限制》,载《中外法学》2019 年第 5 期。

(priority)和清算保护(liquidityprotection)两个制度构成。优先权,是指在正向资产分割理论下,公司的财产优先用于偿还其债权人的债权,其次用于偿还股东的债权,再次才是用于偿还股东债权人的债权,且是限于股东的股权范围内偿还。清算保护又称资本锁定,是指股东出资设立公司后,股东无法轻易要求公司清算其资产并返还其出资,以确保公司现金流的稳定。资产分割理论确保了公司与股东之间的财产分割,股东在进行购买公司股权等投资行为时,无须调查公司其他股东的财产和征信状况,投资后也无须持续监督其他股东;同理,公司债权人与公司进行交易前,无须调查公司股东的财产和征信状况,交易后也无须监督股东。因此,资产分割理论大大提高了社会经济效益,降低了商事交易成本,可以促进公司所有权份额的有效流通。假如公司与股东的财产不分割,公司与股东互相对彼此的债务承担责任,将产生大量的信息调查成本和监督成本,不利于市场交易。

反向资产分割和正向资产分割是基本原则,但原则之外往往有例外,如反向资产分割(有限责任)理论的弊端在于,股东可能会利用其有限责任滥用公司独立人格,因此出现了传统的法人人格否认(顺向否认)制度。正向资产分割同样也有例外。在正向资产分割理论中,因股东债权人无法直接向公司追索,就存在法律漏洞,股东可能利用该漏洞假以投资的名义将个人财产转移至公司名下,制造股东无力清偿自身债务的表象,从而逃避债务。由于资产在投资后迅速转变为公司财产,股东债权人无法直接就公司财产追偿,同时,股东的对外投资行为改变了股东债权人的受偿顺位,当公司也存在债务时,公司的财产优先于清偿公司债权人的债务,导致股东债权人利益受损。此外,股东投资行为还导致股东的资本锁定在公司内,无法轻易撤回出资,股东一旦出资,其债权人将无法及时获得清偿。因此,资产分割理论下,股东可能利用法律漏洞,通过合法形式掩盖非法目的,滥用法人独立地位转移资产,达到逃避债务的目的。

(二)逆向法人人格否认制度构建的正当性分析

法人人格独立和资产相互分割的制度只是出于商业效率的考量而设计,并未从降低商业风险角度考虑,但市场经济主体不可避免会追求自身经济利益最大化,在利益驱动下,往往会出现上述制度被滥用的情形,导致风险从公司主体及其受益人转移至交易对手方,当公司的交易对手承担过度风险时,不仅对于交易者显失公平,还将使原本平衡状态下的商业效率受到影响,因此,需要原则之外的例外予以制衡,以保护对手方的合法权益。顺向法人人格否认制度是反向资产分割理论的例外,保护的是公司债权人的合法权益,逆向法人人格否认制度则是正向资产分割理论的例外,保护的是股东债权人的合法权益,以维持公平与效率的平衡。

在公司与股东发生人格混同时,往往两者之间的财产界限变得模糊,导致股东和公司偿债能力发生变化,进而影响公司债权人和股东债权人的受偿风险,利益平衡状态被打破。此时,利益的偏向方向会发生不同的变化,当利益偏向股东一方时,股东控制的财产增加,股东债权人的受偿风险将减小,此时将削弱公司的偿债能力,公司债权人的受偿风险增加。此时赋予公司债权人向股东追偿的权利,顺向法人人格否认制度便具有了正当性。相反,当利益偏向于公司时,公司实际控制的财产增加,偿债能力上升,公司债权人的受偿风险降低,股东控制的财产减少,股东债权人的偿债风险则增加,此时同样需要一种制度使利益分配回归平衡状态,该制度即是逆向法人人格否认制度,赋予股东债权人向公司直索的权利,逆向法人人格制度便具有了正当性。

(三)逆向法人人格否认制度构建的展望

截至目前,我国虽然尚未制定逆向法人人格否认制度的相关法律法规,但司法实践中确实存在不少适用逆向法人人格否认制度的案例。随着关联企业的大量涌现,股东债权人利益保护缺位的问题也逐渐暴露。逆向法人人格否认制度构建的法理基础已经明晰,但在制度构建上仍存在难点赌点问题。前期专家学者们对逆向法人人格否认制度进行了较长时间的探索,如《全国法院民商事审判工作会议纪要(最高人民法院民二庭向社会公开征求意见稿)》〔1〕曾试图对逆向法人人格否认制度作出规定,但因后续的争议过大而未能写入正式稿。《公司法(修订草案)》第 21 条〔2〕已经规定了横向人格否认,认为公司股东利用其控制的两个以上公司实施逃避债务、严重损害公司债权人利益的,各公司应当对任何一个公司的债务承担连带责任,说明《公司法(修订草案)》已经认可了横向法人人格否认,这是《公司法》的一大进步。司法实践中自发适用逆向法人人格否认,说明该制度具有一定的可行性,构建逆向法人人格否认制度指日可待。

---

〔1〕《全国法院民商事审判工作会议纪要(最高人民法院民二庭向社会公开征求意见稿)》第 14 条;《公司法》第 20 条第 3 款规定的是公司股东应当对公司债务承担连带责任的情形,审判实践中还出现另一种情况,即公司的股东滥用公司法人独立地位,为逃避自身债务将其资产转移至公司,严重损害该股东的债权人利益,该股东的债权人请求公司为该股东的债务承担连带责任的,人民法院可以根据《公司法》第 20 条第 3 款的规定,支持债权人的诉讼请求。

〔2〕《公司法(修订草案)》第 21 条第 2 款规定:"公司股东利用其控制的两个以上公司实施前款行为的,各公司应当对任何一个公司的债务承担连带责任。"

四、逆向法人人格否认制度构建之构想

逆向法人人格否认制度虽然存在难点堵点问题，但过度放大逆向法人人格否认制度的弊端而排斥该项制度的构建确无必要，构建该项制度面临的问题也并非无法解决，只是在构建逆向法人人格否认制度时需要全面考虑。笔者将从以下几个方面提出构建逆向法人人格否认制度的构想。

（一）严格限定适用条件

构建逆向法人人格否认制度的目的是制定统一的适用标准，避免因适用标准不统一而发生同案不同判的现象。笔者认为，适用逆向法人人格否认制度需满足以下三个基本条件。

1. 股东实施了滥用行为

股东实施滥用行为是逆向法人人格否认制度的行为要件，必须在股东实施滥用行为的前提下，才进一步判断是否逆向否认公司人格。股东的滥用行为主要表现为人格混同或过度支配与控制。《全国法院民商事审判工作会议纪要》中对股东滥用法人独立地位逃避债务的情形作了较为详细的列举，在逆向法人人格否认制度中，股东的滥用行为可参考《全国法院民商事审判工作会议纪要》的规定加以认定。

2. 股东与公司构成财产混同

股东的财产与公司的财产混同，这是逆向法人人格否认制度的逻辑起点。股东仅实施滥用行为并不一定导致逆向否认公司人格，只有股东实施滥用行为且造成了一定的结果，即导致公司与股东财产混同，难以区分，才会产生实质性的影响。如股东向公司转移财产以逃避债务，但股东的财产和公司的财产尚可区分，则直接以股东的财产承担其债权人的债务即可，无须逆向否认公司独立人格，只有股东向公司转移财产同时股东和公司的财产又构成混同时，才满足适用逆向法人人格否认制度的前提条件。在股东与公司人格混同的认定标准上，基本与传统的法人人格否认制度一致，在此不再赘述。

3. 债务人股东支付不能

股东支付不能，无法清偿其债权人的债务，是逆向法人人格否认制度适用的结果要件。如股东个人财产足以清偿其个人债务，即使股东实施滥用行为向公司转移财产，也无须逆向否认公司人格。在逆向法人人格否认制度背景下，股东滥用公司独立人格转移财产，对股东债权人造成的影响主要是削弱了其自身的偿债能力，最直接的表现就是股东支付能力下降，使股东债权人的债权受偿受影响。当股东具备支付能

力时,其债权人的债权可通过股东自身获得清偿,即使股东存在滥用公司独立人格的行为,也不会对股东债权人利益造成损害,只有股东支付不能时,股东债权人的利益才会受到实质威胁,此时才有必要适用逆向法人人格否认实现对股东债权人的救济。因此,股东支付不能是判断是否适用逆向法人人格否认制度的重要依据。

(二)全面平衡各方利益

"公司法人人格独立和股东有限责任的目的都在于如何实现利益的平衡,即在股东、公司债权人或其他相关利益人中,如何分配利益和风险。"逆向法人人格否认制度构建的目的亦是如此。逆向法人人格否认导致的法律后果是公司对股东的债务承担连带责任,涉及多方主体的利益,如公司各股东之间、与公司债权人之间、公司与股东之间、公司与股东债权人之间等,如何在个案中平衡各方利益对于能否适用逆向法人人格否认制度至关重要。

1. 平衡与公司债权人的利益

公司的财产和股东的个人财产在缴清出资款时就已相互独立,若以公司的财产清偿股东个人债务,对公司债权人而言,可能会产生利益冲突。当公司的财产不足以清偿公司债务和股东债务时,两者之间的利益冲突才是真实存在且值得讨论的。尽管股东将个人财产通过各种方式转移到公司名下,使其自身用于清偿债务的财产减少。但实质上,公司增加的财产本身就不应当归于公司,也不应当被作为公司的财产清偿公司债权人的债务。[1] 因此,公司债权人的债务未得到清偿只是一种表象。在资产分割理论中,公司财产优先清偿公司债权人债权,这是必然的规律,因此,逆向法人人格否认制度的适用对公司债权人并不必然造成实质影响。

2. 平衡与善意股东的利益

股东通过对公司投资获取回报,回报方式有两种:一是股利的分配;二是剩余财产的分配。[2] 股利分配主要是在公司日常的经营活动中,剩余财产的分配则是在公司解散或破产时。当公司的财产总量足以满足公司债权人、善意股东和股东债权人的清偿需求时,善意股东并不存在出资受损的风险,因此,没有对其进行倾向性保护的必要。但当公司的财产不足以同时满足各方的利益需求时,对善意股东利益进行特殊保护就显得必要。相关利益协调机制的核心在于如何通过利益位阶排序确定股东债权人、善意股东和公司债权人的受偿顺序。按照资产分割理论,位阶最低的应当

〔1〕 参见叶海燕:《公司法人人格反向否认制度探析》,载《人民论坛》2013 年第 2 期。

〔2〕 参见施天涛:《公司法论》,法律出版社 2006 年版,第 7 页。

是股东债权人的利益，位阶最高的是公司债权人利益，善意股东的利益位阶则位于两者之间，即当公司财产不足以同时满足各方利益需求时，善意股东应当优先于股东债权人得到清偿。为使善意股东的优先受偿权得到保护，有学者建议设立善意股东出资取回权，以保全其投资利益，维护投资者的信心，笔者同意这一观点。公司财产应首先用于清偿公司债务，在公司债务全部得到清偿后，善意股东有权就公司剩余财产取回其对公司的出资。如果在善意股东取回其对公司的出资后仍有剩余财产，则剩余财产应被用于清偿股东债务。如果在公司债务得到全部清偿后，公司剩余财产不足以满足全部善意股东的出资取回需求时，则应按出资比例将剩余财产在善意股东之间分配，以确保善意股东权益得到保障。

（三）严格限制适用范围

逆向法人人格否认制度的适用意味着公司全体股东以其出资来清偿个别股东的债务，盲目地以人格混同为由加以适用可能会损害公司其他股东的利益。笔者认为，逆向法人人格否认制度严格限制适用于以下四类公司：

1. 一人公司

一人公司既包括形式上的一人公司，也包括实质上的一人公司，如隐名股东全资控股某公司，但其股份全部由其他人代持股，此种情形亦是实质上的一人公司；既包括自然人独资的一人公司，也包括法人独资的一人公司。一人公司只有一个股东，其股权结构简单，不设立股东会，不存在善意股东的情形。因没有股东会，也不存在内部制衡机制，单一股东控制了整个公司的管理权，股东滥用公司法人独立地位和股东有限责任的道德风险和制度漏洞的风险更高，因此，一人公司可以适用逆向法人人格否认制度。

2. 家庭公司

家庭公司是指全部资本或股份控制在一个家族手中，家族成员出任公司的主要领导职务的企业，小的家庭公司如夫妻公司，大的家庭公司则可能涉及整个大家族。家庭公司的股东之间的关系比一般公司的股东关系更为紧密，股东之间经常在一起沟通交流，大大降低了股东之间的信息不对称性及成员间的协调成本，并且由于血缘或者亲属关系的维系，家庭公司的股东在行动步调上大概率能保持一致。因此，可以推定家庭公司的其他股东，对滥用公司人格损害他人合法权益股东的滥用行为是知情甚至是默认的，故家庭公司可以成为逆向法人人格否认制度的适用对象，但家庭公司的其他股东能举证证明其为无过错的股东的除外。

3. 其他股东对不法行为知情或有过错的公司

就一般公司而言，从保护善意股东的角度考虑，原则上逆向法人人格否认制度的适用应限于一人公司和家庭公司，但如果股东债权人有充分的证据证明公司的其他股东对相关的不法行为是知情或有过错的，那么其他股东就不符合善意股东的要求，亦不存在善意股东的情形，因此，此类公司应该成为逆向法人人格否认制度的适用对象。

4. 作为一个整体对外开展经营活动的关联公司

关联公司作为一个整体对外开展活动，对内进行资源、利益的调配与整合，各关联公司之间行动步调保持一致，可以推定关联公司之间对彼此的不法行为是知情的，应由各关联公司对外承担责任。故此类公司也应作为逆向法人人格否认制度的适用对象。

（四）公司承担责任的范围

逆向法人人格否认制度中，由公司对股东债务承担责任，至于承担何种责任，也是该制度构建的核心问题。目前主要有以下三种观点：

其一，承担连带责任，即股东与公司共同承担连带责任，债权人可以选择其中任意一方请求偿还全部的债权。笔者认为，此种观点忽视了公司与股东财产的分离原则，股东与公司原本就该对各自的债务承担责任，即使在否认公司法人人格的情形下，股东也应当用其全部资产先偿还其自身的债务，股东债权人不能绕过股东直接向公司求偿，此观点将该制度的适用过于绝对化与机械化，有失公平，不利于平衡各方利益。

其二，在股东向公司转移的财产范围内承担责任。该观点在理论上有一定的合理性，但是实际操作存在困难。逆向法人人格否认制度适用的前提是股东与公司的财产混同，即难以区分股东和公司的财产，司法实践中查明股东向公司非法转移财产数额难度非常大，也就说明证明损害的特定范围的难度过高，该观点在司法实践中可操作性不强。

其三，股东对公司的债务承担补充性责任。只有在股东无法履行清偿债务时，公司才对股东无法清偿的部分债务承担补充连带责任。相对而言，笔者更赞同第三种观点。公司对股东的债务承担补充性连带责任，先由股东就自身财产偿还债务，在股东支付不能的情况下，公司就股东自身不能偿还的部分承担清偿责任，这也充分体现出逆向法人人格否认制度的适用标准——股东支付不能，若是股东自身尚有能力清偿全部债务，根本不涉及股东债权人利益受损的情形，更无须逆向否认公司人格。

五、结语

我国目前已具备建立逆向法人人格否认制度的现实需要和理论基础,但在适用时需考虑适度问题,既不能为了保护股东对公司财产独立性的合理期待而一概忽视个案中的社会正义,又不能频频在个案中以社会正义之名破坏公司股东对公司财产独立性的合理期待而动摇公司人格独立理论的基础。[1] 首先,在股东滥用公司独立人格以逃避股东个人债务、关联公司之间相互转移财产以逃避债务、股东利用公司的组织形式规避其他法定义务的情况下,应考虑适用逆向法人人格否认制度。其次,要审查债务人股东是否支付不能。再次,如案件事实符合前述情形,就应进一步审查被逆向否认独立人格的公司是否属于一人公司、家庭公司、关联公司和其他股东对不法行为知情或有过错的公司之一,最终决定是否进行逆向否认。最后,在适用逆向法人人格否认制度中,如果公司的财产不足以同时清偿全部债务,合法公司债权人、善意股东在同等条件下,相对于股东债权人具有优先受偿权。

---

〔1〕 参见杜麒麟:《反向刺破公司面纱制度的类型构建》,载《河南财经政法大学学报》2016 年第 1 期。

裁判文书公开的限度和必要性研究

——以个人信息保护为视角

李　延[*]　唐娉婷[**]

摘要:人民法院将裁判文书公开化,是接受社会各界对审判工作的监督以及向人民群众普法的重要途径,其目的是规范司法行为,提升审判质效,促进司法公正。随着人民法院信息化建设的不断发展和推进,裁判文书的公开方式和载体从纸质阅读逐渐向网络浏览转变,裁判文书所载的大量个人信息等内容直接进入大众视野,导致个人信息安全出现隐患,有的信息被他人不恰当使用,有的甚至作为不法用途,造成负面影响或不可逆转的严重损害结果。由此,在大数据时代下,个人的信息保护直接影响着裁判文书公开的限度和必要性,本文着重对裁判文书公开提出建议,努力探索裁判文书公开与个人信息保护平衡的有效路径。

一、裁判文书公开制度的历史沿革

(一)裁判文书公开制度发展情况

裁判文书公开一直是我国人民法院改革工作的重要目标和任务,也是司法公开的重要组成部分。人民法院信息化建设发展至今,裁判文书

* 广西壮族自治区高级人民法院审判监督第一庭四级高级法官。

** 都安瑶族自治县人民法院安阳法庭庭长,三级法官。

公开的方式也多种多样,曾有学者也对此研究和归纳,大致有以下五种方式:一是公开宣判;二是向法院申请查阅;三是通过新闻媒体报道;四是发布典型案例;五是在互联网公布。对于本文而言,着重讨论的是在互联网平台上向社会公开的裁判文书。裁判文书公开可大致可归纳为以下三个阶段。

1. 纸质公开典型案例阶段

早期裁判文书的公开主要由最高人民法院通过公报的形式向外界发布典型案例,定期将典型案例汇集交由出版社公开发行。但在这一时期,由于信息资源传递速度较慢,民众对司法裁判文书的关注程度不高,即便采取了公开发行的方式,主要受众群体仍是法院系统内部人员,以及法律从业人员。在20世纪末期,各地部分法院也相继效仿最高人民法院的做法,定期出版案例公报。北京市第一中级人民法院于1999年率先在全国公开裁判文书,但未通过网络平台公布。此时裁判文书的公开方式主要是典型案例汇编成册,加上社会公众向法院内设机构申请查阅裁判文书的手续烦琐、门槛较高,文书查阅范围及公开程度非常有限,亦缺乏相应的规范性文件出台。

2. 网络公开探索阶段

最高人民法院在2000年6月15日颁布了《最高人民法院裁判文书公布管理办法》,广州海事法院也在同年试探性地将裁判文书在网上公开,由此,拉开了裁判文书在网络平台上公开的序幕。《最高人民法院裁判文书公布管理办法》的出台,也让全国各级法院纷纷相继出台有关裁判文书公开的规定,虽裁判文书公开逐渐从"纸质"转向"网络",但此时裁判文书网上公开的规定仍在不断完善中,制定有相关规定,但并不全面,还在摸索和总结经验阶段。因此,在2010年之前裁判文书上网仍然不是主要的公开形式。

3. 裁判文书全面公开阶段

在裁判文书公开制度改革的进程中,2007年6月4日,最高人民法院发布的《关于加强人民法院审判公开工作的若干意见》第22条提出,"各高级人民法院应当根据本辖区内的情况制定通过出版物、局域网、互联网等方式公布生效裁判文书的具体办法,逐步加大生效裁判文书公开的力度"。2010年11月21日,最高人民法院颁布《关于人民法院在互联网公布裁判文书的规定》(已废止),统一了裁判文书公开管理制度,又于2013年11月21日发布《关于人民法院在互联网公布裁判文书的规定》,此后在2016年8月29日对前述规定再一次进行修订。从最高人民法院颁布和修订以上规定的属性来看,第一份规定发文字号是"法发"类,属司法文件,第二份规定与修订版发文号是“法释”类，属司法解释。从法律等级效力的角度来看，后两份规定相较第一份规定具有更高的法律效力，更是体现出人民法院在裁判文书公开制度上的规范化和进步性。[1] 2013 年最高人民法院推行中国裁判文书网以来，各级人民法院的生效判决统一由此途径公布，截至 2020 年 8 月 30 日，中国裁判文书网文书总量突破 1 亿件，访问总量近 480 亿次，裁判文书公开在倒逼司法权利规范运行、推进普法宣传、依托司法大数据服务经济社会发展等方面的作用日益彰显。[2]

（二）裁判文书公开标准理念的转变

裁判文书公开标准理念的变化：从“可以公开”到“应当公开”，再到“公开为常态、不公开为例外”。

最高人民法院和地方各级人民法院对裁判文书公开逐渐形成共识，裁判文书公开制度经历从“可以”到“应当公开”，再到“公开为常态、不公开为例外”不断发生新的变化以及深化的过程。2010 年 11 月 21 日，最高人民法院《关于人民法院在互联网公布裁判文书的规定》第 2 条明确了“人民法院生效的裁判文书可以在互联网公布”，从对“可以”一词本身的表述和理解，就存在可以做或者也可以不做选择的解释，同时，该条款也明确了“不可以公开”的类型和范围，因此，最高人民法院最初制定关于裁判文书公开的规定，为今后操作实践、经验总结留足了空间。

2013 年 11 月 21 日，最高人民法院《关于人民法院在互联网公布裁判文书的规定》第 4 条“人民法院的生效裁判文书应当在互联网公布”即是对 2010 年规定在裁判文书公开原则上作出的重大变化，除了第 4 条列举的四项除外情形，其他裁判文书一律网上公开。由此，裁判文书的公开成为人民法院工作一项必须完成的职责要求。

2016 年 8 月 29 日，最高人民法院《关于人民法院在互联网公布裁判文书的规定》在继续沿用“应当公开”原则的基础上，还对“应当公开”和“不应当公开”的裁判文书类型进行细化和列举，该规定第 3 条共列举了 9 项应当公开的情况和 1 项兜底条款，裁判文书公开范围不断扩大，也不再选择性地公开，给各级人民法院相较此前规定在裁判文书公开方面提出更有针对性的指导。

---

〔1〕 参见侯学宾：《司法批复衰落的制度竞争逻辑》，载《法商研究》2016 年第 3 期。

〔2〕 参见孙航：《司法公开稳步推进　裁判文书公开成为最大亮点》，载《人民法院报》2021 年 6 月 1 日，第 4 版。

二、现代信息公开中个人信息保护的特性及效应

（一）个人信息的法律价值属性

个人信息的概念很早之前就已经存在，2015 年，第十二届全国人大常委会第十五次会议初次审议的《网络安全法（草案）》介绍："个人信息包括公民的出生日期、身份证、住址、手机号、指纹或瞳孔生物识别信息等，[1]或者其他能识别公民身份的标志或数据。"[2]随着大数据时代的来临，个人信息是人格权的重要内容，是相对传统的个人权益，通过流通流转、加工处理等手段，更是可以产生巨大经济效益的信息数据。信息科技进步赋予个人信息新的属性和价值。

1. 个人信息的个体属性

个人信息是个人的人格权客体，个人信息权益作为信息主体的基本权益，个人信息包括但不限于姓名、性别、民族、出生年月日、身份证号码、身高、体重、家庭住址、户籍、联系方式等内容。2021 年我国《民法典》正式施行，其中将人格权独立成编，意味着我国对公民人格权的保护上升到一个新的高度，与过去健康权、姓名权、名称权、肖像权、名誉权、隐私权等人格权比较，进入互联网时代后，人格权的内容将更加丰富。

此外，个人信息天然具有私权属性。个人与生俱来享有人格利益，与个人密切联系的信息也承载着人格利益。个人信息具备可识别性，往往对应特定的信息主体，公众可以通过个人信息来了解和评价所属的信息主体，使个人信息与特定主体的人身产生了密切联系。同时，《民法典》还明确规定了处理个人信息应当获得信息主体的同意，所以个人信息作为私益还表现为信息主体可以自主决定、处分其个人信息。《民法典》中还对信息主体删除权、更正权等一系列信息权利进行细化，使个人对自身信息掌握更多的控制权。但是，从市场化的角度来看，大数据时代互联网企业依赖用户信息进行精准推送，用以保证客户黏度，在这一过程中个人信息的人格利益被商业化、市场化，具有独立的经济价值，个人信息上也逐渐承载着财产利益。

2. 个人信息的公共属性

在当代，个人信息早已不是存放在档案馆里的纸质化文件，而是数字化、信息化、可视化的资源，具有再生性和分享性。第一，管理者可根据管理需求对个人信息进行复制、删除等编辑行为。在大数据时代语境中，"个人数据信息数量大、价值密度低、

---

〔1〕 参见王祎：《大数据时代公民个人信息保护问题的分析》，载《青年时代》2019 年第 3 期。

〔2〕 参见郭如愿：《大数据时代民法典人格权编对个人信息的定位与保护》，载《人民论坛》2020 年第 9 期。

智能处理以及信息获得和其使用结果之间相关性弱”,[1]正是由于这些特性的存在,也使个人信息更适合由公权力控制。第二,个人信息的信息互联。在社会生活中,个人信息与他人利益或公共利益往往产生众多交集,形成一个紧密联系的互联空间,这在一定程度上决定了其公共属性。在信息互联过程中不可避免地要谈论隐私保护问题,在隐私保护上更多需要协作式机制而非对抗式模式,根据新古典经济学的推测,私权保护模式下的社会隐私将仅达到次优水平的“公地悲剧”。根据实验经济学的实验,“实验中的人们以远高于新古典主义理论预测的速度分组合作”,[2]这一视域下,个人信息与公共用品概念重合。第三,大数据环境下个人控制信息能力极为有限。大数据参与人们日常生活的程度越来越高,在某些领域甚至高度融合,影响人们的交易决策。同时,互联网企业在获取个人信息数据方面“不遗余力”,私人领域和用户意志在融合过程中被不断弱化,即便法律加强了个人信息保护力度,但司法实践中,实际运用法律保护自身权益的比例仍处于低位运行态势。例如,在 App 隐私格式合同中,用户无法在冗余的法律条文中与软件开发者进行有效协商,即便出现侵权事宜也很难有效维权。而且,“将信息赋予私人独占并没有现实的法律手段彰显和维护”。[3]

3. 个人信息的其他法律属性

信息传播速度快、范围广,裁判文书一经向社会公布,任何公民都可以搜索、浏览和下载,甚至转发、传播,而在现代科技进步加速发展进程中,个体成为信息源,个人接触和使用网络渠道增多,信息被采集的方式和被曝光的数量递增,“黑市”、“威胁电话或短信”、“威胁快递”、“信息贩卖”等问题出现,逐渐引发人们个人信息保护的必要性和急迫性。[4] 裁判文书中涵盖的若干个看似单独存在的个人信息,经过组合、比对等信息聚合后,仍存在个人信息被识别的可能。

(二)个人信息保护的价值

个人信息保护,其实就是隐私权保护的一种方式。个人信息包括公民本身证件、姓名、出生年月、职业等,是自然人的特别属性,本身具有一定的商业价值,不允许被

[1] 参见吴伟光:《大数据技术下个人数据信息私权保护论批判》,载《政治与法律》2016 年第 7 期。

[2] Joshua A. ,Fairfield T. ,Engel C. ,Privacy as a Public Good, *Duke Law Journal*,2015(65):385 – 457.

[3] 参见王祎:《大数据时代公民个人信息保护问题的分析》,载《青年时代》2019 年第 3 期。

[4] 参见张志强:《大数据时代裁判文书公开与个人信息保护》,载《江苏警官学院学报》2021 年第 1 期。

肆意公开和泄露,更不允许被他人非法使用、侵犯。[1]《民法典》第1032条首次以立法形式对隐私权进行了界定。因此,裁判文书公开对个人信息的保护不当,不仅有可能产生侵权的风险,更有可能对当事人人格尊严造成损害。首先,在标的额较高的案件中,个人信息极易受到社会的广泛关注,往往成为一些新闻、媒体在一段时间内跟踪报道的重心,随着报道深入,不可避免地透露当事人的详细信息,如公司资产状况、经营情况、与关联企业业务情况等,甚至还包括重要的人事任免情况,这些信息在获得公众关注的同时,也有可能为别有用心之人提供精准信息,成为财产性犯罪的重要线索。其次,受传统观念的影响,大多数人并不想因"惹上官司"而受到他人非议。与人为善是中国优秀文化传统,尤其是我国农村不发达地区,人们朴实而思想单纯,其尽量避免与他人发生矛盾,在熟人社会被邻里之间说三道四是非常忌讳的。社会上一些知名度关注度较高的人,其牵涉的案件一旦在网上公开,更是对其名誉、信誉等迅速产生不良影响。比如,一些流量明星名下资产被冻结、豪宅被没收等新闻,多是从裁判文书网中流传出来的。

大数据时代信息的价值和效应价值远超以往。随着裁判文书的公开,大量的个人信息直接被放在网络上,通过对个人信息的深挖和利用,如被公开的个人信息被商业化使用,当事人一时难以发现损害,即使发现,也因取证困难而造成维权困难的局面。信息主体对个人信息在裁判文书中的记载和公开应当负有一定的容忍义务,收集和使用裁判文书中个人信息的主体更应当注意把握"正当"和"必要"两个标准词语,不仅要平衡好个人信息权益与个人信息公开之间的关系,还要处理好个人信息不受侵犯与大数据时代信息价值利用的发展关系,需要考量个人信息主体对其控制权利,另外还包括其个人信息对自身利益影响程度的判断。[2]

三、裁判文书适度公开和必要性面临的问题

(一)对当事人个人信息处理无统一标准或规范格式

其实,为了保护个人信息,我国法律中已经有了不少的相关规范,但是各级法院在操作文书上网时,对当事人信息处理方式和标准不一致,有意或无意地将当事人个人信息公布出来,造成损害案件相关人员个人信息隐私权的局面。如北京市丰台区

---

〔1〕参见胡昭君:《公益与私益——基于裁判文书网上公开个人信息保护分析》,载《法制博览》2021年第26期。

〔2〕参见赵耘伊:《政府信息公开中个人信息保护问题研究》,载《法制博览》2019年第18期。

人民法院公布的“李某 1 和李某 2 分家析产纠纷案判决书”中，以“李某 + 数字”的形式表示当事人，同时公开当事人的出生日期和工作单位，其他相关信息则全部隐匿；如陕西省某县人民法院公布的霍某、吕某等民间借贷纠纷案，该判决书所涉及当事人姓名、性别、出生年月日、身份证、工作、委托代理人等个人信息全部公开；〔1〕还有一些文书虽然部分信息作了基础处理，但在说理部分仍然保留了具有识别度的信息，通过信息比对和推测，仍可知晓诉讼参与人的身份和家庭情况。在互联网大数据时代，信息传播速度快，范围广，裁判文书一经向社会公开，任何公民都可以搜索、浏览、储存甚至转发传播。如果在操作个人信息披露的尺度方面没有统一以及可供执行的标准，〔2〕那么司法人员即使有要保护案件当事人的个人信息的想法，也因没有标准而难以把握尺度。

（二）个人信息公开范围、渠道不统一，公开方式缺乏规制

《关于人民法院在互联网公布裁判文书的规定》第 10 条指出，人民法院在互联网公布裁判文书时，应当删除“家事、人格权益等纠纷中涉及个人隐私的信息”，对家事案件裁判文书的个人信息公开范围作出限制和匿名化处理部分信息。但是没有就何谓“涉及个人隐私”的裁判文书作出具体界定。隐私和个人信息存在重合，关于隐私与个人信息界限的问题在学界、现有法律法规中尚无定论，实践中只能由承办法官主观意识上的自行把握。〔3〕 能否不加筛选、不加区分地全部公开？如果不能全部公开，那么哪些信息可以公开？哪些信息不可以公开？在司法裁判网络公开的操作中没有统一的可供操作的尺度。不同法官在衡量判断“个人隐私”时必然会存在标准差异，进而导致当事人信息在网络上公开范围的不统一。

在信息搜索功能强大的网络时代，人人都是传播者和发布者，一份信息完整的裁判文书里往往是当事人姓名或名称、受案法院、裁判年份、案由等因素俱全，搜索人对关键词稍加限制，就可以精准检索到当事人的大量个人信息。例如，在中国执行信息公开网中可以看到，在公示失信被执行人时，会显示其身份证号前后四位，若该自然人牵涉到诉讼案，裁判文书公开其出生日期，他人就可以通过查阅前述公开的信息，补全身份号码，使被执行人隐私泄露风险大增。〔4〕

---

〔1〕 参见张志强：《大数据时代裁判文书公开与个人信息保护》，载《江苏警官学院学报》2021 年第 1 期。

〔2〕 参见胡昭君：《公益与私益——基于裁判文书网上公开个人信息保护分析》，载《法制博览》2021 年第 9 期。

〔3〕 参见赵耘伊：《政府信息公开中个人信息保护问题研究》，载《法制博览》2019 年第 18 期。

〔4〕 参见张志强：《大数据时代裁判文书公开与个人信息保护》，载《江苏警官学院学报》2021 年第 1 期。

（三）法律法规界定不明确，个人信息缺乏保护措施

近年来，随着个人信息被侵犯的现象不断增多，立法亦加强了对个人信息的保护。2017年，《民法总则》规定了个人信息保护条款。2020年，新出台的《民法典》进一步明确个人信息的具体保护路径。但是，各类诉讼案件中涉及当事人个人信息的保护程度并不均衡。有些类型的案件存在需要特别保护的情形，如离婚案件、调解方式结案的案件，对此类案件最高人民法院明确要求只做“形式公开”。这使我们可以在裁判文书网上检索到相关的离婚诉讼裁判文书，却并不能获得判决的实质性内容。但是，任何涉及离婚的案件在判决书中的“本院查明”部分都会涉及结婚时间，如“原、被告于二零零六年登记结婚，同年农历10月2日举行婚礼仪式”或者“魏某与李某于××××年登记结婚，婚后育有一子”。因此，在上述检索的基础上，加入关键词“登记结婚”或“结婚登记”进行全文检索，可以将“形式性”公开的离婚裁判文书有效地排除在外。具体检索结果如下：2017年实质性公开“离婚纠纷”判决书数量是46,913件，2018年数量减少为29,908件，2019年判决书数量为21,324件。[1] 显而易见，虽然裁判文书上网已经逐步完善，形成较为统一的制度，但是仍然存在诸多问题，特别是在全国范围内各级人民法院之间存在一些不一样的执行实际，导致了裁判文书公开本身的一些问题。

与此同时，2016年最高人民法院《关于人民法院在互联网公布裁判文书的规定》对裁判文书的公开时长未加明确。信息网络时代数据永久备份的特性使人们拥有了永不消失的海量信息，记载着个人信息、违法犯罪经历或纷争的裁判文书被刊登上网以后，即使时隔多年，依然随时有可能被人们深挖、传播，影响到现在的正常生活。在×市法院（2010）×民一初字第1261号民事判决书中，赫然载有“原告驾驶的粤××××号车”这样未做删除处理的信息（原判决书中精确到具体数字）。这种不规范现象在2016年《关于人民法院在互联网公布裁判文书的规定》出台前已上传至裁判文书网的多篇裁判文书中或多或少存在，未加任何处理的当事人姓名、精确到门牌号的住址、职业、文化程度、工资等信息一览无余。[2]

---

〔1〕 参见侯学宾：《判文书“不公开”的制度反思——以离婚诉讼为视角》，载《法学》2020年第6期。

〔2〕 参见胡昭君：《公益与私益——基于裁判文书网上公开个人信息保护分析》，载《法制博览》2021年第9期。

四、裁判文书上网公开中个人信息保护制度的完善

(一)进一步细化司法裁判不宜网络公开的情形,使个人信息公开有规可依

按最高人民法院文书规定,但凡涉及国家秘密等案件,以调解的方式结案的案件,裁判文书不能公开。但现实实践中面对各类案件的一些细节,在操作中仍有一些不明之处,导致司法裁判公开时可能侵犯隐私。因此,建议在公开裁判文书时,首先,区分当事人个人信息与案件裁判的关联度,如籍贯、民族、文化程度、职业等,这些信息一般与案件裁判之间没有太大的关联甚至毫无关系,在上网公开时应予以删除。其次,还应注意对其他诉讼参与人如代理人、证人、鉴定人等,以及其他与案件发生关联人员的个人信息加以保护,如果这些人员的信息与案件裁判关联度不高,就应减少不必要的披露。最后,网络公开的时候规定删除信息的详细内容。比如,人格权益等纠纷中详细家庭住址、财产信息、健康状况等个人信息,如果是刑事类案件的被害人、证人、被告人亲属的姓名,建议以"某某某"来代替,其他的相关信息也应该隐去。

(二)进一步确定不同案件个人信息公开的合理性范围

显然,要求在裁判文书上网中完全屏蔽个人信息是不可能的,案件的具体案情不同,相同的个人信息在部分案件中,可能是裁判作出的必要依据,而在另一部分案件中,则可能无关紧要。因此,不能统一对个人信息公开类别予以规定。如何确定合理性的范围成为问题解决的关键。结合我国的实际情况,合理性范围仍应在司法解释中作出规定。[1] 可以将合理性认定的权力赋予审理该案的法官,由办案法官结合具体案情,辅以考量当事人意愿的强弱同意规则,作出文书公开及限度的不同处理方式。比如,刑事审判固然涉及国家利益,但是在具体刑事案件中应当考虑到刑事被告人重新融入社会的可能性,杜绝对轻的犯罪者个人信息公开造成重返生活的不好影响。[2] 在实际操作中,各地法院对于文书上网尤其是敏感案件的上网作出不同程度的规定,但是对于敏感案件的把握,不同的法官有不同的看法。比如,常见的故意伤害案、故意杀人案、诽谤案等案件中,如果不对细节性材料进行处理便予以公开,对受害人的个人信息保护无益,还影响网络新闻传播的文明度。

(三)强化网络技术对个人信息的保护

目前,我国的裁判文书网访问权限是没有任何限制因素的,任何用户登录即可复

---

〔1〕 参见张融:《试探裁判文书上网中的个人信息保护路径》,载《河南科技大学学报》2021 年第 4 期。

〔2〕 参见梁桂平:《裁判文书司法公开中的个人信息保护隐忧及排解》,载《甘肃社会科学》2016 年第 3 期。

制、下载或者浏览裁判文书,那么这种行为不利于保护个人信息,裁判文书网可以设置登录模式,如会员制登录,个人信息栏目无法下载或者复制。[1] 亦可采取实名登记制,相较于匿名制是网络平台管理更为有效的手段,有利于在个人信息遭到泄露时用时最快将何人、何时、在何地查阅此裁判文书,及时找到源头,防止危害扩大。另外,对于个人信息处理过的裁判文书开启绿色标识,允许人们下载和复制。对有个人信息的裁判文书,可以向后台提出申请,说出使用裁判文书个人信息的缘由,通过机器审核、人工复核的模式处理裁判文书,[2] 保护个人信息的同时,也能科学合理地公布裁判文书。同时,对裁判文书公开的时间范围进行合理设定,对于年代久远且对当下案件指导意义不大的裁判文书,可以设定时间到期自动下架,或应允许当事人申请从网上撤销,从而更好地保护当事人的个人信息和隐私。[3]

五、结论

进入大数据时代,信息风险需要重点关注。信息化正悄然改变传统交流模式,更为高效便捷的时代已然来临,互联网环境下让我们习惯从网络获取信息,也为司法普及提供了新的途径,亦是实现阳光司法的有效方式,更是保证了司法文明的重要手段。各级法院实施公开制度过程中,适宜更多采取合目的的解释方法界定个人信息保护的范围与方式,把握个人信息公开的尺度,进行必要的最小化使用,并借助数据时代的技术进步提升保护水平,实现司法监督与个人信息保护的双赢。

---

〔1〕 参见梅夏英:《在分享和控制之间数据保护的私法局限和公共秩序构建》,载《中外法学》2019 年第 4 期。

〔2〕 参见刘玉杨:《比较法视野下的个人信息保护——兼评〈民法总则〉第 111 条》,载《淮北职业技术学院学报》2020 年第 1 期。

〔3〕 参见胡昭君:《公益与私益——基于裁判文书网上公开个人信息保护分析》,载《法制博览》2021 年第 9 期。

法治社会中的人文关怀：论我国《民法典》中居住权制度的意义、困境以及完善

——以家事领域为视角

董 金*

众所周知，《民法典》的编纂与公民的利益息息相关，它对我国现有的法律体系完善有非凡的意义，而在《民法典》中建立关于民生的法律制度体现了法制的人文关怀。2020 年 5 月 28 日，《民法典》已于第十三届全国人民代表大会第三次会议上通过并公布，该法典于 2021 年 1 月 1 日起施行。截至目前，《民法典》实施二年多，在司法实践中新制度的适用可能会面临新问题。本文所讨论的居住权制度是《民法典》的新增设制度之一，历来受到大众关注。因为当前我国正处于老龄化社会，在离婚率高、房价高的情况下，当事人对于房产的所有权的争夺往往处于争执不下的状态。特别是在家事领域即婚姻家庭继承纠纷领域，在居住权制度设立之后，家事类案件的司法实践中无疑会遇到居住权的法律适用问题，完善好此项制度，能起到化解纠纷，保障公民居住权益，维持社会稳定的作用。"人皆有所居"是广大中国人民最朴实的愿望，居住权的设立有利于公民居住权益的保障。2021 年 1 月 1 日，《民法典》施行，在该法典中有 6 条是关于居住权的规定，这 6 条概括性地规定了居住权的定义以及设立条件等关于居住权的基本规定。但居住权制度作为我国民法的新制度，施行至今二年，条文较为笼统，在新的司法实践中难免会碰到问题，尤其在家事领域，居住权的设立与部分家事案件审判息息相

* 广西壮族自治区宾阳县人民法院未成年人案件审判庭五级法官助理。

关,在审判过程中发现新问题需要解决。本文所指家事领域是婚姻家庭继承领域,该项制度的设立体现了法制社会中的人文关怀,但仍需进一步完善。

因此,针对以上争议焦点,本文将以《民法典》中该制度的司法实践为出发点,指出在家事领域中居住权制度适用的困境,结合司法实践提出解决问题的思路,并从多角度提出关于居住权的完善建议等。

一、居住权制度概述

(一)居住权制度的基本含义以及家事色彩

居住权并非新生概念,它起源于大陆法系的罗马法,是一种设定在他人所有的房屋上的用益物权,它将房屋的所有权与使用权互相分离。[1] 它最早产生于家事领域,是一种特殊形态的人役权,目的在于保障家庭成员的居住权,扶助弱势家庭成员,提供生活保障。

(二)域外居住权制度在家事领域的规定

罗马法作为古老欧洲的法律制度,影响巨大,是后世法律的渊源,了解罗马法对于居住权的相关规定,有助于了解大陆法系、英美法系关于居住权的相关规定。进而通过对比,取其精华,加以借鉴。

1. 罗马法中居住权制度在家事领域的规定

首先,看看罗马法关于居住权的规定,罗马法设立了与继承人有人身依附关系的特殊身份人的居住权制度。该项制度设立的原因为:在无夫权婚姻(即夫妻财产相互独立)和奴隶解放的背景下,每逢丈夫或者家主过世后,那些既没有继承权,又缺乏或者丧失劳动力的人(其妻子或者被解放后的奴隶)的生活就无所依靠,所以为了给予这类人以保障,就把一些家产的使用和收益权利遗赠给他们,[2] 包括房产的居住权益,上述制度就是居住权的雏形。

其次,罗马法对于居住权制度有一定限制,即规定了居住权不能转让和继承。这也进一步说明了居住权的人身依附性。

2. 大陆法系居住权在家事领域的规定

大陆法系中的居住权制度以德国为最典型,德国居住权制度在家事领域的规定

---

〔1〕 参见申卫星:《从"居住有其屋"到"住有所居"——我国民法典分则创设居住权制度的立法构想》,载《现代法学》2018 年第 2 期。

〔2〕 参见周枏:《罗马法原论》(上),商务印书馆 2001 年版,第 471 ~ 475 页。

主要体现在两个方面:在婚姻法方面,在婚姻关系存续期间内,双方有婚姻住所权,即对房屋无所有权的一方,对该房屋有居住权。在继承法方面,在德国的遗嘱继承中,被继承人可以约定在某种条件成就之后,指定被继承人(先位继承人)要将所继承的财产转让给另一个指定的继承人(后位继承人),当条件成就时,所继承的遗产利益涉及居住权时,在一定条件上可以为先位继承人设立居住权,同时为后位继承者设立一定的所有权。[1]

《法国民法典》规定居住权不得让与、出租,仅以权利人与其家庭居住所需为限。即认为居住权有一定的家庭色彩。

3. 英美法系居住权在家事领域的规定

英美法系有类似居住权的制度即终身地产(life estate)制度。即权利人在其生存期间对不动产享有所有权(freehold estate),权利人可以对其享有绝对所有权的房产在其权利范围内进行转让、设立抵押和出租房屋等行为,但是上述权利在权利人死亡时即终止,即以寿命为限期。该房产所有权会回转到原不动产所有人手中。该房产所有权不能作为权利人的财产由权利人的继承人继承[2]。

4. 居住权制度在我国《民法典》中的规定

自《民法典》编纂以来,有关居住权的设立和规定一直备受关注,关于居住权的设立,居住权的主体范围以及客体,居住权的性质、居住权的限制,居住权的消灭情形,居住权的等级制度等问题是众多专家学者争议的焦点。

在现行《民法典》中,对于居住权的规定体现在《民法典》第二编物权中的第 366 条至第 371 条,共有 6 条规定,分别从居住权的概念,居住权合同的必备内容,居住权的设立方式,居住权转让、继承、出租的限制性规定,居住权消灭的情形,遗嘱设立居住权的规定这六个方面规范了居住权制度。

从居住权的概念上看,《民法典》第 366 条规定:“居住权人有权按照合同约定,对他人的住宅享有占有、使用的用益物权,以满足生活居住的需要。”即根据《民法典》,居住权是为满足生活居住的需要,对他人的住宅享有占有、使用的用益物权,居住权依照合同设立,目的是满足生活居住的需要。

根据《民法典》第 367 条,居住权应当采用书面合同形式约定内容。

根据《民法典》第 368 条,居住权一般来说无偿设立,但是可以另行约定,那么意

---

〔1〕 参见李玉莹:《论家事领域居住权的构建与衔接》,载《上海法学研究》2020 年第 9 卷。

〔2〕 参见李进之:《美国财产法》,法律出版社 1999 年版,第 68 ~ 69 页。

味着可以有投资性、获益性居住权。此法律条文还规定了居住权登记时设立，也意味着居住权采用登记生效方式。

根据《民法典》第369条，居住权不得转让、继承。设立居住权的住宅不得出租，但是当事人另有约定的除外。这意味着设立了居住权的住宅在转让、继承方面是绝对禁止，在出租方面是相对禁止。

根据《民法典》第370条，居住权消灭的情形有两种：一种是居住权期限届满，另一种居住权人死亡。居住权消灭的，应当及时办理注销登记。

根据《民法典》第371条，居住权可以遗嘱方式设立。

总的来说，对于居住权的规定较为基础，不够细化。在家事领域的规定除了最后一条的规定以外，几乎没有提及，仍有诸多条款尚需完善。

二、完善我国家事领域中居住权制度法律适用的现实意义

（一）我国的住房保障体系仍需进一步完善，需要打破二元住房模式

在我国高房价、人口多、群众对住房刚性需求大的情况下，我国急需构建更为多元的住房模式来完善当前住房保障体系。当前，我国的住房模式是主要是或租或买的二元结构，虽然有一定的公租房、廉租房、经济保障性住房制度来补充，但是显然覆盖群体还不够广。一些与房屋所有人有一定的人身依附关系在不具备购房经济能力、或者长期租房的情况下，是否可以由房屋所有人以一定条件下创设长期居住的权利来保障其居住的权利呢？显然答案是肯定的，这对保障民生，构筑更为完善的社会住房保障体系有着明显的积极作用。

（二）设立并完善家事领域方面的居住权制度有利于特定群体利益的保障，满足现实要求

对于家事领域来说，近年来的现实需求要求制定和完善居住权制度，以期保障弱势家庭成员居住权利以及以房养老等。

首先，在婚姻领域的离婚纠纷案件中，处于经济弱势的一方，在离婚后面临无房可住的现象，即在离婚之时，没有得到房屋所有权的一方，在自身没有房子且没有劳动能力或者丧失劳动力的情况下而被“扫地出门”，虽然有离婚时救助制度，即《民法典》第1090条规定：“离婚时，如果一方生活困难，有负担能力的另一方应当给予适当帮助。具体办法由双方协议；协议不成的，由人民法院判决。”在《民法典》出台之前，无上位法的支持，在司法实践中，除无法分割的农村宅基地自建房以外，基本不能直接判定未获得房屋产权的一方有在离婚后继续居住的权利。所以《民法典》的规定并

不详尽,没有明确规定离婚时困难的一方有居住权,还需要配套的司法解释。

其次,在继承领域,根据《民法典》的相关规定,法定继承中第一顺序继承人为配偶、子女、父母,自然人还可以通过遗嘱和遗赠方式处分个人财产。但是有一些自然人(特别是老人),希望房屋最终由自己的孩子继承,即将房屋所有权通过遗嘱让孩子继承,但是又希望能给在世配偶(特别是再婚配偶)、长期共同生活的同居伴侣,长期照顾自己的保姆或者长期关系亲密的同居人士解决其过世之后的居住问题。这时候完善继承领域的居住权制度可以填补这一法律空白。

三、家事领域司法实践中居住权制度法律适用遇到的问题

目前,因为我国现行法律中对居住权的规定不够详细,《民法典》施行二年,在家事领域中的居住权适用遇到了一些困境。

(一)婚姻领域中可能会遇到的关于居住权的法律适用问题

在审判实务中会碰到以下几类情况:

案例一:甲与乙是夫妻关系,现甲起诉乙要求离婚并分割夫妻共同财产房屋 A,按照现有的法律规定,如果甲乙双方均争取房屋所有权,那么就由双方竞价,价高者得,取得产权的一方需给另一方补偿,如果本案中没有获得房屋的一方离婚后因为种种原因无房可住,生活困难,那么是否可以通过判决给没有得到房屋所有权的一方在房屋 A 上创设居住权呢?

《民法典》中虽未有规定可以在离婚纠纷中创设居住权,但在第 1090 条规定:“离婚时,如果一方生活困难,有负担能力的另一方应当给予适当帮助。具体办法由双方协议;协议不成的,由人民法院判决。”

由此可见,法律规定,离婚时对于困难的一方是有救济义务的。

《民法典》删除了《婚姻法》中以住房和个人财产为帮助形式的限制,对于帮助的方式方法上可以采取意思自治方式约定方式。也就是说,创设居住权可以成为一种救济方式。但是缺乏直接适用的法律条文,而且根据现行《民法典》的规定,居住权设立方式为书面合同约定、登记设立,并未有判决设立这一方式,所以法官面对此案件有可能面临无法可依的境地。

案例二:甲与乙是夫妻关系,现甲起诉乙要求与其离婚并分割夫妻共同财产房屋 A,通过法院组织调解,甲和乙自愿达成协议,房屋 A 的产权归甲,但是乙可以以寿命为期限享有 A 房屋的居住权,甲乙双方均不存在经济困难现象,此协议法院是否可以确认并且制作调解书?即法院调解书是否可以确认乙的权利,这里还是会涉及无法

可依的问题。

案例三：甲与乙是夫妻关系，现甲起诉乙要求与其离婚并分割夫妻共同财产房屋A，如果可以在离婚判决中设立居住权，那么在何种情况下，一方当事人对房屋A要求居住权可以为法院判决支持？这就涉及在离婚案件救助制度中创设离婚救助性居住权的具体条件的问题，目前在我国这方面还是法律空白。

（二）继承领域中可能会遇到的关于居住权的法律适用问题

案例四：甲与乙是夫妻关系，甲有婚前财产房屋A，在遗嘱中甲把房屋A的不动产产权给子女丙继承，此时，乙年迈且经济困难，在甲死后，乙面临无房可住的境地，此时，乙是否可以向法院起诉要求享有对房屋的居住权？《民法典》第1141条规定，遗嘱应当为缺乏劳动能力又没有生活来源的继承人保留必要的遗产份额，但是并没有直接规定缺乏劳动能力又没有生活来源的继承人有居住权利。目前，有关问题在我国现行制度中还是处于空白状态。

案例五：甲在遗嘱中分别为乙、丙、丁在A房屋上设立了居住权但并未就三人的具体居住空间进行分配，现因为居住时发生矛盾纠纷，三人诉至法院要求明确该房屋的各人的居住使用范围等。这区别于共有财产的分割，法院应当怎么处理？《民法典》对此并没有明确规定，但是在实际中有些房屋的居住权确实可以分割。如果在遗嘱中约定不明，也极易引起纠纷。现行《民法典》第371条规定，居住权可以遗嘱方式设立。只是说明了居住权的设立方式，却没有规定遗嘱的内容要件，当事人容易因此产生纠纷。

（三）居住权登记制度未完善，特别是在家事领域方面的相关登记办法缺失

在我国现行的法律框架下，关于居住权等级制度的法律条文仅有《民法典》第368条以及第370条，这两个条文只是规定居住权采用设立登记的方式，以及在居住权灭失应当进行注销登记，但是对于居住权的主体、客体，登记簿所载必要内容没有约定，对于居住权注销登记的主体、客体、登记簿所载必要内容没有约定亦没有规定。

（四）未明确家事领域中居住权的无偿性

《民法典》第368条规定，居住权一般来说无偿设立，但是可以另行约定，那么意味着投资性、获益性居住权是可以存在的，但是在家事领域中，居住权是否一定为无偿设立？笔者认为，家事领域中居住权设立的目的更多的是体现在保障弱势群体方面，既然为家庭领域弱势群体的一方，那么居住权应当无偿设立，这样才能更好地体现立法目的。

家事领域中的居住权既然是无偿性的，是否可以附条件解除呢？居住权有强烈的人役权特质，设立居住权的主体与客体之间有着强烈的人身依附性，一旦依附性消失，居住权可以当然消灭。例如，离婚获得救助居住权，法院在判决的时候可以根据案情具体情况，行使自由裁量权判定离婚救助居住权的期限，双方当事人也可以自行在离婚纠纷中达成调解协议，明确在一定条件成就时居住权灭失。

综上所述，相关法律应当进一步在家事领域中确定居住权无偿设立，但是可以附条件解除，将家事领域中的居住权制度区别于其他投资性、获益性居住权的设立，这样才能够更好地体现立法价值。

四、关于我国家事领域中居住权制度的建议

（一）完善家事领域中居住权制度的相关法律法规

建议对于居住权制度作出补充性规定：

其一，规定居住权设立主体。因为现行《民法典》中对居住权的设立主体并没有进行规定，所以可以就这方面进一步规定。笔者认为，居住权的主体为对居住权客体（住宅）享有所有权的自然人、法人以及非法人组织。

其二，规定居住权的客体。《民法典》规定，居住权客体为他人住宅，笔者认为，可以对住宅作进一步解释，即可以为当事人提供居住环境的均可以称为住宅，包括拥有商品房、宅基地自建房等。

其三，增设居住权设立的方式。根据《民法典》，居住权设立的方式有登记设立（当事人应签订书面合同向登记机关登记）以及遗嘱设立两种方式，但是这显然不符合现实要求。笔者认为，法律适用是法典的生命和灵魂存在的方式，法官的判决是法典的灵魂，再者，物权可以通过判决确认，意味着居住权所为用益物权亦可以为判决所设立，因为居住权可约定，那么对于双方协议的确认亦可以作为居住权设立的方式之一。综上，居住权设立的方式应当增设法院的生效判决以及调解书这一方式。

其四，对居住权灭失的情形应当进一步说明。在《民法典》中没有规定居住权灭失的情形为居住权期限届满或者居住权人死亡这两种方式，但是，笔者认为，现实中，居住权可以根据双方意思自治在不违背公序良俗的情况下设立，在达到某种条件时，居住权灭失。

其五，规定居住权制度在家事领域即婚姻继承领域无偿设立。因为在家事领域中设立居住权时，居住权人多为经济弱势群体，无偿设立居住权更能体现立法主旨，保护弱势群体权益。

(二)探索构建现行居住权制度与现行家事案件审判的有效衔接

家事案件审判时常案情复杂,取证难度大,居住权设立之后,在家事案件中有不少当事人均提出对居住权的相关诉求。笔者认为,解决方式是创设相应特有制度,出台系列法律法规,有利于法官在审判实务中有法可循。

首先,在相关法律法规中设立离婚救助居住权。这一制度适用的情形是离婚纠纷中双方有且仅有一处房屋(此处房屋不以是否婚前财产为限),未获得房屋产权且经济困难的一方当事人在诉讼中要求居住权,此时可以适用离婚救助居住权。但要注意以下三点:

1. 双方均有且仅有一处房屋,一方因经济困难,缺乏劳动力或者无劳动力,且难以在短时间内获得对方对房屋补偿或者其他经济补偿或帮助的情况下,才可以适用该制度。因为当前房价居高不下,一般家庭负担一份房贷都非常吃力,何况在离婚后,未获得房屋所有权的一方因缺乏劳动能力或者无劳动能力,离婚后短时间内无法解决居住难题。如没有收入的家庭主妇,在没有获得房屋所有权或者房屋补偿或者其他经济帮助的情况下,居住困难时,可以申请居住权。所以该项制度有保障性,也有暂时缓冲的意义,应当从严把握。

2. 离婚救助居住权必须无偿设立,且居住期限和居住范围应由双方协商,双方协商不成的,应由法院判定。居住期限应当按照实际情况综合判定,不宜过长,避免影响双方当事人开始新生活。

3. 规定离婚救助居住权的灭失情形。按照原《关于适用〈中华人民共和国婚姻法〉若干问题的解释(一)》第27条的规定,一方生活困难,指的是依靠个人财产和离婚时分得的财产无法维持当地基本生活水平,这个标准过于严苛。对于离婚救助居住权的灭失条件可以作如下规定,发生下列情况之一时,居住权灭失:(1)有证据证明受助方经济能力有所改善,住房困难情形不存在;(2)受助方已经再婚;(3)帮助方丧失负担能力并且不宜同受助方共同居住;(4)法院判定离婚时救助居住权期限届满;(5)帮助方有证据证明不需要给予经济帮助的其他情形。

其次,对遗嘱设立居住权作进一步规定:

1. 明确可以获得遗嘱设立居住权的权利人范围

根据现行法律规定,住宅所有者可以通过遗嘱设立居住权,那么是否对其可以设置权利人范围。答案是肯定的,为了防止居住权的滥用,应当对遗嘱设立居住权的权利人范围加以限定,可以通过遗嘱设立明确获得居住权人的范围包括配偶、子女、父母,同居伴侣(事实婚姻)、长期同居照顾被继承人的特定关系人(包含血亲、保姆还有其他关系人)、无劳动能力或者缺乏劳动能力而长期依附被继承人居住和生活的人。

2. 设立继承救助性居住权制度

法院可以为在遗嘱继承或者法定继承中因未取得房屋所有权又缺乏劳动能力且没有生活来源的居住困难的、与被继承人有特定关系的人设立居住权。这类特定关系人中包括同居伴侣(事实婚姻),长期同居照顾被继承人的特定关系人(包含血亲、保姆还有其他关系人),无劳动能力或者缺乏劳动能力而长期依附被继承人居住和生活的人。这些人可依照此制度享有居住权。

3. 规定有关居住权的遗嘱的格式

遗嘱设立居住权除符合遗嘱的法定形式要求以外,为定分止争,尊重被继承人意愿,应当规定设立居住权的遗嘱将居住权期限、居住范围(即住宅适用范围)等作明确规定。

(三)完善居住权登记制度

完善居住权登记制度,形成详细的居住权登记办法有利于对于居住权的规范管理。为此,提出如下建议:

1. 明确申请居住权登记的主体

在相关居住权制度完善后,居住权登记应当按照法律规定的范围进行明确规定。根据现行法律规定,居住权合同双方、离婚案件生效判决的双方当事人,遗嘱设立居住权的权利人,相关利益第三人等均可以作为居住权登记申请人。

2. 明确居住权登记的客体

可参考相关法律规定,确定居住权登记为住宅,并就住宅包含的范围作明确规定。可将公寓排除在外,因为公寓的产权期限较短,流动性大,管理难度较大,在居住权刚刚施行的当下,为避免居住权登记的滥用,将住宅的范围加以限制,是更为符合实际的建议。

3. 居住权登记应当公示

参照不动产产权登记制度,居住权登记应当公示,这满足了市场交易双方充足的知情权,保障交易。此处公示应当参考不动产登记的相关规定,让房产买受人享有知情权,将居住权设立的时间,设立的主客体、设立的期限等信息加以公开。至于需不需要单独设立居住权证件,笔者认为需要,此处可以参照居住证的管理办法,将具体居住信息加以登记,便于社区管理,还应当在相应不动产产权证书上加以备注,此时可参考抵押的管理办法。

4. 明确居住权注销登记的主体和条件

明确居住权注销登记的主体，居住权注销登记主体的申请人包括房屋所有权人，善意第三人等与居住权利益相关人员，居住权注销登记条件即当居住权灭失时。居住权利益相关人员可以扩大至房屋买受人（未办理产权登记，但是产权明晰）、房屋继承人，居住权注销登记条件即居住权人依照合同丧失居住资格的时候。

综上所述，在家事领域中完善居住权制度的适用有着十分重大的意义，毕竟老有所养，人有所居，是公民最朴素的愿景。《民法典》设立居住权制度是实现这一愿景的前提和基础，而接下来的法律适用才是重中之重，笔者希冀未来在家事领域中居住权制度能得以完善。

小额诉讼再审程序的完善

——以上级法院错误受理小额诉讼案件为视角

谢诗琪*

摘要:小额诉讼程序是民事诉讼程序繁简分流制度改革的重要内容之一,一审终审及由原审法院再审的审级制度是小额诉讼区别于其他程序的显著特征。上级法院错误受理小额诉讼案件构成对小额诉讼再审程序中审级制度立法设计的突破,直接影响民事诉讼程序繁简分流的开展及效果。但是,如何应对上级法院错误受理小额诉讼案件,目前的处置规则尚显不足。本文从小额诉讼审级制度的法理基础及有关处置措施分析视角切入,探究上级法院错误受理小额诉讼案件处置规则的完善途径。对在《民事诉讼法》及其司法解释中进一步完善相关规定,针对当事人坚持向上级法院申请再审、基层法院在小额诉讼的再审中错误赋予上诉权的情形,配套健全相应处理规则等提出具体建议。

《民事诉讼法》第165条第1款、最高人民法院《关于适用〈中华人民共和国民事诉讼法〉的解释》(以下简称《民事诉讼法司法解释》)第271条规定,人民法院审理小额诉讼案件实行一审终审。《民事诉讼法司法解释》第424条规定,对小额诉讼案件的判决、裁定,当事人认为符合再审事由的,可以向原审人民法院申请再审。当事人以不应按小额诉讼案件审理为由向原审人民法院申请再审,理由成立的,应当裁定再审。作出的再审判决、裁定,当事人可以上诉。

---

* 广西壮族自治区柳州市中级人民法院审判监督第一庭试用期干部。

由上文可知,小额诉讼案件实行一审终审,不适用上诉制度,如果当事人对小额诉讼案件的裁判不服,只能通过向原审法院申请再审救济。小额诉讼案件一审终审的实行,贯穿原审及再审程序。只有本来不应当适用小额诉讼程序而原审予以适用的案件,因为适用法律错误,原审法院再审依法纠正该适用错误后,上级法院才有权受理当事人对该案件再审裁判的上诉。

上述规定虽明确了小额诉讼案件再审程序的审级制度,但司法实践中不乏发生由于当事人申请错误、法院失误赋权等各种各样的原因,造成上级法院实际接收及受理小额诉讼案件的情况。如果上级法院仅对案件材料进行简单的形式审查,难免发生受理小额诉讼案件的错误,而该程序错误很多时候在案件进入实质审查或者审理阶段时才会被发现。现有法律对此种程序错误如何处理,并没有规定相应的详细处置规则,也鲜有文献对此进行探讨研究。本文以小额诉讼审级制度的法理基础及有关处置措施分析为视角切入,探究再审程序中上级法院错误受理小额诉讼案件处置规则的完善途径。

一、理论证成:小额诉讼限制审级的必要性

小额诉讼实行一审终审的审级制度设计,实质上限制了上诉制度的适用。由于上诉权是当事人诉权的重要内容,排除上诉权使小额诉讼程序在当事人诉讼权利保障方面存有争议。审级制度的设计法理基础,在于民事诉讼的成本控制理论。实现司法正义,不应当通过对所有案件均无限制地付出司法成本获得,繁冗的司法流程设计看似保护了当事人的每一个权利,但是容易使裁判者及诉讼参与人有意无意甚至不得不过于关注程序过程本身,而对案件本来了然的是非曲直结果视而不见。构建民事诉讼制度时,在程序设计上理想的状态是兼顾公平和效率价值,追求两者的最大公约数。目前最直接的做法就是进行案件的繁简分流,根据不同类型案件分别设计和适用相应的司法程序。通过控制民事诉讼成本、提高诉讼效率,对事实清楚、权利义务关系明确、争议不大的简单金钱给付民事案件,尽可能简化司法程序本身,以更加便捷高效地获得是非曲直结果,实现实质正义,是小额诉讼制度构建的基本出发点和应有之义。

(一)接近正义理论

"接近正义"(access to juice),是指公民权利受到损害时,能够便捷、有效、不受妨碍地向司法机关寻求司法救济并获得公正对待和审判的权利。该理论产生于20世纪西方国家针对司法危机进行的改革。诉讼成本高、诉讼延迟及判决无法得到有效

执行等司法顽疾根深蒂固，导致司法公信力下降，司法的正义价值受到民众质疑。[1]卡佩莱蒂强调："各国政府皆有责任保障当事人的诉讼权利以及保障当事人能够得到公平与公正审判的权利。"接近正义运动应运而生。民事诉讼领域积极响应改革号召，从审级救济、诉讼模式等方面力求"接近正义"。众所周知，如果寻求法律救济的时间或经济成本过高，将会打击民众通过法律途径维权的积极性，民众会认为司法是"难以接近"的，进而对司法正义理念产生怀疑；而案件久拖不决，权益得不到及时维护，也会使民众丧失对司法的信心。小额诉讼的设立目的，就是通过加快诉讼进程、提高诉讼效率、降低诉讼成本的方式，让民众便捷高效地通过司法救济自身的权利。实行一审终审、限制审级的制度设计，将大大降低诉讼成本，有助于在尽可能短的时间内通过诉讼程序固定权利义务状态，定分止争，使民众更快捷地获得"一锤定音"的救济及享受司法服务。

（二）费用相当性原理

费用相当性理论，是指民众通过诉讼所耗费的成本应当低于其所救济权利的价值。这要求民事诉讼制度在设计时需考虑诉讼权利保护与诉讼负担的平衡。一般而言，程序设置越完备，诉讼权利保护越充分，诉讼负担也就越重。事实清楚、权利义务关系明确、争议不大、诉讼标的额较低的民事案件，如适用上诉制度，虽充分保障了当事人诉权，但使其陷入冗长的诉讼周期，权利长期处于法律上的不稳定状态，当事人耗费的诉讼成本远高于救济所得利益。因此，在设计诉讼制度时，应针对不同类型的民事案件设置不同的诉讼程序，以满足当事人追求实体利益或程序利益的不同需求。而且，由于小额诉讼已限定在事实清楚、权利义务关系明确、争议不大的简单金钱给付民事案件范围内，即使可能因为追求效率难以避免发生一定概率的裁判误差，但对当事人的权利不会造成太大影响，且发现确有错误后，依然可以通过再审等救济途径纠正。因此，小额诉讼程序的限制审级，是为了将民事诉讼成本控制在费用相当性的界限内，使当事人以较低的诉讼成本获得纠纷解决的较大收益，减轻当事人诉讼负担，是成本与回报权衡后的择优之选。

（三）适应司法的现实需求

随着经济社会发展、人民群众法治意识的增强、立案登记制改革的深入推进，大量矛盾纠纷进入法院。"案多人少"是许多法院面临的突出问题。"人案矛盾"成为制约司法质效提升、影响民众对公平正义感受的"瓶颈"和障碍。一旦案件量突破司

〔1〕 参见[意]莫诺·卡佩莱蒂编：《福利国家与接近正义》，刘俊祥译，法律出版社 2000 年版，第 2 页。

法资源能够承担的极限,最终受损的是司法的效率乃至公平。[1] 习近平总书记也强调:“我国国情决定了我们不能成为‘诉讼大国’。我国有14亿人口,大大小小的事都要打官司,那必然不堪重负!”[2]因此,在司法资源有限的客观条件下,让小额案件与其他案件占用一样的司法资源,无疑是对司法资源的浪费,无法适应我国当下减少诉讼增量的司法需求。有观点批判,小额诉讼限制审级的设计过于追求司法效率而忽视权益保护,指责小额诉讼程序是以标的额大小对当事人的权益“定价”,“价低”则不值得花费稀缺的司法资源予以保障。但不可否认的是,在小额诉讼程序中,将效率优先于公正是正当且必要的。上诉制度虽然能够降低裁判的错误成本,但却增加了诉讼的直接成本。如果小额诉讼程序不排除上诉权,仍会持续挤占司法资源。标的额是案件繁简、民事权益轻重的重要指标。司法资源的配置应当与案件的标的额保持适当的比例[3]。对争议标的额很小的案件,减少诉讼的直接成本是合理的,即便这样可能增加诉讼的错误成本[4]。小额诉讼限制审级,正是出于顺应司法资源的配置与案件标的利益保持适当比例,以及兼顾效率与公正平衡的考虑而作出的现实选择。

二、现象描述:小额诉讼审级制度的突破

上级法院错误受理小额诉讼案件,是指在小额诉讼的审判监督程序中,基于当事人申请再审或提起上诉,上级法院予以受理,而产生的突破小额诉讼一审终审审级制度的程序错误。

根据当事人提起程序的不同,审级制度的突破有两种表现:一是当事人坚持向上级法院申请再审,上级法院予以受理的情形;二是当事人针对原审法院作出的再审判决向上级法院提起上诉,上级法院错误受理的情形。

---

〔1〕 参见徐隽:《这个数据持续增长15年后首次下降,背后有深意》,载 https://mp. weixin. qq. com/s? src = 11×tamp = 1653875466&ver = 3829&signature = 3 - 4CIagGWpzviEVjCGpT8ObhQifyu1qhsYb3cyd9PhIv * LUfd5PmWLC2hjbi * E2VwHedLyK8WjxWEjkznMpbkTqSRCBnFc5j6 * J38BCc92gBEWmY7 - Cz3GoA2Ao0ReIK&new = 1,最后访问时间:2022年3月10日。

〔2〕 习近平:《坚定不移走中国特色社会主义法治道路,为全面建设社会主义现代化国家提供有力法治保障》,载《求是》2021年第5期。

〔3〕 [美]理查德·A. 波斯纳:《法律的经济分析》(下册),蒋兆康译,中国大百科全书出版社1997年版,第756页。

〔4〕 [美]迈克尔·D. 贝勒斯:《法律的原则——一个规范的分析》,张文显等译,中国大百科全书出版社1996年版,第31页。

(一)当事人向上级法院申请再审

当事人在小额诉讼判决生效后,不是向原审法院,而是向上级法院申请再审。对于已经受理了当事人再审申请后,发现不予受理的情形,上级法院应如何处置,现行法律并无规定,这也就导致了司法实践中操作不一,可归纳为以下四种处置措施。

表1 当事人向上级法院申请再审的处置措施

处置措施	法律依据	裁判理由
裁定驳回再审申请〔1〕	《民事诉讼法》第211条第1款,《民事诉讼法司法解释》第393条第2款	再审事由不成立
裁定终结再审审查〔2〕、再审程序	《民事诉讼法》第157条第1款第6项或第11项,《民事诉讼法司法解释》第400条	终结诉讼
裁定不予受理〔3〕	《民事诉讼法》第157条第1款第1项	应向原审法院申请
裁定移送原审法院处理〔4〕	《民事诉讼法》第37条	不享有管辖权

上述四种处置措施法律依据各不相同,由此产生的法律后果存在差异,对当事人诉讼权利也影响不一。以上情况反映了无明确适用规则,导致处置结果偏差过大,影响了司法的严肃性及公信力。

(二)当事人向上级法院提起上诉

小额诉讼再审程序中,基层法院在制作小额诉讼案件的裁判文书时,没有严格遵守《民事诉讼文书样式》对小额诉讼程序裁判文书的要求,未注明"本判决为终审判决",而是失误套用其他程序文书模板,提示当事人不服判决可以上诉,上级法院错误受理后,存在以下处置措施。

---

〔1〕 参见宁夏回族自治区银川市中级人民法院(2021)宁01民申159号民事裁定书、山东省济宁市中级人民法院(2021)鲁08民申297号民事裁定书、四川省泸州市中级人民法院(2021)川05民申28号民事裁定书。

〔2〕 参见广东省中山市中级人民法院(2021)粤20民申232号民事裁定书、广东省深圳市中级人民法院(2021)粤03民申314、315号民事裁定书、广东省清远市中级人民法院(2021)粤18民申45号民事裁定书。

〔3〕 参见河南省周口市中级人民法院(2019)豫16民申107号民事裁定书。

〔4〕 参见山东省滨州地区(市)中级人民法院(2022)鲁16民申29号民事裁定书、(2022)鲁16民申42号民事裁定书。

表 2　当事人向上级法院提起上诉的处置措施

处置措施	法律依据	裁判理由
裁定发回重审[1]	《民事诉讼法》第 177 条第 1 款第 4 项	原判决严重违反法定程序的，裁定撤销原判决，发回原审人民法院重审
驳回上诉[2]	《民事诉讼法司法解释》第 424 条	当事人不得上诉

除了已检索到的案例外，可能的处置措施还有终结上诉程序、上级法院按照二审程序进行实质审理等。

不可否认的是，错误赋予上诉权的疏漏如不明确处置规则，可能会造成不良影响，损害司法权威。比如，某基层法院适用小额诉讼程序审理案件并作出判决，但判决书却载明当事人不服可上诉至上级法院。判决送达生效后，法院发现该失误，最后决定通过补正裁定的方式进行补救，即将判决书最后一段告知当事人不服判决可以上诉的内容更正为"本判决为终审判决"[3]。本来补正裁定针对的是民事判决书中的笔误，即法律文字误写、误算，诉讼费用漏写、误算和其他笔误，不应涉及当事人实体权利和诉讼权利，上诉权不属于补正裁定的处置范畴，法院如此适用，实为不妥。该基层法院作出补正裁定后，后续又被认定为程序错误，案件进入审判监督程序启动再审，并历经一审及二审程序进行审理，但裁判结果却与原审并无二致。一件本应适用小额诉讼快速解决的纠纷案件，却耗时三年左右，造成了司法资源极大浪费以及当事人诉累。为避免司法适用混乱的弊端，对相关规则予以进一步明确实有必要。

三、措施评析：从管辖权本质出发

根据当事人提起的不同程序为分类依据，从合法性及保障当事人诉讼权利的角度，对可能的处置措施逐一评析。

（一）当事人坚持向上级法院申请再审，上级法院予以受理的情形

1. 驳回再审申请

驳回再审申请法律依据如下：《民事诉讼法》第 211 条第 1 款规定："人民法院应

---

〔1〕 参见辽宁省葫芦岛市中级人民法院（2020）辽 14 民再 33 号民事裁定书。

〔2〕 参见广西壮族自治区柳州市中级人民法院（2021）桂 02 民再 273 号民事裁定书、辽宁省沈阳市中级人民法院（2016）辽 01 民再 139 号民事裁定书。

〔3〕 参见广东省河源市中级人民法院（2021）粤 16 民再 28 号民事裁定书。

当自收到再审申请书之日起三个月内审查,符合本法规定的,裁定再审;不符合本法规定的,裁定驳回申请。有特殊情况需要延长的,由本院院长批准。"《民事诉讼法司法解释》第 393 条第 2 款规定:"当事人主张的再审事由不成立,或者当事人申请再审超过法定申请再审期限、超出法定再审事由范围等不符合民事诉讼法和本解释规定的申请再审条件的,人民法院应当裁定驳回再审申请。"

由上文可知,再审审查不同于仅注重形式审查的起诉审查,还负担着对再审事由之存否进行初步实质审查的任务,其审查后作出的驳回再审申请裁定,不仅具有终结再审审查程序的法律后果,能够否定当事人再次开启实体审理程序的意愿,还在某种意义上含有强化原生效裁判实体效力的意味。正是由于驳回再审申请裁定具有一定实体性影响,依《民事诉讼法司法解释》第 381 条第 1 款第 1 项"当事人申请再审,有下列情形之一的,人民法院不予受理:(一)再审申请被驳回后再次提出申请的"之规定,小额案件当事人的再审申请被上级法院驳回后,其再向原审法院申请再审,原审法院也可以据此不予受理,造成当事人的再审救济权利落空。并且,上级法院裁定驳回再审审查的前提是享有案件的管辖权。不享有管辖权的法院,无权对当事人的再审条件进行审查,其受理后裁定驳回再审申请,法律依据不足。

因此,法院裁定驳回再审申请的操作方式,既无明确法律依据,又可能对当事人依法救济造成障碍,侵犯当事人救济权益,不宜作为处置手段。

2. 终结再审审查或终结再审程序

终结再审审查与终结再审程序,系分别针对再审审查和再审审理两个阶段出现某些特殊情形,导致再审诉讼无法或者没有必要继续进行时,由人民法院裁定予以终结的结案方式。一般来看,终结再审程序裁定不像驳回再审申请裁定,没有间接地对原审生效裁判的正确与否作出评判,亦未对当事人的权利义务作出重新确认或调整,当事人不用囿于"再审申请被驳回后再次提出申请,人民法院不予受理"的规定,可另行向原审法院申请再审,因而不会对当事人诉讼权益造成太大影响。故作为其他结案方式确实无法处理时的最后手段,裁定终结再审程序适用广泛,其中也就包括当事人向上级法院申请再审,上级法院予以受理这种目前尚无法可循的情形。然而,这种处置方式存在缺陷,那就是突破了现行法律的规定。

终结再审审查与终结再审程序的法律依据分别是《民事诉讼法司法解释》第 400 条和第 404 条,而《民事诉讼法司法解释》在规定上述两种裁定适用的法定情形时,并无兜底条款,[1]换言之,如果不符合《民事诉讼法司法解释》第400条、第404条规定的法定情形,法院无权作出终结再审审查或终结再审程序的裁定。当事人向上级法院申请再审,上级法院予以受理的情形,明显不在规定的法定情形之列,法院裁定终结再审审查或终结再审程序,于法无据。

《民事诉讼法司法解释》之所以会严格限定终结再审审查及再审程序的法定情形,是沿用了《民事诉讼法》第154条终结诉讼确立的规则,为了避免司法实践中出现滥用终结再审审查或终结再审程序的方式损害当事人合法权益的情形。事实上,上述两裁定在应对本文所述情形时,其法律效果可能与驳回再审申请殊途同归,因为即使当事人在上级法院终结再审程序后另行向原审法院申请再审,也要受到《民事诉讼法》第212条对法定申请再审期限的限制。由于申请再审期限不存在中断或中止的情况,经历程序空转后,6个月的申请期限大概率已经经过,原审法院依然可以当事人申请再审超过法定申请再审期限为由驳回再审申请,当事人的救济权益仍然得不到保障。故裁定终结再审程序或终结再审审查也不宜作为处置手段。

3. 裁定不予受理

在再审申请审查阶段,对于法院可以作出不予受理裁定的情形,《民事诉讼法司法解释》第381条第1款作出了限制性规定,即:"当事人申请再审,有下列情形之一的,人民法院不予受理:(一)再审申请被驳回后再次提出申请的;(二)对再审判决、裁定提出申请的;(三)在人民检察院对当事人的申请作出不予提出再审检察建议或者抗诉决定后又提出申请的。"本文所论述情形,并不在上述规定情形之列,故径直裁定不予受理,法律依据不足。

此外,在本文论述上级法院错误受理情形下,再审审查的前提,是法院已受理了再审申请。法院已根据《民事诉讼法司法解释》第383条的规定向再审申请

---

[1] 《民事诉讼法司法解释》第400条规定:"再审申请审查期间,有下列情形之一的,裁定终结审查:(一)再审申请人死亡或者终止,无权利义务承继者或者权利义务承继者声明放弃再审申请的;(二)在给付之诉中,负有给付义务的被申请人死亡或者终止,无可供执行的财产,也没有应当承担义务的人的;(三)当事人达成和解协议且已履行完毕的,但当事人在和解协议中声明不放弃申请再审权利的除外;(四)他人未经授权以当事人名义申请再审的;(五)原审或者上一级人民法院已经裁定再审的;(六)有本解释第三百八十一条第一款规定情形的。"第404条第1款规定:"再审审理期间,有下列情形之一的,可以裁定终结再审程序:(一)再审申请人在再审期间撤回再审请求,人民法院准许的;(二)再审申请人经传票传唤,无正当理由拒不到庭的,或者未经法庭许可中途退庭,按撤回再审请求处理的;(三)人民检察院撤回抗诉的;(四)有本解释第四百条第一项至第四项规定情形的。"

人完成登记受理手续，在受理案件后又裁定不予受理，相当于法院作出了两份自相矛盾的诉讼文书，不仅于法无据，还会使当事人对案件究竟是否受理陷入认知混乱，进而对法院权威性产生质疑。故裁定不予受理不宜作为错误受理后的处置手段。

4. 移送管辖

移送管辖的实质是，没有管辖权的法院在受理案件后，将案件移送给有管辖权的法院。其法律依据为《民事诉讼法》第37条“人民法院发现受理的案件不属于本院管辖的，应当移送有管辖权的人民法院，受移送的人民法院应当受理”以及《民事诉讼法司法解释》第211条“对本院没有管辖权的案件，告知原告向有管辖权的人民法院起诉；原告坚持起诉的，裁定不予受理；立案后发现本院没有管辖权的，应当将案件移送有管辖权的人民法院”。

《民事诉讼法》似乎并未给上级法院管辖的小额诉讼的再审案件设置障碍。《民事诉讼法》第206条规定：“当事人对已经发生法律效力的判决、裁定，认为有错误的，可以向上一级人民法院申请再审”，第214条规定：“人民法院按照审判监督程序再审的案件，发生法律效力的判决、裁定是由第一审法院作出的，按照第一审程序审理，所作的判决、裁定，当事人可以上诉。”《民事诉讼法司法解释》却对小额诉讼再审程序的管辖法院进行了限制，该解释第424条规定：“对小额诉讼案件的判决、裁定，当事人以民事诉讼法第二百零七条规定的事由向原审人民法院申请再审的，人民法院应当受理”，即除了原审法院外，其他法院对小额诉讼再审案件均无管辖权。

从条文内容上看，《民事诉讼法司法解释》第424条把小额诉讼再审程序的审级限制在原审基层法院，似乎与《民事诉讼法》的规定相抵触，但实际上两者并不冲突。司法解释是根据法律授权，由最高司法机关在司法工作中就如何具体应用法律问题所作出的具有普遍法律效力的阐释和说明。《民事诉讼法司法解释》第424条，是将《民事诉讼法》第165条规定的内容和再审程序相结合，所作的符合小额诉讼程序特点的解释。从立法目的上看，规定小额诉讼是为了将简单民事纠纷解决在基层、简化处理小额案件，如果小额诉讼案件的申请再审由上级法院审查及审理，实际上起到了移审的效果，与一审终审的立法意图相悖。由于《民事诉讼法》对小额诉讼案件的再审程序没有具体操作规定，容易引起不同理解，[1]司法解释能统一认识，消除法官理

〔1〕参见河南省高级人民法院印发的《关于适用小额诉讼程序审理民事案件若干问题的指导意见》(2013年12月20日)第25条，该条规定按一审程序再审的小额诉讼案件可以上诉。

解法律条文的偏差和分歧,且更具有可操作性。因此,该条司法解释与其所阐明的《民事诉讼法》有关小额诉讼实行一审终审的法律条文是一体的,通过该条认定上级法院对小额诉讼当事人申请再审案件没有管辖权,符合特别规定优先于普通规定的法律适用规则。所以,如果当事人向上级法院申请再审、上级法院受理的,实质上已经符合移送管辖的构成要件,受理的上级法院应当依法将案件移送有管辖权的原审法院。

虽然司法实践中由中级法院向基层法院移送案件较为罕见,但在本文论述情形下并无适用的障碍。移送管辖有两种情况:一是同级人民法院之间的移送管辖,属于地域管辖的范畴;二是上下级法院之间的移送管辖,属于级别管辖的范畴。小额诉讼再审案件由原审法院管辖,原审法院为基层法院,因而法条隐含了级别管辖之规定,不仅排除了上级法院的管辖权,还排除了当事人就管辖法院达成默示协议管辖的情形。最高人民法院《关于审理民事级别管辖异议案件若干问题的规定》第6条规定:"当事人未依法提出管辖权异议,但受诉人民法院发现其没有级别管辖权的,应当将案件移送有管辖权的人民法院审理。"根据该条规定,在上级法院受理后当事人的再审申请后,即使对方当事人未提出管辖异议,并答辩应诉,上级法院也因违反级别管辖不能据此享有管辖权。

综合来看,上级法院受理小额诉讼案件再审申请,本质上是上级法院受理不属于本院管辖的诉讼。管辖权是人民法院行使审判权的前提,没有管辖权,也无审判权。裁定驳回再审申请,某种程度上具有实体评价的效果,上级法院在没有管辖权的情况下无权进行审查并作出裁定。至于起到终结诉讼效果的裁定终结了再审审查、再审审理,也存在没有法律依据,且存在有损当事人的诉讼权利的问题。裁定不予受理,不但于法无据,而且无法解释诉讼文书之间的矛盾,反而引发争议。因此,从管辖权本质出发,应当由上级法院裁定移交给原审法院处理。

(二)当事人提起上诉,上级法院予以受理的情形

如前文所述,司法实践中,基层法院在制作小额诉讼案件的裁判文书时,因为疏漏而错误赋予当事人上诉权的情况时有发生。虽然可以通过加强裁判文书校查管理、上级法院严格立案审查等方式减少此类程序失误,但无法杜绝该现象的发生。特别是已经受理了当事人上诉后,才发现不得上诉情形的,上级法院面临着处置难题。是将错就错进行实体审理,或程序性驳回,还是终结上诉程序,抑或发回原审法院重审,目前没有统一规则,应当进一步完善。

1. 发回重审

发回重审是二审法院对一审上诉案件进行审理后，认为一审法院的判决认定基本事实不清，或者存在遗漏当事人、诉讼请求或者违法缺席判决等严重违反法定程序的情形，由二审法院作出撤销一审判决的裁定，将案件发回一审法院，由一审法院另行组成合议庭按照第一审程序进行重新审理的一种制度。本文论述情形下适用发回重审存在以下三个问题：一是发回重审是在上级法院对上诉案件进行审理后作出的裁定，而上级法院不享有小额诉讼案件的管辖权，无权对小额诉讼案件进行审理。二是认定严重违反法定程序似有不妥。根据《民事诉讼法》第 177 条第 1 款第 4 项列举的严重违反法定程序的情形“遗漏当事人或者违法缺席判决”，两种情形都有一个重要特点，即当事人或者应当成为当事人而未成为当事人的人没有得到合理的提出事实和法律主张的机会，民事诉讼的对抗性未得到保证，因此原审判决错误的可能性很大。本文论述的情形中，不存在此种违反了民事诉讼的基本程序性规定的做法，将其认定为严重违反法定程序不妥。三是与小额诉讼的简便快捷处理立法意图相悖。发回重审后，案件将由一审法院另行组成合议庭按照第一审程序进行重新审理，实体裁判结果可能并无变化，仅仅纠正了原审法院赋予当事人上诉权的错误，实质上造成程序空转的后果，反而变相拉长诉讼周期，增加诉讼成本，浪费司法资源。

因此，如果只是原审法院错误赋予上诉权，当事人据此提起上诉，上级法院受理后，以严重违反程序为由裁定发回重审，既无法律依据，也不符合小额诉讼的立法目的。

2. 继续进行实体审理

有的上级法院在受理小额诉讼的上诉案件后，出于维护既成事实的考虑，仍对案件进行审理并作出实体判决。管辖权是法院行使审判权的前提和基础，法院只能在有管辖权的基础上进行审判，径行裁判小额诉讼上诉案件构成超越管辖权而审判其他法院管辖的案件，违反了管辖规定，有损司法权威性、严肃性。并且，这实际上已经违背了小额诉讼程序快捷解决纠纷的制度要求，同时也增加了胜诉方当事人的诉讼成本，造成其对裁判结果生效的预期落空，对胜诉方当事人明显不公。因此，上级法院有必要对基层法院造成的程序失误进行正确回应处理。

3. 终结上诉程序

裁定终结上诉程序，目的在于停止上诉程序，且以后不再恢复上诉程序。但现行法律中并未规定可单独就民事诉讼程序中的上诉程序予以终结，本文论述情形也不构成《民事诉讼法》第154条[1]规定的终结诉讼的法定事由,法院裁定终结上诉程序依据不足。

4. 程序性驳回

在比较前述三种处置措施后可以得出,程序性驳回既留有法律适用的余地,又符合设立小额诉讼制度的立法目的,更适合作为当事人对小额案件再审判决提起上诉、上级法院予以受理后的处置手段。但是,如何进行程序性驳回,目前尚无具体规定,故有必要就此予以完善,在司法解释中对程序性驳回的具体适用进行明确规定。

四、规则构建:完善小额诉讼案件审级管辖错误的处置规则

要应对上级法院错误受理小额诉讼案件造成的突破一审终审审级制度的程序错误,有赖于《民事诉讼法》及其司法解释有关规则的配套完善。

小额诉讼的再审程序系准用原审程序进行,小额案件实行一审终审,原判一审生效,再审程序也应当按规定准用一审程序进行。如果小额案件的申请再审由上一级法院审查,实际上起到了移审的效果,如发生提审还需适用二审程序审理,与小额程序一审终审的要求明显不符。《民事诉讼法司法解释》出于上述考虑,对小额诉讼再审程序的审级进行了特别的限制规定,但该规定在《民事诉讼法》并无明确的条文对应,难免产生司法解释超越法律规定的范围,随意对法律规定作限缩性解释的争议。因此,有必要将本应当规定在《民事诉讼法》,却不得已在《民事诉讼法司法解释》中予以明确的内容,回归到《民事诉讼法》中,以减少司法实务的认识分歧。具体指将再审程序审级限制的内容明确规定在《民事诉讼法》条文中,然后配套地在《民事诉讼法司法解释》规定发生违反审级限制错误受理的情形时如何处置的具体规则。

需要说明的是,审判监督程序存在不同阶段,根据阶段的不同,处置手段也略有差异。对于接收当事人材料后仍在审查、尚未决定再审审查的阶段,上级法院还未受理案件,此时应裁定不予受理。案件受理后,应裁定移送管辖。

对于上级法院错误受理小额诉讼再审案件上诉的问题,程序性驳回是上级法院处置基层法院错误赋予上诉权、当事人据此上诉后上级法院予以受理这一程序失误的基本原则。鉴于目前《民事诉讼法》针对此种情况尚无具体的处置规则,有必要在

[1] 《民事诉讼法》第154条规定:"有下列情形之一的,终结诉讼:(一)原告死亡,没有继承人,或者继承人放弃诉讼权利的;(二)被告死亡,没有遗产,也没有应当承担义务的人的;(三)离婚案件一方当事人死亡的;(四)追索赡养费、扶养费、抚养费以及解除收养关系案件的一方当事人死亡的。"

《民事诉讼法司法解释》特别规定“驳回上诉”裁定适用于小额案件上诉情形,以统一解决。

笔者注意到,关于裁定驳回上诉,根据《民事诉讼法》第 178 条的规定,二审法院受理对不服一审法院不予受理、对管辖权有异议、驳回起诉等事项裁定的上诉案件,可以裁定驳回上诉。那么,是否可以直接适用该规定呢?笔者认为,不能直接适用。因为上述相关裁定是进行了一定程度的实质审理后作出的,主文表述为“驳回上诉、维持原裁定”,对当事人的实体权利有一定影响。小额诉讼案件中,当事人上诉系针对原审法院作出的再审判决,而非程序上的裁定,且需要解决的问题是处置当事人不当上诉及上级法院不当受理的程序错误,而不涉及实体处理的评判,故法院无法径行适用上述关于裁定“驳回上诉,维持原裁定”的规定。考虑到小额程序实行一审终审的司法实践中难以避免错误赋予上诉权及上级法院立案审查不严的问题,因此有必要拓宽驳回上诉裁定的适用范围,在小额诉讼的特别条文中专门作出规定。

(一)《民事诉讼法》相关条文的完善

1.《民事诉讼法》第 206 条

《民事诉讼法》第 206 条是关于当事人申请再审的规定,可在其中增加受理小额诉讼再审申请法院的有关内容,在该条“当事人一方人数众多或者当事人双方为公民的案件,也可以向原审人民法院申请再审”后增加“当事人对人民法院适用小额诉讼程序审理案件的判决、裁定,认为有错误的,应当向原审人民法院申请再审”的规定。

具体而言,将《民事诉讼法》第 206 条“当事人对已经发生法律效力的判决、裁定,认为有错误的,可以向上一级人民法院申请再审;当事人一方人数众多或者当事人双方为公民的案件,也可以向原审人民法院申请再审。当事人申请再审的,不停止判决、裁定的执行”修改为:“当事人对已经发生法律效力的判决、裁定,认为有错误的,可以向上一级人民法院申请再审;当事人一方人数众多或者当事人双方为公民的案件,也可以向原审人民法院申请再审;当事人对人民法院适用小额诉讼程序审理案件的判决、裁定,认为有错误的,应当向原审人民法院申请再审。当事人申请再审的,不停止判决、裁定的执行。”

2.《民事诉讼法》第 214 条第 1 款

《民事诉讼法》第 214 条第 1 款是关于再审案件审理程序和再审判决、裁定效力的规定,可在其中对小额诉讼再审判决不得上诉的情况予以明确,在该条“人民法院按照审判监督程序再审的案件,发生法律效力的判决、裁定是由第一审法院作出的,按照第一审程序审理,所作的判决、裁定,当事人可以上诉”后增加“但是,对应当适用小额诉讼程序审理的案件再审的除外”。

具体而言,将《民事诉讼法》第 214 条第 1 款“人民法院按照审判监督程序再审的案件,发生法律效力的判决、裁定是由第一审法院作出的,按照第一审程序审理,所作的判决、裁定,当事人可以上诉;发生法律效力的判决、裁定是由第二审法院作出的,按照第二审程序审理,所作的判决、裁定,是发生法律效力的判决、裁定;上级人民法院按照审判监督程序提审的,按照第二审程序审理,所作的判决、裁定是发生法律效力的判决、裁定”修改为:“人民法院按照审判监督程序再审的案件,发生法律效力的判决、裁定是由第一审法院作出的,按照第一审程序审理,所作的判决、裁定,当事人可以上诉,但是,对应当适用小额诉讼程序审理的案件再审的除外;发生法律效力的判决、裁定是由第二审法院作出的,按照第二审程序审理,所作的判决、裁定,是发生法律效力的判决、裁定;上级人民法院按照审判监督程序提审的,按照第二审程序审理,所作的判决、裁定是发生法律效力的判决、裁定。”

(二)《民事诉讼法司法解释》规则的完善

《民事诉讼法司法解释》规则的完善主要涉及的是第 424 条第 1 款,该条是关于小额案件裁判再审救济的规定,包括申请再审的管辖法院和作出再审裁判不得上诉两方面内容,可就两个方面予以进一步细化。

具体而言,将《民事诉讼法司法解释》第 424 条第 1 款“对小额诉讼案件的判决、裁定,当事人以民事诉讼法第二百零七条规定的事由向原审人民法院申请再审的,人民法院应当受理。申请再审事由成立的,应当裁定再审,组成合议庭进行审理。作出的再审判决、裁定,当事人不得上诉”拆分为两款,并作出以下调整:

《民事诉讼法司法解释》第 424 条第 1 款修改为:“小额诉讼案件的判决、裁定,当事人以民事诉讼法第二百零七条规定的事由向原审人民法院申请再审的,人民法院应当受理。当事人坚持向上一级人民法院申请再审,上级人民法院裁定不予受理,告知其向原审法院申请再审。上级人民法院已经受理的,应当将案件移送原审人民法院。”

《民事诉讼法司法解释》第 424 条第 2 款修改为:“当事人申请再审事由成立的,原审人民法院应当裁定再审,组成合议庭进行审理。作出的再审判决、裁定,当事人不得上诉。当事人向上级人民法院提出上诉的,上级人民法院不予受理,已经受理的,裁定驳回上诉。”

《民事诉讼法司法解释》原第 424 条第 2 款变为该条第 3 款。

五、结语

小额诉讼再审审级制度的设计目的是将小额案件解决在基层法院。上级法院错误受理小额诉讼案件,不仅挤占司法资源、影响司法效能提升,处置不当还将损害当事人救济权利,无法回应人民群众高效、便捷、公正解决纠纷的期待。民事诉讼改革正在深入推进,要真正实现案件繁简分流、轻重分离、快慢分道,提高司法权威性和民众的信任度,有必要完善细化上级法院错误受理小额诉讼案件的处置规则。碍于笔者理论水平不足的限制,本文中的观点及建议可能不尽严谨,但希望抛砖引玉,引起理论界和实务界对再审程序中上级法院错误受理小额诉讼案件问题更多的关注与研究,为审判实践提供有益指引。

新冠疫情期间微信开庭的若干问题研究

李文菲*

摘要:2020年以来,受疫情影响,全国很多法院都采取了微信线上开庭这种模式。随着互联网发展的浪潮,南宁市西乡塘区人民法院积极拓展更深入、更便民、更高效的应用场景、推动实现全业务网上办理、全流程依法公开、全方位智能服务,开展智慧法院建设,具有积极的推广价值。

一、线上开庭的背景

(一)"互联网+"背景下的法院诉讼服务提供

法律是人类在社会状态下形成智力的成果。伴随着人类社会文明的不断加宽,社会分工日益精细,法律在社会生活中的地位越来越不可替代。互联网信息技术的迅猛发展和网络媒介的普及化,也对司法活动中审判模式的形成和发展产生的巨大的影响。习近平总书记就曾在多个场合明确指出:"没有信息化就没有现代化",[1]要运用互联网结合信息化的手段开展工作。近年来,云计算、大数据、人工智能、区块链、5G等新一代信息技术飞速发展,为人类认识世界、改造世界提供了新的工具、新的思维和新的方法,也为法院提供诉讼服务开拓了新的视野。

面对互联网发展的机遇和挑战,各级法院在"互联网+审判"理念

* 广西壮族自治区南宁市西乡塘区人民法院审管办保全组法官助理。

〔1〕 习近平总书记在第十八届中央委员会所做《决战全面建成小康社会夺取新时代中国特色社会主义伟大胜利》的报告第十三部分。

的影响和推动下，积极探索法庭审判模式的创新，以便提高审判效率，缓解审判压力，实现司法便民。微信庭审作为新型的庭审模式，为传统庭审注入了新的新鲜血液。从最初的预约审判，到 2015 年郑州市中级人民法院的微信工作群审案开始，南宁市西乡塘区人民法院顺应新形势的浪潮，坚持以新应新、以变应变，积极拓展更深入、更便民、更高效的应用场景、推动实现全业务网上办理、全流程依法公开、全方位智能服务，这些技术应用和诉讼平台的健全完善，一般被统称为智慧法院建设。随着智慧法院建设加速推进，传统的审判流程从线下转移到线上，数据信息从纸面传送到云端，对应的立案、调解、送达、庭审、举证、质证等诉讼环节都发生了深刻的变化。以互联网为代表的现代信息技术不仅改变了人民生活方式和生产方式，并且对纠纷的解决方式都产生了重大的影响。[1] 比如，杭州建立中国首家互联网法院，为互联网法院在全国范围内的推广提供了参考经验。杭州互联网法院作为互联网法院的先行者，早在 2021 年 12 月就开了全国微信庭审的先河，说明微信庭审一直是线上庭审的重要方式。[2]

根据公开的报道，疫情期间，全国很多法院都采取了微信线上开庭这一种模式，如黑龙江法院采取微信方式对 4 起行政案件开启微信庭审，陕西省武功县人民法院采取微信开庭方式审理商事案件，河南省偃师市人民法院利用微信群开庭审理案件等。

（二）新冠疫情下的诉讼服务实现需要

受新型冠状病毒疫情的影响，全国很多法院原定的庭审时间基本都被推迟。很多当事人也对法院通知变更庭审方式为线上庭审存有疑虑，更有甚者有畏难和抵触情绪，认为网上开庭操作困难，举证不方便，特别是没有委托律师的当事人，宁愿案子延期也不愿意网上开庭，或者有些当事人出现了已经按照要求下载了线上开庭 App，在使用过程中，因担心网上开庭费事，原告在开庭的前一天自愿放弃部分诉讼请求，选择与被告或者保险公司达成庭前调解的情况。在这样的形势下，向群众普及微信开庭的必要性尤为凸显。

在交通法庭审理的交通事故案件中，一般有超过 1/3 的案件含有司法鉴定事项。根据民事诉讼法的规定，这类案件需要通过开庭对司法鉴定质证，并通过协商选定鉴

〔1〕 参见胡舒月：《我国法院互联网调解的发展现状及完善》，载《法制博览》2018 年第 13 期。

〔2〕 中国计量大学法学院智慧互法课题小组：《互联网法院发展的问题、挑战与对策——以杭州互联网法院为例》，载《时代报告》2019 年第 4 期。

定机构以后才能对外委托鉴定，而实践中绝大部分案件的鉴定程序都无法在法定的3个月之内完成。因此，早日启动鉴定程序，是保证尽快审结案件，保障当事人合法权益的关键。

经过与当事人细致沟通，发现大多数当事人都存在线上开庭的畏难情绪，总认为怕操作不好影响庭审效果和自己意见的表达，或者担心因为庭审的设备原因影响法官听取个人意见和陈述，而面对大量急需鉴定的案件，就可以使用微信这一普及率高、操作便捷、稳定性好的线上工具进行开庭审理和鉴定。

二、法院在微信庭审上的尝试

（一）微信线上证据交换程序

对各方当事人均有委托代理人或被告是法人单位的，引导当事人之间互相加微信好友，由申请鉴定人将证据材料发送给被申请人，被申请人审查以后，向本院邮寄书面意见。因为这类当事人具有诉讼知识，了解诉讼程序以后，可以按审判人员的引导出具书面意见。在收到鉴定申请人邮寄的证据材料以及被申请人邮寄的书面意见后，就可以进行下一步的委托鉴定。

（二）微信线上开庭程序

与当事人或者当事人委托的诉讼代理人接电话，核实身份并征询当事人的同意后，由审判员或书记员组建微信群，邀请各方当事人或诉讼代理人进群。这种方式比较适合当事人较多，部分当事人没有代理人或缺乏诉讼经验，直接出具书面意见有难度的案件。建立微信群以后，预定统一上线时间，在审判员的主持下，完成诉讼辩论陈述意见、证据交换，选定鉴定机构、协商调解方案等庭审活动。结束后由书记员根据当事人的陈述整理出书面文字笔录，要求当事人在微信区里面核对并确认，将微信聊天记录及文字整理材料一并入卷。

（三）微信线上开庭的实践

疫情期间，众多法院利用微信线上开庭这一新型方式。经过法院的初步实践，在疫情特殊期间，利用微信平台审理较为简单的民事案件与互联网开庭相比较，具有明显的优势。其一，前期准备简单。只要电话沟通取得当事人微信号以后，几分钟就可以成功建群，建群后不需要再进行调试，发个通知即可预定时间。其二，普及率高，操作简单，容易被当事人接受。在人人离不开手机的前提下，无论老幼妇孺，文化程度高低，几乎人人都在使用微信，只要有一部手机就可以了。互联网微信开庭时，当事人足不出户，自然放松，隔空对话比面对面开庭甚至要和谐许多。

三、线上开庭存在的问题

(一)线上庭审目前还未建立与之配套的庭审规则

自庭审制度设立之后,几乎采取的是剧场化的现代开庭方式,并由此建立了一整套的庭审制度和庭审原则。这套庭审制度和庭审原则已经广泛被审判人员和社会公众接受。在线诉讼虽然是线下庭审作为蓝本,将线下庭审搬到线上,但是基于线下庭审和线上庭审的区别,线上庭审仍然需要构建一套电子诉讼规则和证据规则。例如,当事人不按时参加在线庭审的,根据规则如何处理;庭审中擅自退出的,对当事人会产生何种法律后果;电子送达适用范围、条件和效力等。这些规则的建立涉及全国统一实行,至少需要由最高人民法院采取司法解释的形式予以制定,[1]但目前尚未建立相应规则,各地法院在涉及上述问题时,往往无所适从或存在随意性,甚至有些法院因为畏难情绪,而对线上开庭采取了忽视的态度,阻碍了"互联网 +"技术在司法领域的应用。

(二)目前线上开庭尚无明确的政策依据,均属于各个地区的自行探索

疫情期间明确需要通过诉讼解决纠纷的,优先选择"广西移动微法院"或者网上立案平台进行网上申请立案,在线办理,或者通过邮寄诉讼材料(包括起诉状、上诉状、申诉书、再审申请书)的方式处理,虽然上诉文件并未明确将微信平台纳入线上审理平台,上级法院既然允许在特殊时期在线上审理案件,笔者认为,微信平台审理并不违反政策。

(三)微信线上开庭只适用于简单的案件

微信线上开庭具有微信开庭的虚拟特征。相对于传统庭审模式,微信开庭时借助虚拟网络系统或者社交软件对案件进行审理的,没有了客观存在的实际的法院建筑,当人以及诉讼参与人不需要再到有管辖权的法院参与案件审理,而是坐在家里上网就可以完成,对物理上的空间不再具有依赖性。法庭的仪式感降低,取而代之的是仪式感向技术性的转变,形式向实质的转变。当事人之间没有了面对面的争锋相对,没有了语言的博弈对抗,所有的诉讼活动都是建立在虚拟网络软件平台之上,这使庭审活动不再针尖对麦芒,而具有了一种弱对抗性,微信开庭的这种弱对抗性可以促使当事人之间的调解更快的达成。微信开庭的虚拟特征是区别传统庭审模式的最重要特征。

---

[1] 参见王寒、战涛:《对微信庭审的法律思考》,载《法制与社会》2017 年第 21 期。

并且,微信开庭具有一定的灵活性。一方面,无论当事人身在何处,白天还是夜晚,案件当事人想要参与案件审理,不需要亲自到法院,只需要借助网络平台便可以实现立案、起诉、举证、质证、庭审等一系列诉讼活动,坐在家里可以及时参与案件审理,当事人不会受到场所和时间的限制,参与诉讼的空间和时间更加广阔和灵活。另一方面,与具有强制性的传统庭审模式不同,微信开庭在适用上具有灵活性,微信开庭适用的前提是需要双方当事人的同意,如果不同意,仍旧可以按照传统的庭审模式进行。微信开庭从本质上来看,是从传统庭审模式演变而来的,是传统庭审模式的延伸和拓展。相较于传统庭审模式的僵化和机械,微信开庭更加灵活,微信开庭的这一铁证也恰好弥补了传统庭审模式的不足。

面对面的沟通和交流永远是最直接、最真实的交流,线下开庭审判人员很多时候可以通过当事人的语音、语调、表情、行为动作等综合考虑判断庭审阶段陈述是否真实,如果是微信线上开庭,这些判断就没有办法做好。因此,微信线上开庭自诞生之初,就存在种种质疑,认为是司法广场化,[1]笔者认为,线上开庭不能代替线下开庭,只能作为线下开庭的辅助。有鉴于此,线上庭审适用于事实清楚、当事人争议不大的案件,或者证据多为书面证据的案件以及当事人对证据的真实性没有异议的案件。对于证据存在真实性异议的案件,为了保证当事人的诉讼权益,还需要开庭审理。同理,这样的案件不适合有证人出庭的情况。

(四)微信庭审的技术依赖

微信开庭适用的过程中,需要利用互联网技术建立特定的网络系统平台或者微信工作群等,审判人员和诉讼参与人需要注册安全账号,在双方约定好的时间里登录网络系统在线解决双方争议,而在传统的庭审模式中,审判人员和诉讼参与人需要带着所有纸质类证据和案件卷宗资料出庭参与案件审理,微信开庭以其网络化、在线式、便捷的审判方式取代了传统意义上的纸质化审理模式。

微信开庭对于网络信息化技术和社交软件、平台运用也有更高的要求,按照传统的案件审理程序,审判人员及诉讼参与人以特定的网络系统平台、网站、社交软件工作群等为载体对案件进行审理的网上诉讼行为。网上诉讼行为主要包括网络平台、系统预约开庭、网络视频远程开庭、微信庭审及互联网法院网上办理案件。

从目前我国的相关实践经验来看,微信开庭一般运用的互联网信息技术包括电

---

〔1〕 参见舒国滢:《从司法的广场化到司法的剧场化——一个符号学的视角》,载《政法论坛(中国政法大学学报)》1999 年第 3 期。

子邮件,交流组群、视频会议,音频会议,电子支付等。由此可见,微信开庭要借助现代互联网信息技术,通过互联网来完成全部或者主要的诉讼程序,这对我们现在已经掌握的互联网信息技术提出了更高的要求,网上身份认证技术、电子签名技术,网上公证技术,抵御黑客攻击技术都在使用微信开庭之前必须掌握的技术,也是现阶段需要攻克的技术难关,这些技术不过关,很难保证微信开庭审判结果的公正性。因此微信庭审也具有一定的技术依赖性。

（五）微信开庭与司法公开制度存在冲突

"阳关司法、透明司法"是当前司法改革的重要议题之一,要进一步深化司法公开,推进阳光司法的进程至关重要。司法公开要求审判流程公开、庭审公开、裁判文书公开、执行信息公开等,推进司法公开的目的是要最大限度地实现公平正义,这也是司法公正原则的体现,更是司法工作的最高价值和最终目标。[1]

司法公开的同时也可以密切法院同群众的关系,增强审判人员的责任感,防止发生违法乱纪现象,充分发挥审判的教育作用。网络审判的庭审过程是借助特定网络系统、平台或者社交软件的交流群来完成审判互动的,这些网络系统、平台或者社交软件对于社会公众来说,具有较强的封闭性和私密性,除了案件的当事人、诉讼参与人和审判人员之外,不会有其他人进入,而司法公开要求是针对不特定多数人的公开,网络系统、平台或者社交软件的这种封闭性和私密性会与司法公开制度产生冲突,侵犯了社会公众对案件审理、判决的知情权。

四、微信证据的功能探析

《民事诉讼法》第 66 条对我国民事诉讼证据的种类作出了详细规定。鉴于微信平台有着同类软件不可比拟的社交功能,微信证据在互联网背景条件下有以下功能。

第一,微信里面的音视频社交功能。人们使用微信语音社交功能可以在民事诉讼法领域的视听资料中找到关联节点,人们在使用微信语音时,有视频和语言两种选项,视频是实时在线,准确地使人具象化,语言是借助人的听力,将信息直接以音频的方式传播,可以被认定为民事诉讼法证据范畴里的视听资料。

第二,微信记录里面的音视频资料除了具有合法性可以作为证据提交法庭,由双方当事人质证之外,其本身也要有巨大的证明能力。证据具有合法性不等同其具有

〔1〕 参见陈杭平、可离开、周晗隽:《互联网时代的案件审理新规则——互联网法院案件审理问题研讨会综述》,载《人民法治》2018 年第 22 期。

证明力。语音材料的证明力体现在以下三个基本方面,即合法性、客观性和关联性。

客观性即在民事诉讼法领域中,证据最本质的特征是客观真实性,始于现实、忠于现实,不能被伪造和虚拟化。关联性是指证据与案件事实拥有内在的逻辑与关联。就关联性进行扩展,在传统意义上,证据材料被法院采纳为证据分为两步。第一,确认一下证据材料是否具有关联性,无关联性的证据排除在审判程序之外。第二,具有关联性的证据,还要看证据的关联层次,看层次是深还是浅。合法性指的是证据属于当前中华人民共和国法律体系的范围之内,是合法的,不为现行法律所禁用。合法性包括三个方面,即收集证据的合法性、证据形式的合法性和证据材料转化为证据的合法性。

客观性、关联性与合法性相互协调,互为表里。但客观性、关联性和合法性之间是有顺位以及先后顺序的,不能将这三个概念平视起来。首先,客观性之于民事诉讼证据,相当于大厦的基石,客观性是关联性和合法性的前提条件。其次,证据材料具有客观性和关联性才能称为有效证据,合法性才有可能。但是,在某种意义上,合法性是最关键的。证据材料如果具备客观性与关联性,但是,不具备合法性,则不可能成为我们民事诉讼法可采信的证据。例如,《民事诉讼法》第 83 条第 3 款规定:“勘验人应当将勘验情况和结果制作笔录,由勘验人、当事人和被邀参加人签名或者盖章。”这个法条的含义指的是,勘验之后所产生的情况与结果即使拥有关联性与客观性两大法宝,但是,如果不具有合法性,如勘验人或当事人没有在笔录上签名或盖章,它成为民事诉讼的证据是无效的。

在语音材料外,为了形成完整的证据链条,应当围绕语音材料发掘更多可佐证的证据。语音材料非常容易被剪辑,听起来也很嘈杂,单独作为孤证的话,证据效力太低,应当整合其他证据,建立证据链条,确定完整度。

目前来讲,法院在看证据时,首先会核对证据“三性”。这体现着我国目前证据资格认定观念的错位,也即把证据资格等同于证据的性质。就证据资格而言,综合两大法系关于证据资格或证据可采性的规则及理论,证据资格或证据的可采性实为某项证据是否具备作为证明某一事实的能力从而为裁判者所采纳。但两大法系各自重心有别,英美法系倾向于强化裁量而放宽证据采信规则,而大陆法系倾向于借鉴和吸收英美法系国家的证据可采性规则,通过强化规则的制定以严格证据的采信。我国法律实践中以具有客观性、关联性、合法性的证据即视为具有证据资格是一种观念上的错置,证据满足“三性”和具有证据资格满足可采性是两个问题,我们应该回归证据资格理论的常识。

五、微信证据有效取证的建议

微信取证的有效性在于微信证据需要遵循两项基本原则:一是考虑个性,二是兼顾共性。在此基础上,需要把握四个方面:一是高效及时,二是完整明确,三是制度完善,四是技术支持。

高效及时要求第一时间保存数据,可以运用微信自带的"收藏功能",也可以在没有任何删改的情况下及时截图,对于语音交流功能,将其刻录到光盘等其他设备中后,不应该删除手机中原有的信息,因为对于转存的数据来说,它已经不属于原件,日后如果要对其真实性进行考察,没了"原件"就会无从考究。

完整明确要求保证证据内容清楚、全面、准确。当事人双方对于事实都表达了明确态度。对于借贷、合同等问题,提倡线下达成一致,有书面的借条或者合同,但不可避免地要在微信完成的话,应该对于借贷关系、合同内容有明确的说明,双方对于事实都有明确的表态,不能含糊其词。

制度完善要求首先建立微信实名制,实名制的建立可以有效解决对诉讼主体身份确认的问题。同时,与取证有关的保全制度、鉴定制度、举证制度、保管制度、公证制度应该根据微信证据本身特殊性建立起来,并且完善相关追责制度。

技术支持要求腾讯等软件运营商在司法机构技术还不成熟和完善的情况下对微信的客户运营和操作有完整记录,对于用户在微信使用过程中产生纠纷但取证困难时应该提供帮助,在司法机构对证据真实性存疑时软件运营商应该有专门的部门和专业人士提供协助。[1]

六、解决对策

(一)坚持补充适用原则和自愿协商原则

为了更好地保证案件能够公平公正的审理,针对微信开庭出现的问题,可以通过制度设计来予以弥补,坚持补充适用原则。补充适用原则主要是指微信开庭的适用,应该坚持以传统庭审方式为主,以微信开庭方式为辅的原则,在坚持传统庭审为主流庭审模式的前提下,微信开庭补充适用。对于部分案情简单、证据较少、事实争议不大的一审、二审行政或者民事案件以及没有事实争议的程序性案件,可以采取微信开

[1] 参见黄晓云:《司法科技创新的边界在哪里——郑州中院试行微信庭审惹争议》,载《中国审判》2016年第5期。

庭的模式进行审理，也可以与传统庭审模式相互配合，相互在各自适用的领域里发挥积极作用。鉴于微信开庭自身具有高效性、便利性以及灵活性等特点，各级地方法院可以借鉴并推广学习，但是也应当清楚，微信开庭这一新型纠纷解决机制不能完全脱离传统诉讼制度而独立存在，在使用过程中也应当严格按照原则来适用。

坚持自愿且协商一致原则主要是指在使用微信开庭审理案件之前，应当遵守自愿协商的原则，法官和当事人有权按照自己的真实意愿独立自主选择是否使用微信开庭审理案件，对于双方当事人明确表示不接受此种模式开庭审理案件的，或者法官对个案采取此种庭审模式审理案件提出异议的，经合议庭合议之后，不得使用微信开庭。

（二）建立新的微信小程序，解决微信线上开庭的技术性问题

线上开庭存在制度层面的问题和技术层面的问题。鉴于制度层面的问题，需要最高人民法院层面来解决，因此本文结合笔者微信线上审理的时间，对技术性问题进行下一步探讨。其一，在当事人身份识别方面，建议制作一个微信小程序，将小程序的二维码发送给当事人进行扫码。当事人需要填写身份证号码并进行人脸识别，通过之后才能进行庭审模式，而目前小程序运作起来并不复杂，一个基层法院也是可以完成的。其二，庭审记录方面，通过小程序实现当事人语音、视频进行自动保存，庭审完成后，对当事人的语音视频刻录成光盘，随卷备存。由于目前没有实现这样的要求，目前笔者的做法是庭后在尊重当事人陈述的基础上整理出文字材料转发给微信群，并由当事人确认，该文字材料与微信聊天截图同时装订入卷，为庭审过程留痕，也取得了非常好的效果。

（三）明确网络庭审受案范围

网络庭审的适用必须要以明确的法律规范为依据。网络庭审制度的建立要以相应的庭审规范的制定为前提。网络庭审规范的内容应涉及七个方面：互联网诉讼系统、平台或者社交软件审理规则；网络庭审受案范围及起诉条件规定；当事人风险告知书及诉讼权利义务告知书；网络庭审程序规范；法院网络庭审操作指南；原告网络庭审操作指南；被告网络庭审操作指南。

网络庭审审理的案件不应当仅仅局限于民事案件，因此网络庭审的受案范围应包括五大类：部分案情简单、证据较少、事实争议不大的一审、行政或民事案件；部分案情简单、证据较少、事实争议不大的小额诉讼案件；部分案情简单、证据较少，事实争议不大的非讼案件；符合互联网法院受案范围的七类案件，互联网法院受理的七类案件为互联网购物、服务、小额金融借贷等合同纠纷；互联网著作权权属、侵权纠纷；

利用互联网侵害他人人格权纠纷;互联网购物产品去责任侵权纠纷;互联网域名纠纷;因互联网行政管理引发的行政纠纷;上级人民法院指定管辖的其他涉互联网民事,行政案件。[1]

作为新生事物,微信平台办案存在法律政策及实际操作等各方面的空白,需要各级法院在实践中积极尝试和探讨,但不应因其存在相应的问题,而对线上开庭采取忽视的态度,进而阻碍互联网技术在司法领域的应用。

---

〔1〕 参见洪冬英:《司法如何面向"互联网+"与人工智能等技术革新》,载《法学》2018 年第 11 期。

调查研究

广西法院民商事再审案件发改原因分析

广西壮族自治区高级人民法院审监一庭

近年来,广西法院努力探索和完善符合实际的审判机制,取得了良好成效。但面对案件数量不断增多、审判难度不断增大、群众司法需求日益增长的总体形势,全区民事再审发改案件仍一定比例存在。再审案件发改率是衡量各级法院办案质量的重要指标,有效降低再审案件发改率是提高人民法院公信力的关键。基于此,我们对广西法院 2021 年审结的案件数量多、发改比例高的四类民事再审案件的发改原因进行了分析,并对民事审判中存在的典型问题进行了梳理,以求进一步提高审判质效,促进审判权规范统一行使。

一、民间借贷纠纷

民间借贷纠纷案件发改的主要原因有以下几点。

(一)基本事实认定错误

1. 原判认定的基本事实缺乏证据证明。民间借贷纠纷属实践性合同,实际交付款项是民间借贷合同成立的前提条件,即便存在借条或者借款合同,仍须结合借贷金额、款项交付、当事人的经济能力、当地或者当事人之间的交易方式、交易习惯、当事人财产变动情况以及证人证言等事实和因素,综合判断查证借贷事实是否发生。但是仍有部分案件未对款项交付情况进行审查,仅根据借条或者借款合同认定民间借贷关系成立及借款数额,导致认定基本事实错误被发改。如申诉人蒙某与被申诉人周某民间借贷纠纷案,原审并未核实 567 万元借款是否全部实际交付,仅根据出借人周某提交的 567 万元借条及部分转账凭证,即认定 567 万元的借条系借贷双方对借款数额进行结算核实后形成,并将该金额认定为借款本金。但蒙某出具的借条并未体现任何双方对既往的借款进行结算的内容,原审认定该借条系借贷双方对借款数额进行结算核实后出具,没有证据证明。蒙某原审中提供周某以转账方式出借 11 笔款合计 545 万元的银行流水明细,以及其 26 次向周某转账还款的银行流水明细,原审对这些实际履行的证据完全不予考虑,造成基本事实不清,亦偏离民间借贷纠纷的审理思路。再审组织双方对出借和还款凭证逐笔对账,并利用民间借贷本息计算软件核算本息,查明蒙某已还清全部本息。原审判令偿还本金 367 万元及利息,认定事实存在重大偏差。

2. 违反证据规则。如举证责任分配不当,未正确适用优势证据规则和举证责任转移规则,以及未按经验法则正确作出认定。此种情况多见于涉及夫妻共同债务的案件。2018 年 1 月 18 日起施行的最高人民法院《关于审理涉及夫妻债务纠纷案件适用法律有关问题的解释》(已废止)明确了“共债共签”作为夫妻共同债务的基本原则,将以个人名义所负的超过家庭日常生活所需的债务视为夫妻共同债务的举证责任转移至债权人。在此之前,人民法院审理此类案件主要适用最高人民法院《关于适用〈中华人民共和国婚姻法〉若干问题的解释(二)》第 24 条的规定,部分涉及夫妻共债的民间借贷纠纷案件在审理过程中未严格审查债务产生原因,或未按经验法则正确认定借款金额是否超过日常生活所需,而是简单地以债务是否发生在夫妻关系存续期间作为认定夫妻共同债务的标准,导致未举债一方莫名“被负债”现象大量存在。如申诉人甘某与被申诉人许某、陆某民间借贷纠纷案,再审查明案涉借款虽然发生在陆某和甘某婚姻关系存续期间,但甘某和陆某长期分居,甘某长期工作、居住在深圳,对借款并不知情,陆某在一年半的时间向许某借款 25.6 万元,数额巨大。在借款期间,陆某和甘某家庭并无购买房产、购置车辆等大额支出。原审在审理过程中未根据经验法则判断借款是否超过当地一般家庭日常生活所需,仅以该款系在陆某与甘某婚姻关系存续期间出借,便认定 25.6 万元系夫妻共同债务。再审结合甘某和陆某长期分居、甘某对借款不知情,借款金额巨大、借款期间家庭无购房、购车等大额支出的事实,认定借款超过了甘某、陆某家庭日常所需,改判甘某无须担责。

3. 未能识别虚假诉讼。如申诉人陈某与被申诉人李某民间借贷纠纷案,虽然陈某与李某签订了《借款合同》,并实际收到了李某转款 200 万元,但该 200 万元一到账即被转出,结合李某被公安机关讯问时所作的供述,应认定李某与陈某之间不存在真实的借款合意。再结合该200万元款项来自张某，到达陈某账户后又很快转出，最终又回到张某账户的事实，应认定陈某与李某之间不存在真实的民间借贷法律关系。原审判决陈某偿还李某借款本金200万元及利息错误。

4. 未能识别"套路贷"。如二审上诉人农某与二审被上诉人周某民间借贷纠纷案，周某以10万元的借条诉请农某偿还借款，农某明确抗辩案涉借条虚假，其签订借条时借条上的出借人、借款金额均为空白，且该借条只是作为担保用，并非真实的借贷凭证。原审法院未针对农某的抗辩意见对案涉借款是否实际交付、当事人签订借条的真实意思表示为何等作进一步查明，即认定双方之间存在10万元借贷关系错误。再审查明案涉借贷并未实际发生，借条只是实际借款的担保，另根据已生效刑事判决，周某等人使用"套路贷"手段，利用担保借条起诉借款人，构成诈骗罪，被判处刑罚。根据最高人民法院、最高人民检察院、公安部、司法部《关于办理"套路贷"刑事案件若干问题的意见》的规定，本案即属于典型的"套路贷"案件。再审改判驳回周某的诉讼请求。

5. 未依法认定"职业放贷人"。如申诉人甘某与被申诉人谢某民间借贷纠纷案，原审判决未根据《全国法院民商事审判工作会议纪要》（以下简称《九民会议纪要》）第53条的精神对谢某的职业、收入、作为原告提起民间借贷诉讼涉及金额及案件数量等因素进行审查，进而判断其是否系"职业放贷人"，判决支持其偿还借款本息的诉请。再审查明，谢某2012年至2018年作为原告提起民间借贷诉讼共计37起，其多次向不特定对象放贷，且均约定超过法律规定的高额利息。据此，再审认定谢某系"职业放贷人"，案涉借条属于其经营放贷业务中的一部分，因违反相关法律规定而归于无效。

（二）适用法律错误

1. 错误受理"民刑交叉"案件被害人民事起诉。如再审申请人浙江某公司与被申请人北海某公司、一审被告浙江某公司广西分公司等民间借贷纠纷系列案，北海某公司作为非法吸收公众存款案件的被害人，在刑事判决发生法律效力后，另行提起民事诉讼要求被告人浙江某公司广西分公司及其总公司承担责任。根据最高人民法院《关于适用刑法第六十四条有关问题的批复》，被告人非法占有、处置被害人财产的，应当通过追缴或者责令退赔手段予以救济，被害人不能提起刑事附带民事诉讼，或者另行提起民事诉讼。而且，浙江某公司广西分公司非法吸收公众存款犯罪属涉众型经济犯罪，根据《九民会议纪要》第128条的规定精神，此类案件涉及人数众多，当事人分布区域广，标的额特别巨大，影响范围广，严重影响社会稳定，受害人的民事权利应当通过刑事追赃、退赔的方式解决,该规定是针对涉众型经济犯罪的被害人不得另行提起民事诉讼的特别规定。原审法院没有结合此类案件的特别规定进行审理,在民间借贷事实已经作为浙江某公司广西分公司非法吸收公众存款犯罪事实的一部分在生效刑事判决中予以审理的情况下,认定北海某公司系基于不同事实起诉本案,由此导致错误适用《九民会议纪要》第128条规定,认定本案与生效的刑事案件可分别审理。

2. 认定法律关系局限于表面证据。仅从案涉合同等证据的表征判断案涉法律关系的性质,没有综合全案案情探究当事人订立案涉合同的内心真意,并据实认定案涉法律关系的性质。如再审申请人某公司与被申请人江某等纠纷案,虽然江某与开发商签订的案涉商品房认购协议符合商品房预约合同的表面形式,但双方还约定认购协议签订15个月后,认购人可以自主选择不认购或者继续认购。且在江某选择不认购时,开发商应退回订金10万元并支付差价补偿金4万元,即江某选择不认购不仅无须承担相应责任,反而还能获取高额收益。根据常理,买卖双方签订商品房预约合同的目的是签订正式的商品房买卖合同进而买卖商品房,商品房预约合同条款的设立,应当有利于该目的的实现。但是,前述关于江某选择不认购时双方权利义务的约定并不利于双方签订正式的商品房买卖合同。因此,双方签订案涉商品房认购协议的最终目的并非买卖商品房,而是变相进行融资,本案法律关系“名为买房,实为借贷”。原审法院未结合双方签订合同的真实目的及违约条款是否有利于合同目的实现等因素综合进行考量,导致法律关系定性错误。

二、商品房销售/预售合同纠纷

商品房销售/预售合同纠纷案件发改的主要原因是适用法律错误。

1. 交房时间认定错误。工程经竣工验收合格是商品房交付使用的法定条件。对于未达到法定交付标准的商品房,即使商品房已实际转移占有,购房者已接收甚至实际入住的,开发商的交房行为也不构成法律意义上的交付,其仍应承担商品房转移占有之日至商品房符合法定交付条件之日的逾期交房违约责任。如再审申请人谢某等人与被申请人某公司商品房预售合同纠纷系列案,原审法院认定买受人实际接收房屋之日为商品房交付之日,并据此计算逾期交房违约金,适用法律错误。原审判决结果可能导致开发商在通过工程质量验收合格之前就交付房屋,以逃避其交付经竣工验收合格房屋的违约责任。同时,因开发商的违约成本相对较低,又可能会使开发商怠于办理工程竣工验收及备案等相关手续,进而损害业主的合法权益。因此,再审认定交房时间为五方竣工验收的时间，对原审判决予以纠正。

2. 逾期办证违约金的起算时间认定错误。如果合同只是约定“开发商应当在商品房交付后××日内，将办理权属登记需要的材料报产权登记机关备案”等类似内容，此时的商品房交付之日应是商品房实际交付之日，而非合同约定商品房交付之日。若将商品房交付之日理解为合同约定的商品房交付之日，会导致逾期办证和逾期交房违约金计算上的重合。如再审申请人某公司与被申请人葛某商品房销售合同纠纷案，双方当事人约定，出卖人应于 2015 年 12 月 31 日前交付经竣工验收合格的房屋，在商品房交付使用后 720 日内，向房屋登记机构为买受人申请房屋所有权登记，并将以买受人为产权人的房屋所有权证书交付买受人。通常情况下，若买受人没有收房，一般不会给开发商提供办证所需的材料，且若商品房未经竣工验收合格，也不符合办证的法定条件。因此，对上述约定的本意应理解为办证时间为商品房实际交付给买受人使用之日起 720 日内，而非合同约定的商品房交付之日。原审判决以合同约定的商品房交付之日起算逾期办证违约金的时间，与上述约定的本意不符，有违日常生活经验法则，更会导致对开发商逾期办证和逾期交房违约金重合计算，加重开发商的负担。

3. 合同条款的效力认定错误。合同条款中的部分内容无效，并不必然导致该合同条款中其他部分的内容无效。如再审申请人某公司与被申请人黄某商品房预售合同纠纷案，黄某以银行按揭贷款方式向银象公司购买房屋，双方约定因买受人原因导致出卖人向贷款银行承担保证责任后，出卖人享有合同解除权。同时，在同一条款中，双方还约定在上述情况下，出卖人依约解除合同后，“买受人所交的全部款项不予退还”。二审判决未平衡双方权利义务依法对该条款的效力加以区分认定，而是以该条款中的部分内容加重了黄某的责任为由，认定该条款为格式条款且全部无效，适用法律明显错误，导致该案实体处理不当。再审依法确认上述合同条款中符合法律规定部分的内容有效。

4. 机械适用“不告不理”原则。人民法院审理合同纠纷案件，应当根据对合同效力的认定以及一次性解决纠纷的工作要求，在一审程序中依法向当事人释明变更或增加诉讼请求。根据原《合同法》第 97 条的规定，在开发商请求解除合同并要求购房者返还房屋，而购房者基于解除合同也有权要求返还购房款的，应向购房者释明其有权一并提出同时履行抗辩。如前述某公司与黄某商品房预售合同纠纷案，虽然原审期间黄某未提出要求某公司返还购房款的诉请，但再审期间黄某明确表示如解除合同，某公司应向其返还已收取的购房款。再审判决解除合同，同时判令某公司向黄红英返还购房款,避免解除合同后仅判令单方返还财产造成双方利益失衡和增加当事人诉累,实现了案涉纠纷一次性解决。

三、建设工程施工合同纠纷

建设工程施工合同纠纷案件发改的主要原因有以下几点。

(一)应当查明的关键事实没有查明

1. 在工程总价款并非固定价,双方当事人未结算的情况下,未组织委托对工程量进行鉴定。如再审申请人柳州某公司与被申请人广西某公司等建设工程施工合同纠纷案,依据最高人民法院《关于审理建设工程施工合同纠纷案件适用法律问题的解释(二)》(已废止)第 14 条第 2 款"一审诉讼中负有举证责任的当事人未申请鉴定,虽申请鉴定但未支付鉴定费用或者拒不提供相关材料,二审诉讼中申请鉴定,人民法院认为确有必要的,应当依照民事诉讼法第一百七十条第一款第三项的规定处理"的规定,二审法院应发回重审查清工程量等基本案件事实,但二审法院在查明本案存在承建事实、确认工程量,无确凿证据确认工程款,需要对工程造价进行鉴定确定工程价款情况下,简单以一审法院已释明为由,不支持柳州某公司的鉴定申请,径行驳回柳州某公司的诉讼请求,违反上述司法解释规定,认定基本事实不清。

2. 违约的事实和原因未查清。建设工程施工合同履行过程中,因为项目报批手续、工程进度款支付等问题导致工期延误、工程停工的情况较为常见,该事实的认定对工程款及损失赔偿的认定起关键作用,部分案件对此并未查明,导致实体处理结果有误。如再审申请人某公司与被申请人付某等建设工程施工合同纠纷案,原审对案涉工程施工情况、工程量是多少、停工原因、违约行为等基本事实没有进行全面审理并作出认定,导致认定基本事实不清,证据不足。

3. 未查明发包人是否欠付工程款,即判令发包人向实际施工人承担全部付款责任。实际施工人突破合同相对性向发包人主张权利的案件,根据最高人民法院《关于审理建设工程施工合同纠纷案件适用法律问题的解释》(已废止)第 26 条第 2 款的规定,发包人仅在欠付工程款的范围内,突破合同相对性对实际施工人承担欠付部分的责任。部分法院在对发包人是否欠付、欠付工程款是多少等事实并未查明的情况下,即判决发包人对转包人尚欠的工程款承担责任,导致判决发包人应承担责任的范围有误。如再审申请人南宁某公司与被申请人广西某公司、张某等建设工程施工合同纠纷案,发包人南宁某公司原审中提交其支付 119 笔款(其中 117 笔系转账)合计 68,184,721.17元给承包人广西某公司的付款凭证,该金额包括该案争议的五栋楼以及案外其他五栋楼的工程款。广西某公司收款后再支付部分款项给实际施工人。应组织发包人、承包人、实际施工人进行对账据此对支付的款项是否属于案涉工程款进行甄别，或者委托审计认定发包人已付工程款金额，从而准确界定发包人应向实际施工人承担责任的范围。原审对南宁某公司向承包人支付案涉工程款的证据不作审查和认定，遗漏基本事实，错误判决南宁某公司对承包人欠付的全部工程款1004万余元及逾期付款利息承担连带清偿责任。再审组织各方对有争议的52笔款项逐笔对账，认定南宁某公司仅应在欠付工程款244万余元范围内向实际施工人承担责任。

（二）适用法律错误

1. 承发包双方已确认设计变更导致工程量增加的情况下，仍按固定总价确定结算工程款。固定总价的建设工程施工合同履行过程中，因发包人变更设计进而导致实际工程量增加的，如仍按固定总价结算会造成双方当事人利益失衡，应综合判断工程量增加的原因及其合理性，相应支持承包人对该部分工程价款的主张。如再审申请人河南某公司与被申请人梧州某公司建设工程施工合同纠纷案，案涉工程量增加系因发包人明确指示变更设计方案，承包方据此按照变更后的设计方案进行施工，应认定双方当事人协商一致对原固定总价的合同进行了变更。原审判决认定应按固定总价结算工程款欠妥，再审改判支持承包人关于发包人应向其支付工程量增加部分工程款的主张。

2. 错误判令未截留工程款的被挂靠人承担工程款清偿责任。实际施工人可向发包人、转包人、违法分包人主张权利，但在无证据证明与实际施工人没有合同关系的被挂靠人存在截留工程款事实的情况下，其无须对实际施工人承担清偿工程款的责任。如再审申请人广西某公司与被申请人谭某等建设工程施工合同纠纷案，转包人、挂靠人吴某与广西某公司系挂靠关系，双方并未就案涉工程形成事实上的建设工程施工合同关系。广西某公司作为被挂靠人，将收到发包人支付的工程款扣除1%的挂靠费后如数转账给了吴某。在此情况下，广西某公司系被挂靠人，并非发包人、转包人或违法分包人，原审判令广西某公司承担案涉工程款的连带清偿责任，没有法律依据。再审依照合同相对性原则，结合案涉建设工程施工合同关系实际发生在发包人某公司、转包人谭某与实际施工人吴某之间的事实，改判被挂靠人广西某公司不承担案涉工程款的清偿责任。

（三）遗漏必要诉讼参与人

部分建筑工程施工合同纠纷案件均存在层层转包、违法分包、出借资质等问题，使责任主体难以确定，部分原审法院未依法追加转包人或违法分包人作为第三人参加诉讼。如再审申请人广东某公司与被申请人广西某公司建设工程施工合同纠纷案，陈某、何某作为本案实际与广西某公司签订案涉合同及处理履约保证金等款项的相关人员，与本案处理结果具有法律上的利害关系，原审未追加该二人参与诉讼，致使案件事实未能查清。

四、集体经济组织成员权益有关纠纷

在集体经济组织成员权益纠纷案件中，部分法院在成员资格认定和土地补偿费、安置补助费、青苗补助费分配方面存在裁判偏差。

1. 未经民主议定程序径行判决认定集体经济组织成员资格。如申诉人庞某等三人与被申诉人某村委等侵害集体经济组织成员权益纠纷案，庞某等三人提起行政诉讼，市辖区政府作出处理决定确认庞某等三人享有土地承包权。庞某等三人提起民事诉讼，二审法院根据前述处理决定，作出 896 号民事判决确认庞某等三人具有某村委集体经济组织成员资格，并判令某村委补发截至 2015 年年底的征地补偿款等费用。此后，庞某等三人再次提起民事诉讼主张 2016 年起各项补偿费用，二审法院又以农村集体经济组织成员资格的确认不属于法院民事案件受案范围为由，驳回庞某等三人的起诉。上述判决明显自相矛盾。再审认为，当事人请求确认集体经济组织成员资格，或诉请权益以集体经济组织成员资格确认为前提的案件，均不属于人民法院民事案件受案范围，再审维持驳回庞某等三人起诉的裁定，但拟指导二审法院对 896 号案件进行再审，并协调当地政府，统一集体经济组织成员资格确认标准。

2. 未经民主议定程序径行判决对土地补偿费进行分配。如申诉人某村屯与被申诉人杨某等人承包地征收补偿费分配纠纷系列案，杨某等人认为案涉被征收土地原为荒地，是其种植行为使该块土地得以按一般农用地的标准计算补偿款，故诉请确认增值部分归其所有。再审认为，虽然杨某等人长期对案涉土地无偿占有、使用、收益，但未与某村屯订立书面承包合同，也未缴纳过承包费，并非土地承包经营者。尚未发包的农村集体经济组织的土地被征收后，土地补偿费应归农村集体经济组织所有，地上附着物及青苗补偿费应归地上附着物及青苗的所有者所有。即使因为农户的非承包关系的耕作致使荒地变为一般农用地，导致土地补偿费增加，也应当归属集体经济组织所有。应当由农村集体经济组织或者村民委员会、村民小组，依照法律规定的民主议定程序，决定在本集体经济组织内部是否分配以及如何分配土地补偿费，人民法院不宜直接通过判决予以确定，原审支持杨某等人的诉请不当，再审予以纠正。

3. 错误将征收非家庭联产承包经营土地的安置补助费判归已进行统一安置的集

体经济组织成员个人所有。非家庭联产承包经营的土地被征收后,其安置补助费应当归集体经济组织所有,由集体经济组织经过民主议定的方式进行统一分配。如申诉人某村某组与被申诉人欧某等承包地征收补偿费用分配纠纷案,二审法院认为,安置补助费系对被征地农户丧失土地经营权的补偿,本案被征收的土地所有权虽属于某村某组,但欧某长期使用该土地进行合法经营,征收案涉土地势必造成其经营损失,且其已经放弃某村某组的统一安置,故其理应获得安置补助费。再审认为,安置补助费只能补助给失去土地保障的农村集体经济组织及家庭联产承包地的成员。案涉土地并非欧某家庭联产承包责任地,土地所有权人为某村某组,欧某仅是租用该土地进行生产经营,某村某组已经对该组村民进行统一安置,欧某并未被排除在安置人员之外。其请求单独分配案涉土地的安置补助费,无事实和法律依据。再审依法撤销二审判决,维持一审判决。

4. 未依法判令征地补偿款中的青苗补偿费归被征地村民所有。如申诉人方某与被申诉人某村侵害集体经济组织成员权益纠纷案,方某诉请判令某村屯给付其征地补偿款 140,000 元。二审法院认为征地补偿费用已经村民大会讨论并作出合法有效的分配方案,方某在不同意参加某村屯土地调整的情况下,主张某村屯支付征地补偿分配款,与经村民大会讨论作出的土地调整方案和征地补偿款分配方案不符,判决驳回方某的诉讼请求。再审认为,原审判决对方某请求的土地补偿费、安置补偿费不予支持,并无不当。但是,地上附着物及青苗补偿费依法应归地上附着物及青苗的所有者所有。在案证据已经证实被征收土地的青苗属于方某所有,某村屯应向其支付青苗补偿费。据此,再审改判某村屯支付方某 6300 元青苗补偿费。

五、其他典型问题

(一)机械适用违约金条款

部分法院未按照法律和司法解释的规定查明守约方损失情况,机械按照双方约定的违约责任计算违约金。如再审申请人广西某公司与被申请人深圳某公司建设工程施工合同纠纷案,广西某公司逾期支付工程款,应向深圳某公司支付违约金。双方合同约定,如逾期支付工程款,以逾期付款额为基数,按每天 2‰的标准计违约金。广西某公司反诉认为其未足额支付工程款系深圳某公司逾期竣工所致,应由深圳某公司向广西某公司支付违约金,广西某公司不存在违约情形。原审以当事人未要求对违约金进行调整为由,无视广西某公司反诉主张其不应承担违约责任的外延显然大于调整违约金的抗辩意见,亦对深圳某公司损失的情况不予调查,机械照搬合同约定计算违约金，判令广西某公司按照折合年利率高达 73% 的标准支付违约金，该标准亦远远高于民间借贷利率法定上限 24%/年。再审依据最高人民法院《关于适用〈中华人民共和国合同法〉若干问题的解释（二）》（已废止）第 29 条“当事人主张约定的违约金过高请求予以适当减少的，人民法院应当以实际损失为基础，兼顾合同的履行情况、当事人的过错程度以及预期利益等综合因素，根据公平原则和诚实信用原则予以衡量，并作出裁决。当事人约定的违约金超过造成损失的百分之三十的，一般可以认定为合同法第一百一十四条第二款规定的‘过分高于造成的损失’”规定的违约金调整规则，认定在没有证据证明损失的情况下，深圳某公司损失主要系资金被占用的利息损失，综合考虑双方的合同义务、违约程度、工程款金额及行业利润、履行能力及实际损失等情况，确定广西某公司应支付的违约金按中国人民银行同期同类人民币贷款基准利率及全国银行间同业拆借中心公布的一年期贷款市场报价利率上浮 30% 计算，由此计算的年利率不足 6%（4.35% 上浮 30%）。

（二）将民间借贷利率上限扩大适用，作为民间借贷以外的其他民事案件的违约金标准

《九民会议纪要》强调“在确定违约责任时，尤其要注意依法适用违约金调整的相关规则，避免简单地以民间借贷利率的司法保护上限作为调整依据”。该纪要第 50 条规定，除借款合同外的双务合同，作为对价的价款或者报酬给付之债，并非借款合同项下的还款义务，不能以受法律保护的民间借贷利率上限作为判断违约金是否过高的标准，而应当兼顾合同履行情况、当事人过错程度以及预期利益等因素综合确定。民间借贷以外的其他民事案件，有时当事人没有约定逾期利息、违约金或违约责任具体如何承担，部分法院直接按照年利率 24% 或者同期贷款利率的 4 倍，顶格适用民间借贷利率上限计算违约金。

如申诉人北海某公司与被申诉人某宾馆合同纠纷案，二审法院认为，北海某公司拖欠租金、水电费获得了资金占用利益，给某宾馆造成了正常资金不能使用的损失，参照最高人民法院《关于人民法院审理借贷案件的若干意见》（已废止）第 6 条“民间借贷的利率可以适当高于银行的利率，各地人民法院可根据本地区的实际情况具体掌握，但最高不得超过银行同类贷款利率的四倍（包含利率本数）。超出此限度的，超出部分的利息不予保护”的规定，按中国人民银行同期同类贷款利率的 4 倍计算资金占用利息。再审认为，双方合同并未约定欠付前述款项相关利息损失如何计算，亦未约定相应违约金或违约金的计算方法，参照最高人民法院《关于审理买卖合同纠纷案件适用法律问题的解释》（法释〔2012〕8 号）第 24 条第 4 款“买卖合同没有约定逾期

付款违约金或者该违约金的计算方法，出卖人以买受人违约为由主张赔偿逾期付款损失的，人民法院可以中国人民银行同期同类人民币贷款基准利率为基础，参照逾期罚息利率标准计算”的规定，对欠付租金、电费、水费的利息损失按中国人民银行同期同类人民币贷款基准利率上浮30%计算。北海某公司欠付的租金等款项并非借贷债务，合同亦未约定按照中国人民银行同期同类贷款利率4倍计算拖欠款项利息，二审适用最高人民法院《关于人民法院审理借贷案件的若干意见》第6条规定，按照中国人民银行同期同类贷款利率4倍支持利息损失，缺乏事实和法律依据。

又如再审申请人河北某公司与被申请人广西某公司买卖合同纠纷案，原审法院扩大适用民间借贷年利率24%的情形值得关注。一审法院认为，河北某公司逾期付款应向宝威公司支付违约金，将合同约定的按每日万分之八支付违约金调整为按年利率24%计付。河北某公司上诉认为该违约金仍然过高，应当按照中国人民银行规定的同期贷款基准利率计算。二审法院认为，河北某公司未能举证证明违约金过高，对该主张不予采纳。再审合议庭认为，广西某公司原审并未提供证据证实其因河北某公司逾期支付货款造成的损失，但鉴于广西某公司系商事主体，其未收回货款对公司运营确实会造成一定影响，故其损失客观存在。广西某公司在本案中作为货物出售方，其损失主要为资金被占用的利息损失。依据前述2012年最高人民法院《关于审理买卖合同纠纷案件适用法律的解释》第24条第4款规定，在当事人没有约定的情况下，逾期付款的损失应在基准利率加罚息利率的幅度内认定比较符合客观实际和法律规定。在广西某公司未能充分举证证明其损失数额的情况下，原审判令河北某公司按年利率24%支付广西某公司逾期付款违约金，属违约金过分高于造成的损失，依法应予调整。综合考虑双方合同履行情况、当事人过错程度、预期利益等因素，根据公平原则，违约金应酌定按中国人民银行同期贷款利率和全国银行间同业拆借中心公布的贷款市场报价利率上浮1.5倍分段计付。再审亦依此合议意见再次组织并促成双方当事人达成调解协议，并即时履行完毕。

（三）在没有相反证据的情况下，未依法采信国家机关在其职权范围内制作的公文书证

如再审申请人卢某与被申请人赵某民间借贷纠纷案，卢某主张赵某利用胁迫和诱骗的方式要求卢某偿还网络赌债，并恐吓卢某写下一张28万元的车辆转让款收条和一张12万元的欠条，但赵某未实际交付任何款项给卢某。卢某向宾阳县公安局报案，宾阳县公安局对赵某涉嫌开设赌场罪立案侦查，并作出《关于赵某等人涉嫌赌博、敲诈勒索案的说明》，称：“经侦查，证实赵某没有将40万元人民币现金借给卢某的事

实。"原审认为赵某涉嫌赌博罪的案件仍在侦破中，公安机关在该说明所载的事实未经法院审理认定，不应作为定案证据，判决卢某向赵某偿还借款。再审认为，通常情况下，公文书证的证明力高于一般民事证据，宾阳县公安局经过立案并采取刑事侦查手续得出赵某没有将40万元现金借给卢某的结论，应当作为认定本案赵某是否交付案涉借款的重要依据，原审法院在没有相反证据的情况下，未采信该证据，违反民事证据采信规则。再审改判驳回赵某的诉讼请求。

（四）类案不同判现象突出

部分再审发改案件反映出有的法院对类案、系列案适用法律存在差异，导致类案不同判，一定程度上损害了司法公信力。如涉某村屯承包地征收补偿费用分配的3件系列案，案情相似，一审法院不同合议庭对集体经济组织经民主议定程序讨论通过的分配方案应否采信理解不一，两个案件驳回原告诉请、一个案件支持原告全部诉请，判决结果截然相反。又如某商品房预售合同纠纷系列案，关于逾期办证违约金的计算标准，该中级人民法院在22件案件中以已付购房款为基数按照中国人民银行同期贷款利率计算，另有10余件案件则以已付购房款为基数按照年利率1.5%计算。同一楼盘，相同的违约事实，该中级人民法院确定的违约金计算标准存在明显差异。再如某商品房销售合同纠纷两批共385件系列案，当事人先后分几批次提起诉讼，一、二审法院虽均在法定幅度内确定违约金数额，但对涉同一楼盘、相同违约事实的系列案适用不同的违约金标准，致使类案裁判尺度不一致。再审审查认为，上述案件应当以同一标准进行裁判，故指令再审上述案件。

六、对策和建议

（一）贯彻正确民事审判理念

坚持"以事实为根据，以法律为准绳"的原则，依法保护当事人行使诉讼权利，做到查明事实，分清是非，正确适用法律，及时审理民事案件，确认民事权利义务关系，保护当事人的合法权益。坚持能动司法，对于事实清楚、证据充分的案件，旗帜鲜明果断裁判，不"和稀泥"，不搞无原则的一团和气和利益平衡，坚决维护法律权威，保障裁判尺度统一。坚决制裁民事违法行为，倡导公平、正义、诚信、友善的社会主义核心价值观，让守法守约者受益，违法违约者警醒，引导当事人诚信理性诉讼。针对"四类案件"等重大疑难案件，要坚持精雕细琢、能动司法，加强纵向沟通、横向请示，避免机械办案，努力把案件办成铁案、精品案。

（二）发挥法官主体作用

坚持和尊重法官在民事审判中的主体地位，以完善的配套制度保障法官依法独立行使审判权，使法官行使职权有依据、有手段、有保障。通过建立健全激励机制、责任追究制度，鼓励法官坚定信心、担当实干，不因噎废食、不畏缩不前，多办案、快办案、办好案。加强对法官的培训，有的放矢地不断提高法官的职业素养和审判技能，提高法官审查证据、认定事实和适用法律的业务水平。加强基层一线法官调解能力和矛盾实质化解能力培训，鼓励基层一线法官坚持和发展新时代"枫桥经验"，在案件办理的全流程中加强调解，调解优先、调判结合、多调少判，力争推动矛盾就地多元化解，从源头消化更多疑难案件，真正做到案结事了，促进息诉罢访。

（三）加强再审新证据审查

针对出现新证据导致再审改判的案件数量较多的问题，要严格依照民事诉讼法和相关司法解释对证据进行审查，并区分不同情况进行处理，避免当事人在一、二审期间消极举证，损害生效裁判既判力。对于再审申请人提交的证据确属新证据的，应当依法责令其说明逾期提供该证据的理由。拒不说明理由或者理由不成立的，根据不同情形可以不予采纳该证据，或者采纳该证据但予以训诫、罚款。当事人一方要求另一方赔偿因逾期提供证据致使其增加的交通、住宿、就餐、误工、证人出庭作证等必要费用的，可结合实际情况予以支持。当事人非因故意或者重大过失逾期提供的证据，应当采纳，并对当事人予以训诫。

（四）健全分析通报制度

贯彻落实加强改判、发回重审、指令再审案件信息反馈及分析通报工作的规定，建立健全和完善发改案件理由阐明及信息填报、承办法官沟通、发改案件分析通报、质量分析与案例讲评等机制，探索对民事再审审查和涉诉信访案件处理情况一并进行通报，促进裁判尺度统一。上级法院要切实承担起业务指导的主体责任，定期对社会反映强烈的案件、新类型案件、法律关系复杂的案件、当事人众多的案件进行类案研判，及时形成统一的裁判标准，减少因司法认知差异带来的发回重审和改判。下级法院要提高政治意识和全局意识，结合上级法院发改的案件深挖发改原因，从主客观两个层面正视自身的不足，及时进行整改。要建立下级法院对被发改案件评判报告和异议反馈制度，重大敏感案件被发回或改判的，原承办法院要认真查究问题原因，提出改进对策，并向上级法院报送。

关于对南宁、柳州、钦州等地法院开展民事审判监督工作调研情况的报告

广西壮族自治区高级人民法院审监一庭

为推动民事审判监督工作和民事再审案件发改分析工作有序开展，统一裁判理念和尺度，进一步提升全区法院审判质效和司法公信力，在卢上需副院长的组织领导下，审监一庭下发《关于开展民事审判监督工作调研的通知》，成立三个调研组，分别由卢上需副院长、程丽文庭长、万晓敏副庭长担任调研组组长，带队赴南宁、柳州、钦州等九个地市法院开展民商事审判监督工作调研。2022 年 6 月 7 日至 15 日，三个调研组分别以座谈会的形式充分听取了地市中级人民法院及辖区法院分管院领导、部分业务庭室负责人和各基层法院相关负责人的工作汇报，并就调研内容进行了深入交流探讨，全面了解民事审判监督工作开展情况，部分调研组还到当地企业走访座谈。本次调研详细了解了中、基层法院在开展民事审判监督工作中长期困扰的突出问题，认真听取了中、基层法院对相关问题的意见建议。为充分将调研成果转换为指导工作的有力举措，现将调研中收集到的问题进行梳理归类，有针对性地提出对策建议。具体调研情况报告如下：

一、民事审判监督工作中的好经验、好做法

近年来，全区各地法院持续深化司法改革，自觉对标高标准严要求，充分发挥民事审判监督依法纠错、维护生效裁判权威的职能作用，在认真做好民事审判监督工作的同时，积极主动探索民事审判监督工作先进经验做法，为促进全区经济发展提供了有力的司法保障。

（一）健全审监工作机制的先进典型经验

一是提升审判质效，强化审判监督管理。北海市中级人民法院探索院领导带头直接办案机制，提高再审案件的权威性和指导性，提升院领导办案的亲历性和引领性，充分发挥院领导在司法审判中的带头作用和“头雁”效应。强化审判监督管理，规范院庭长监督管理职责，对“四类案件”进行网上监管、全程留痕，确保院庭长履职到位不越位，放权不放任，保证司法公正高效廉洁。防城港市中级人民法院充分发挥专业法官会议和审委会会议的职能作用，通过定期召开专业法官会议，研讨争议大、合议庭分歧较大不能形成统一意见的案件，统一裁判尺度；对专业法官会议意见分歧较大的案件，提交审委会会议研究讨论。北海市中级人民法院严把案件质量关，加大案件评查力度，对评查范围、评查主体、评查标准及方式、评查结果运用作出具体规定，坚持常规评查、重点评查、专项评查相结合的案件质量评查机制，筑牢案件质量生命线，增强法官公正司法意识。

二是坚持问题导向，健全审监工作机制。建立上下级法院工作交流机制，要求办理再审案件的合议庭与原生效裁判的合议庭沟通反馈，了解原审案件事实认定及裁判依据。贵港市中级人民法院出台《关于加强改判、发回重审案件管理的规定（征求意见稿）》，完善案件评查机制和承办法官沟通机制。探索“分调裁审”改革机制，进一步优化司法资源配置，切实从源头减少诉讼增量。北海市中级人民法院出台《关于建设诉源治理中心的实施方案》，挂牌设立“诉源治理中心”，建立“法院 + 工会 + N”的多元解纷机制，采取“走出审判庭，融入群众中去”的矛盾纠纷解决方式，有效遏制民商事一审新收案件逐年攀升势头。百色市中级人民法院坚持以问题为导向，严格按照自治区高级人民法院发布的《进一步规范民商事再审发改案件一案一评查工作的通知》要求，每半年对再审发改案件进行统计分析，着重分析发回重审、改判案件特点、原因，并提出对策建议，对具有普遍性问题及时提炼总结，将审监工作成果转化成指导办案的规则或规范。

三是因地制宜，优化审监工作模式。民事审判监督程序包含审查和审理两个阶段，“立审合一”和“立审分离”模式各有利弊。各地法院因地制宜，结合当地法院工作实际，探索适合自身工作的审判监督工作模式。全区大部分地市法院实行“立审分离”模式，先由立案部门对申请再审案件进行审查，裁定再审后移交审监庭重新组成合议庭审理；有的法院则按照案件繁简程度，灵活适用不同工作模式，东兰法院实行“简案分离，繁案合一”模式，2019 年以来受理小额诉讼再审案件 10 件，占所有再审案件数量的 66.67%。

四是打造阳光再审，加大司法公开力度。实现再审案件公开开庭常态化，推动申诉案件及申请再审案件公开听证普遍化，确保案件审理公开、透明。推动民事再审案件流程信息公开、庭审直播公开、裁判文书公开，增强民事再审全流程的透明度和公信力。

（二）建立法检协调机制的经验做法

自觉接受监督，建立法检协调机制。联合同级检察院建立常态化联席会议机制，实现良性互动，定期就办理民事抗诉、再审检察建议案件过程中遇到的问题和分歧进行交流座谈，凝聚共识，合力精准纠错、化解信访。落实检察长列席审委会审议制度，完善审判监督工作体系。自 2019 年以来东兰法院共邀请检察长列席重大案件的审判委员会 13 件次，进一步规范庭审程序，推动建立检察监督案件案前探讨、案中沟通、联合调解、案后反馈机制。出台规范性文件，规范民事检察监督案件审查工作，明确检察监督案件的办理程序，确保检察监督案件检察机关监督得准，法院审理得好。防城港市中级人民法院与防城港市人民检察院联合签署《关于建立健全常态化协作机制构建新时代良性互动法检关系的实施意见》，积极构建民事诉讼监督案件共同调解机制，相互配合妥善化解矛盾。

（三）联合化解矛盾纠纷的工作亮点

一是紧紧依靠党委，联合化解矛盾纠纷。各级法院坚持党的绝对领导，坚持以人民为中心的司法理念，紧紧依靠党委政府，持续推进矛盾纠纷化解。钦州市中级人民法院在办理重大敏感案件、持续时间长、矛盾尖锐的群体性纠纷案件上，主动向党委和政法委请示汇报，及时通过工作信息和动态反映存在的问题和困难，争取党委和政法委的理解和支持，形成工作合力，联合化解纠纷。防城港市法院在办理 2020 年中央第二巡视组交办的涉及房地产领域类信访案件时，涉及破产案件楼盘项目需协调规划、设计、土地资源、中介等多个行业和部门，该市两级法院紧紧依靠党委领导，及时向防城港市信访联席办反馈办理此类案件需要协调事项，充分发挥好联防联调联控机制作用。北海市中级人民法院对于部分希望通过上访解决家庭生产生活困难的案件，一边进行案件评查，就信访人反映的所存在的问题进行答复解释；一边耐心疏导教育，及时协调相关单位通过司法救助、民政救助、妇联救助等方式纾解生活困难。

二是强化诉调结合，推动纠纷实质化解。坚持“调解优先、调判结合”的工作理念，推动法律效果和社会效果相统一，实现纠纷实质性化解。在民事审判监督工作中引入多元解纷机制，将“事了”作为“案结”的重要标准，强化能动司法，稳妥化解矛盾纠纷。引入律师调解、行业调解等社会力量，多方联动，促成多起反复申诉的历史老案、难案矛盾纠纷成功化解。与信访处、相关业务庭室信息共享,通过新闻媒体“以案释法”,强化法治宣传,正确引导舆论,合力化解矛盾纠纷。建立重大访情沟通协调机制,对涉及重大群体性、敏感性监督案件,加大沟通协调力度,共同引导当事人通过合法方式反映诉求,必要时联合接访,减少涉法涉诉信访问题发生。做好案后回访和判后答疑工作,运用案例指导、换位思考和利益衡量等方法,使用通俗易懂的语言,向案件当事人和与案件有关的人员答疑解惑。防城港市中级人民法院的新诉讼服务中心落成启用,软件、硬件配套设施实现诉讼服务业务一站式办理,被市信访局评为2020年度全市“人民满意窗口”。柳州市中级人民法院建立涉诉信访人电子档案库,做好当事人的信息录入工作,将当事人信访诉求、所涉案件裁判文书、各级法院处置意见、已开展化解工作、当前工作进展、信访音视频资料等制作成电子档案,并将反复来访、长期闹访人员标注为重点人员,建立一人一档,做到“一库管理、多方使用、即调即用”。

二、当前民事审判监督工作中存在的主要问题及对策建议

(一)审判监督业务开展方面的突出问题和建议

1. 存在的问题

(1)民事审判监督结果利用有待加强。2021年全区法院民事再审发改率为61.4%,南宁、柳州、贵港三个中级人民法院辖区的发改率均超过全区平均水平,表明全区法院加强了民事审判监督工作,依法纠错水平能力进一步提升。但被发改案件裁判尺度和经验教训总结利用成果较少,发挥审判监督成果指导民事审判业务的力度有待加强。另外,民事再审案件逐年增多,案件类型多、涉及知识面广、案情复杂,审理难度越来越大,对提高民事审判监督能力提出更高要求。但是,当前民事审判监督法官由于学习培训机会少,提高业务能力水平成为紧迫任务。

(2)民事案件精审程度不高,导致再审案件数量增长较快。由于审判力量配备不足,助理、书记员配备不足,法官受困于繁杂的审判辅助事务,不能专注司法案件裁判,审判质效提升乏力。审级职能定位改革后,大量案件向基层法院下沉,人员配置问题与案件增长的矛盾更加突出,受结案率、结收比等考评指标要求影响,部分一、二审案件难以做到精审,出现仓促裁判结案的情况,导致当事人对生效判决满意度不够,申请再审案件增长较快。同时,专业化审判团队建设与随机分案制度存在一定的矛盾冲突,不利于提高审判质效。

(3)民事再审案件法定第一次审限内结案难度大。民事再审案件多为历时久远、

疑难复杂的"骨头案",案件矛盾尖锐,当事人对立情绪大、双方积怨深。一方面,再审案件存在送达难、调取证据耗时长等问题,且很大一部分民事再审案件需提交审委会讨论,导致审理时间拉长。另一方面,下级法院普遍存在员额法官、年轻干警以及司法辅助人员配置不足的情况,法官未能从烦琐事务中脱身,办案效率受到影响,达不到法定第一次审限内结案率的考评指标。

(4)小额诉讼再审案件服判息诉难度大。基层法院对于适用小额诉讼程序审理的案件数量增加,申请再审的案件呈不断上升的趋势。现有规定要求适用小额诉讼程序审理的案件申请再审时均由原审法院进行审查,当事人对此存在较大意见,认为小额诉讼程序一审终审,如申请再审还不能向上级法院申请,进一步阻断其救济途径,导致服判息诉工作难度加大。

2. 对策和建议

(1)上级法院各条线业务部门应加强对下级法院的业务指导与培训,对法官和审判辅助人员定期开展类型多样、实用性强的业务培训班,以提高基层法院司法工作人员的专业能力和水平。

(2)积极完善案件识别和分配机制,推进小额诉讼程序应适尽适,推动案件科学有序多次分流。将小额诉讼案件由系统分配至速裁团队审理,对于"重大、疑难、复杂"和"新类型"案件提级管辖,缓解基层法院"案多人少"、民商事案件久拖不决等问题,多措并举提升审判质效。

(3)简化、优化民事再审审理程序。如对于审理程序存在一定瑕疵,但未剥夺当事人诉讼权利,以及认定事实、适用法律和实体处理正确的案件,可以信访案件做好当事人服判息诉工作,无须启动再审。对于可以调解的或者涉及新证据交换、需要评估、鉴定等工作的再审案件,可在再审立案后召开庭前会议组织调解、证据交换,明确争议焦点和开展评估鉴定等工作,为提高庭审质效做好准备。

(4)基层法院要扩大小额诉讼程序适用范围,以"集约化"提速度,以"团队化"保质效,以"信息化"优服务,切实提高小额诉讼程序案件审理效能,力争一次性化解纠纷,降低小额诉讼再审率。同时,针对小额诉讼再审案件进行严格审查,保障当事人获得救济的权利,做好释法说理工作,持续提升司法公开的广度深度,让诉讼活动更加透明、诉讼结果更有预期。

(二)法律适用分歧解决机制和统一裁判尺度方面的突出问题和建议

1. 存在的问题

(1)再审案件发改分析工作具体操作、落实难度大。由于每半年需要上报一次民事再审案件发改分析，发改数据统计类型较多，各个基层法院的统计标准不一致，部分案件报结时不准确填写导致发改数据统计不准确，在数据收集中存在不便。部分中级人民法院再审案件数量较少、题材较少，难以实现数据统计分析的效果，比较分析存在困难，难以形成有效的指导。

(2)各基层法院之间、上下级法院之间裁判尺度不统一的问题突出。部分同类案件分配给不同审判业务部门或同一审判业务部门不同审判团队审理，受司法理念、裁判认识不统一的影响，对于同类案件存在类案不同判的情况。

(3)上下级法院沟通不畅。关于改判、发回重审、指令再审案件沟通机制和案件信息反馈、分析通报机制落实不够到位，没有通过办案系统节点推进落实，上级法院在发改相关案件时并未与原审合议庭沟通，原审承办法官向上级法院了解其案件审理情况被误认为是打听、过问案件，最终导致发改案件异议反馈机制难以形成，裁判尺度难以统一。从自治区高级人民法院与下级法院就发改案件交换意见情况来看，又普遍存在下级法院并不关注原审裁判错在哪里，而仅仅关注能否不作为因错误发改统计，以免影响该院、承办部门及承办法官绩效的现象，完全达不到上级法院通过与下级法院就发改案件交换意见进行业务指导的目的，这种现象必须从根本上加以扭转。

(4)类案检索平台功能有待进一步提升。现阶段类案检索平台功能的模块化和规律性体现不够明显，在数据采集、挖掘方面存在不足，导致推送的案例与个案的匹配度不高。

(5)在建立健全案例指导机制方面，部分法院存在重视程度不足，发现和激励机制不够完善，法官主动性不强，案例编报数量少、质量不高等问题，案例研究队伍整体上存在基础薄、底子差等问题。

2. 对策和建议

(1)由自治区高级人民法院持续推进民事再审案件发改分析通报，每半年对发改案件、再审纠错情况进行总结分析，针对法律适用不统一问题进行收集、研判。下级法院要高度重视自治区高级人民法院发改分析通报，针对通报的典型案例组织专门学习，举一反三。各级法院加强收集、研判案件法律适用不统一问题，定期发布发改案件典型案例，进一步加强裁判尺度指导。

(2)充分发挥专业法官会议的监督制约功能，为合议庭统一法律适用、解决分歧提供参考意见。各级法院对于本院审理的裁判标准不统一的典型个案或下级法院存在较大分歧的类型化案件，应当充分研究讨论，形成统一认识，为法官提供审判参考，推动绝大多数案件精准定分止争,案结事了。

(3)畅通上下级法院沟通渠道。进一步完善发改案件异议和上下级法院双向交流机制,改变单向监督为双向互动。上下级法院案件交流意见应当经合议庭评议后,以合议庭意见的名义进行交流,全程留痕。持续落实好发改案件随案评查制度,加强业务指导,降低民事案件整体改判和发回重审率。

(4)完善类案智能化推送和审判系统建设。进一步完善类案检索平台的检索功能,加强类案同判规则和优秀案例分析的数据库建设,提升类案检索平台的智能化水平,提升推送案件与个案匹配度,为审判人员提供有效决策参考。

(5)建立指导性案例共享平台和典型案例发现培育机制。加强组织评选年度民事优秀典型案例工作,定期向全区各级法院发布优秀裁判文书,供审判业务庭参考借鉴,充分发挥优秀典型案例和优秀裁判文书的示范引领作用。

(三)检察监督方面的突出问题和建议

1. 存在的问题

检察监督精准度有待提升。南宁市中级人民法院在 2019 年以来抗诉再审案件共结案 64 件,其中维持率 31.25%。贵港中级人民法院近三年受理抗诉再审案件 16 件,支持检察机关抗诉意见并改判的比例为 50%。抗诉案件维持比例仍然较高,反映出“两院”在法律适用上存在分歧,需要加强研讨沟通,检察机关的抗诉精准度有待提高。部分抗诉案件未查清当事人现状,影响再审效率,不利于纠纷化解。

2. 对策和建议

(1)完善与检察机关的协调沟通机制,进一步畅通法、检沟通交流渠道。

(2)建立与检察机关联合化解纠纷机制,加强公、检、法、司等多部门协作机制,构建矛盾纠纷多元调解新格局,共同化解纠纷。

(3)健全检察机关列席审委会制度。进一步加强检察院的法律监督,强化法院审委会的职能作用。“两院”要严格按照证据规则判断事实,依法纠错,努力在党委的领导下实现三个效果的统一。

(4)规范办理民事再审检察建议。严格落实最高人民法院、最高人民检察院关于规范办理民事再审检察建议的要求,提升民事检察监督质效。

(四)涉诉信访方面的突出问题和建议

1. 存在的问题

矛盾纠纷实质性化解难度大,服判息诉难度高。审判监督程序是特殊救济程序,功能是在纠正错案,其根本是化解矛盾。但是,在司法实践中,再审案件有持续时间长、对立情绪大、双方积怨深、事实认定难等特点，调解难度大，再审作出裁判后，服判息诉难度高。

2. 对策和建议

(1)加强涉诉信访源头治理。坚持诉源治理、执源治理、访源治理一体推进，把生效案件改判发回重审率、调解率、生效案件一审、二审、申请再审审查及再审服判息诉率、首次执行案件实际执行到位率等纳入审判执行重点指标管理，从源头上预防和减少涉诉信访矛盾。

(2)三级法院一体推进。落实领导包案领办机制，各级法院领导干部接访、批阅的，由接访领导包保领办、落实到位。对一些久访不息、久办不决的重信重访件，实行提级核查或指令异地核查。

(3)依法核查纠错。对重复信访、重点信访事项就事实认定、法律适用问题开展评查核查，明确高级人民法院、属地法院重点信访事项核查责任，核查发现案件确有错误、瑕疵的，及时通过再审程序依法改判，依法纠错补瑕。

(五)司法资源配置方面的突出问题和建议

1. 存在的问题

(1)民事审判监督力量严重不足。随着民事诉讼法的历次修改，民事申请再审案件“上提一级”，出现大量民事申请再审案件向上级法院集中，基层法院民事审判监督案件非常少，当事人申请再审的民事案件几乎没有，只有极少数依职权再审和检察院抗诉案件，造成基层法院民事审判监督职能严重削弱，大部分基层法院已经撤销审监庭，将审监庭的职能并入研究室、审管办等相关部门。少数基层法院或者大部分中级法院虽仍保留审监庭，但较之数量庞大的一、二审民事案件，再审案件占比小，各地法院对民事审判监督工作重视程度不够。一方面，配备给民事审判监督部门的员额法官、法官助理和书记员与其他审判部门相比，严重不足，多个地市审监庭的审判员人数无法组成合议庭，只能从其他民事审判业务部门借调审判人员组成合议庭完成审判监督案件的办理。司法审判辅助人员良莠不齐、流动性大，整体业务技能长期处于较低水平，不利于开展工作。另一方面，再审团队的员额法官老龄化严重、精力不足，年轻法官队伍的办案经验不足，法官年龄断层问题突出，如百色市中级人民法院审监庭，三名员额法官均已达到或接近退休年龄；负责再审案件审理的人员少，再审案件审判业务生疏，办理疑难复杂和新类型案件的能力还不够强，高精尖审判人才缺乏。

(2)人案矛盾突出。司法改革实施法官员额制后，法官数量减少，但是案件数量不断增长，法官个人办案数量不断增加，案多人少矛盾突出，审判质效难以有效提升。

南宁市中级人民法院审监庭负责再审案件审理的员额法官为 4 人,近三年审理民事再审案件 596 件。百色市中级人民法院审监庭 3 名员额法官,近三年审结民事再审案件 302 件。部分中级人民法院审监庭在审理再审案件的同时,还不同程度地承担着民事、行政一、二审案件的审理,基层法院综合审判庭在审理民事再审案件的同时,也要兼顾民事、行政一审案件的审理,案件数量多,法官分摊到个案的时间少,限制了再审案件审判质效的提高;再审案件疑难复杂,折算比例低,审判人员愿意办理一、二审案件,对办理再审案件存在畏难情绪,客观上也导致再审案件审理周期被延长。

(3)职级机制不合理。法官等级职级晋升年限与法官助理职级晋升年限不匹配,出现法官助理后期入额套改后法官等级高于先入额的法官;审判业务部门领导职务与法官等级不匹配,综合管理类人员在晋升时间上比法官单独职务序列等级晋升上有优势。中级人民法院未任过审判员和助理审判员的法官助理入额难,导致留人难。中级人民法院法官助理入额需要到基层法院任职,导致新进法官助理无法在中级人民法院入额,极大影响了法官助理工作积极性,对中级人民法院的法官助理队伍储备和稳定造成一定的影响。司法行政人员和法官助理晋升途径狭窄,目前法警没有转任制度,对比转任书记员有落差,不利于工作开展。

(4)地方财政紧张。部分基层法院经费紧张,市级财物统管工作开展后,地方绩效考评奖和相应的五险一金支出基数上划存在困难。特别是受疫情影响,地方财政更加困难,容易造成基层法院正常办公、办案困难;部分法院未能将聘用人员所需经费列入当地财政预算统筹保障,造成聘用人员相关待遇问题无法解决,部分法院建设及信息化建设相对滞后。

2. 对策和建议

(1)科学合理调配审判力量。民事审判监督工作是民事诉讼活动的最后一个环节,审判监督要求应当更高。要进一步提高对民事审判监督工作重要性的认识,科学合理调配审判力量,调配精干力量到民事审判监督部门工作,以解决审判力量严重不足问题,真正发挥审判监督的职能作用。

(2)适当放宽法官遴选条件,解决年龄断层问题。建议加强对各地市法院法官遴选、招录工作的监督指导,尽可能平衡各地市遴选、招录的基准标准,对于入额遴选、招录的条件在不突破高院限制的条件下,可根据各地市法院的实际情况适当放宽;协调相关部门,缩短法官退额和递补的审批周期;注重优化法官年龄结构,畅通法官助理入额渠道,培养年轻骨干梯队。

(3)建立和完善审判辅助人员的考核机制,加强审判辅助人员的能力建设、轮岗培养机制,给予固定的职业保障,可预期的职级晋升,择优重用优秀的青年干警,确保人才引进来,留得住。继续深化人员分类管理改革。健全审判辅助人员录用、管理、考核、保障机制,优化法官助理、书记员配备模式;积极推动常态化开展法官等级晋升,司法辅助人员和司法行政人员职级晋升工作,制定有关聘用制书记员实行层级化、待遇差别化的分级管理实施方案;拓宽司法人员职业发展通道,促进审判岗位和综合行政岗位人员合理流动,确保各类人员安心履职。

(4)在推进市级财物统管改革中,将聘用制书记员相关待遇明确列入市级人员经费开支年度预算给予保障。制定对应的合理配套待遇保障制度,使法官等级与法官助理等级一一对应,进一步明确中级人民法院四级高级法官及基层法院一级法官之前按期晋升的机制,为法官提供合理的职业保障;建立职务与法官等级匹配的双规套改制度,切实解决审判辅助人员的工资待遇问题。

三、调研组的工作建议

调研组通过实地走访、听取汇报、召开座谈会等调研方式,在认真梳理意见建议的基础上,结合本次民事审判监督调研获取的数据、资料等信息,提出如下工作建议。

(一)充分发挥基层人民法院准确查明事实、实质化解纠纷的作用

一是准确查明事实,提升审执质效。准确查明事实是法院实质化解纠纷的前提条件,也是人民法院工作的重点。推广要素式审判,最大限度地简化审理流程和裁判文书制作,实现类型化和简单案件的快速审理。对事实争议大的案件,逐个审查每个争议要素,通过组织证据交换、庭前质证、庭前调解、归纳争议焦点、庭审举证、质证,继而作出认证、准确认定案件事实。充分发挥头雁效应,明确院庭长带头办理"四类案件"、审级职能定位改革试点确定的下沉案件,确保案件高质量审判。加强法官对重大、新型和疑难案件的学习分析,促使法官提质增效。充分发挥合议庭、专业法官会议、审判委员会的把关监督作用,确保案件精准裁判。强化类案强制检索、发改案件讲评分析机制作用,统一裁判尺度、提高审判质量。

二是深化繁简分流,发挥小额诉讼的分流功能。当前全区法院案件量始终保持高位运行,2021 年全区法院适用小额诉讼程序一审结案 31.27%,2022 年 1~6 月小额诉讼程序一审结案 40.74%,各地法院适用率差异较大,未充分发挥出繁简分流的制度作用。立足基层法院"大体量"案件实际,结合贯彻实施新修正的《民事诉讼法》,加大小额诉讼程序适用力度,合理扩大简易程序适用范围,确保符合条件的案件全部适用小额速裁程序,推动群众诉求解决走上"快车道",将经验丰富的退职院领

导、退额法官充实到速裁团队进行小额诉讼,实现一审终局化解。建立诉调对接机制,将调解组织引入速裁团队,用诉中调解推动简单案件高效、实质性化解,让占绝大多数的简单案件审判过程快起来,才能让法官有更多的时间和精力放在繁案上,实现设立小额诉讼程序"提高司法效率、节约司法资源"的初衷。

三是加强非诉讼纠纷解决,创新多元解纷模式。新修正的《民事诉讼法》将司法确认范围由"人民调解委员会"调解达成的调解协议扩大至"依法成立的调解组织"调解达成的调解协议,进一步把非诉解纷机制挺在前面,让当事人有更多渠道、更低成本,通过更加专业的调解方式解决纠纷。推行法院调解平台进乡村、进社区、进网格,推动调解工作向基层延伸,将矛盾彻底吸附在基层、化解在当地。落实"府院联动"机制,推动"放下来"的案件全面融入当地诉源治理,基层法院与党委、政府形成多元解纷合力,联动化解矛盾纠纷。人民法庭是人民法院的最基层单位,是化解矛盾纠纷、服务人民群众的第一线,基层法院可积极打造人民法庭特色品牌,参与基层社会矛盾纠纷化解工作。

(二)强调中级人民法院二审有效终审、精准定分止争的作用

一是强化对下级法院的业务指导工作。案件级别管辖标准改革后,将部分原来由中级人民法院审理、难度低的案件交由基层法院审理,促进简易纠纷就地化解。为确保放下去的案件能够高质量高效率化解好,将矛盾纠纷实质性化解在基层,中级法院可对近年来重点案件进行全面梳理,定期下沉法院开展帮扶指导,举办专题培训会,发布案件审理指引、注意事项、典型案例等,指导基层法院实质性化解好案件。

二是落实二审独任制,加大对简单案件独任制的适用力度。二审独任制是依托民商事案件繁简分流改革的一项重大诉讼制度突破。中级人民法院可试点制定《二审民事案件适用独任制审理规范》,细化独任制适用标准,规范独任制适用范围,精准识别适宜独任审理的二审案件,以有力的制度保障减少法官心理顾虑,不断探索对简单二审案件适用独任制审理,不断提高独任制适用积极性。同时,不断强化二审独任制与专业法官会议、审判委员会的有机结合,加大对拟改判发回的独任制二审案件的专业把关力度。

三是精准识别,建立难案提级管辖机制。为办理好案件提级管辖工作,两级法院可探索建立一套有效的识别发现机制,初审法官在审理过程中发现符合提级管辖标准的,主动填写拟提级管辖案件报告表,提交专业法官会议讨论,经院长批准提请审判委员会讨论决定。要发挥院庭长监督识别作用,院庭长运用四类案件监管、信访办理等方式,发现符合提级管辖标准的案件,及时指导法官报请提级管辖。中级人民法

院通过审判监督、上级督办、信访办理等方式发现应当提级管辖的案件，可依职权提级管辖。另外，建议中级人民法院积极探索提级管辖案件成果转化机制，将提级管辖案件作为典型案例，通过集中讲评、发布通报、到辖区指导等方式，促进统一裁判标准、提升司法水平，充分发挥提级管辖案件的普遍指导功能。

四是强化能力培训，重视人才培养。基层法院承担的审判业务工作量大，只有补足基层法院人才力量，才能从源头上解决问题。在精准识别案件的基础上，两级法院可试点打造符合新型审判权模式运行规律、契合不同案件审理特点的审执团队，增强办案团队效能和合力，保障审执权高效运转。在人才政策上适当向基层法院倾斜，向年轻法官和法官助理倾斜，建立年轻干警轮岗培养机制，多给年轻人机会。加强资深法官“传帮带”作用，指导年轻法官和法官助理办理案件，提升队伍能力水平。

（三）明确高级人民法院再审依法纠错、统一裁判尺度的定位

一是调整再审职权配置。四级审级职能定位改革对法院如何实现再审审判资源的优化配置、提升再审业务水平，确保跨部门办案的规范性协调性等均提出了更高要求。自治区高级人民法院 2021 年共受理民事申请再审案件 7913 件，2022 年 1～6 月共受理民事申请再审案件 3196 件，申请再审审查案件数量仍然巨大。高级人民法院应重新构建再审权力运行机制，理顺审判监督庭和各民事审判业务部门的职能和关系，实行“谁提谁审”，减少司法资源浪费，避免程序空转。由民事审判业务部门和审判监督第一庭分别负责相应类型案件的再审审查和审理，强化民事审判庭业务指导职能，充分发挥再审审查的过滤性作用，最大限度确保再审审查到位和精准纠错。

二是发挥再审监督纠错职能。在案件数量整体下沉后，高级人民法院主要依靠再审程序发挥其审理功能，以高级人民法院各审判业务部门对下级法院的监督指导，高级人民法院不同审判庭室之间的制约监督，实现再审“对下纠错”和“自我纠错”。2021 年自治区高级人民法院审结民事再审案件 780 件，自治区高级人民法院再审改判、发回重审本院民事案件共 38 件，各中级人民法院被高级人民法院再审改判、发回重审民事案件共计 480 件；2022 年 1～6 月自治区高级人民法院审结民事再审案件 310 件，自治区高级人民法院再审改判、发回重审本院民事案件共 61 件，各中级人民法院被高级人民法院再审改判、发回重审民事案件共计 149 件。再审案件发改率是衡量各级法院办案质量的重要指标，从前述数据，一方面，可以反映进入再审的案件数及比例不高，说明再审审查标准更趋严格，对不符合再审条件的不予立案再审，坚决维护生效裁判权威；另一方面，启动再审程序的案件发改率提高，说明再审立案准确，人民法院审判监督纠错功能运转良好，确保真正有错的案件得到及时纠正，维护

当事人合法权益。下一步，要以自治区高级人民法院审判业务部门案件审理范围调整为契机，推动民事审判监督工作朝高质量、高效率、规范化的方向科学发展，充分用好发改分析制度依法纠错，发挥监督指导审判及统一法律适用的职能。

三是强化上下级法院民事审判监督业务指导。上级法院不定期到下级法院走访座谈、向下级法院定期通报全区法院民事再审案件发改情况或及时发布民事审判监督典型案例，加强对下级法院民事审判监督工作的调研指导，提升法官的民事审判业务水平，最大限度地防止因法官业务能力原因而导致自由裁量权的错用或滥用。此次调研中，调研组就(2022)桂民再 212 号案与百色两级法院原审合议庭进行工作交流与指导，并组织双方当事人进行调解。本次三级法院联合调解，妥善化解纠纷，在上下级法院条线指导，完善统一法律适用机制，解决群众普遍关注的“类案不同判”问题上起到了示范性作用。要加强民事审判业务培训，再审案件大多为疑难复杂的“骨头案”，必须提高民事审判法官及审判辅助人员业务能力、纠纷化解能力的培训力度。建议上级法院不定期开展民事审判监督业务培训班，或者到下级法院开展民事审判监督工作授课，实现培训或授课一次，指导一片的效果。

四是优化考核激励机制。目前设置的部分绩效考评指标完成难度极大，建议科学设定合理的绩效考评指标，实现以绩效考评激励干警干事创业的热情，防止唯数字论、唯指标论的不良导向。

法官惩戒制度的运行现状及发展方向[*]

田丽霞[**]　王文芳[***]

摘要：建立法官惩戒制度是贯彻党的十八届四中全会精神、完善司法责任制、追究违法审判责任的关键环节，是加强法官正规化、专业化、职业化的重要举措。目前各地已相继成立法官惩戒委员会，但法官惩戒制度的科学运行及未来的发展方向仍存在改进空间。本文立足于现有制度规范，对法官惩戒制度的职能定位、运行现状及存在的问题进行研讨，并提出完善法官惩戒制度的建议。

法官惩戒制度是指法定机关依照特定的程序，根据法定事由，对法官予以惩戒的制度。司法责任制改革开展以来，法官惩戒制度成为促进法官依法独立公正行使审判权和严格落实司法责任制的有效手段，其未来发展方向很大程度上决定着司法责任制改革的成效。为充分发挥法官惩戒制度的作用，发现和解决实践中存在的问题，广西壮族自治区高级人民法院和北海海事法院成立联合课题组，到江苏省高级人民法院、云南省高级人民法院和玉溪市中级人民法院等法官惩戒制度试点法院

* 本文为广西壮族自治区高级人民法院2020～2021年度课题“法官惩戒制度的完善研究”的阶段性研究成果。2021年上半年，广西壮族自治区高级人民法院和北海海事法院成立联合课题组，到江苏省高级人民法院、云南省高级人民法院和玉溪市中级人民法院等法官惩戒制度试点法院实地走访调研，了解实践中法官惩戒制度与纪检监察制度的衔接运用情况。

** 广西壮族自治区高级人民法院审判监督第一庭三级法官助理。

*** 广西壮族自治区高级人民法院督察室副主任。

专题调研,并通过发放调查问卷的形式对法官惩戒制度进行实证研究。

一、法官惩戒制度概述

研究法官惩戒制度的定义及特点,是准确判断法官哪些行为应受惩戒、准确把握法官惩戒制度的前提。

(一)法官惩戒制度的定义

法官惩戒制度的定义,目前尚未形成统一定论。有些观点认为法官惩戒制度有广义和狭义之分,广义的法官惩戒制度包括法官弹劾制度,即对实行如贪污、受贿等严重违法行为的法官实行职务罢免的制度;狭义的法官惩戒制度指专门的法定机构根据法定事由,经过法定程序对法官的不当行为予以惩处的制度。[1] 有些观点认为,法官惩戒制度是指法定的有权机关依照法律法规的规定,通过法定程序对法官违反职业行为和职业道德的行为予以处罚,并纠正法官不当行为的制度。[2]

前述观点均未能准确阐释现今我国法官惩戒制度的含义。第一种观点中,法官惩戒制度通常情况下是指狭义的法官惩戒制度,该观点将法官应受惩戒的行为定义为不当行为,但对不当行为的界定没有进一步表述,只与法官弹劾制度进行区分,会造成除贪污、受贿等严重违法犯罪行为之外的不当行为均被列入惩戒范围。第二种观点同样将应受惩戒的行为定义为不当行为,但进行了列举。自古以来,我国除对法官职业存在制度性约束外,还存在对法官司法外不当行为的惩戒。[3] 按此定义,法官只要存在违反职业行为和职业道德或其他的不当行为,无论司法内还是司法外,即使没有造成严重后果,都可以纳入法官惩戒范围,造成惩戒门槛降低。惩戒门槛过低将导致法官职业荣誉感下降,让法官在办案中有所顾虑,难以实现法官独立公正审判的目标,不利于法官依法正常履职。

笔者认为,法官惩戒制度的定义需有高度的概括性,在包含必要机制节点的同时,又不得与现有规定相矛盾冲突。我国现行法官惩戒制度存在不同机构的相互配合,包括人民法院督察部门启动调查、法官惩戒委员会予以审议认定,当事法官所在法院根据法定事由决定是否予以惩戒等。因此,法官惩戒制度应指法定机关依照特定的程序,根据法定事由,对法官予以惩戒的制度。最高人民法院、最高人民检察院

---

〔1〕 参见孙婷婷:《我国法官惩戒制度的完善》,载《理论观察》2019 年第 7 期。

〔2〕 参见余有:《司法体制改革背景下法官惩戒制度研究》,中共陕西省委党校 2019 年硕士学位论文。

〔3〕 参见詹建红:《我国法官惩戒制度的困境与出路》,载《法学评论》2016 年第 2 期。

于2016年10月12日发布的《关于建立法官、检察官惩戒制度的意见(试行)》(以下简称《惩戒意见》)[1],以及最高人民法院于2021年发布的《法官惩戒工作程序规定(试行)》(以下简称《惩戒程序规定》)[2]分别对法官应受惩戒的行为进行了明确。《惩戒意见》和《惩戒程序规定》中对法官需要惩戒行为的界定大致相同,均是规定法官存在故意违反审判职责,或者在办理案件过程中存在重大过失并造成严重后果的行为,才予以惩戒,可见法官惩戒对于法官而言是较为严重的惩罚,法官受惩戒的行为应限于《惩戒意见》和《惩戒程序规定》中规定的两种比较严重的行为,司法裁量内较轻微的不当行为并非法官惩戒制度的规范范畴。

(二)法官惩戒制度的特点

从法官惩戒制度的设计来看,法官惩戒的实施主要是通过法官惩戒委员会这一专业的审议机构,对审议法官是否构成违反审判职责提出审议意见,其并不参与前期的调查及后期的惩戒,因此确保了法官惩戒制度的公正独立。具体而言,法官惩戒制度具有以下三个特点。

1.审查的专业性

法官的职业特点要求法官必须具备专业知识和技能,判断法官是否违反审判职责同样需要专业知识和技能。《惩戒意见》规定各地成立的法官惩戒委员会的委员由人大代表、政协委员、法学专家、律师代表以及法官代表组成,且法官代表应不低于全体委员的50%。[3]《惩戒程序规定》规定法官惩戒委员会应当从政治素质高、专业能力强、职业操守好的人大代表、政协委员、法学专家、法官、检察官和律师等专业人员中选任,其中法官委员不少于半数。[4]《惩戒意见》和《惩戒程序规定》通过限定法官代表人数下限确保法官惩戒委员会的专业性,2019年10月1日起施行的《法官

---

[1]《惩戒意见》第10条规定:"法官、检察官违反审判、检察职责的行为属实,惩戒委员会认为构成故意或者因重大过失导致案件错误并造成严重后果的,人民法院、人民检察院应当依照有关规定作出惩戒决定,并给予相应处理……"

[2]《惩戒程序规定》第4条规定:"法官在履行审判职责过程中,故意违反法律法规办理案件,或者因重大过失导致裁判结果错误并造成严重后果,需要予以惩戒的,按照本规定处理。"

[3]《惩戒意见》第4条第2款规定:"惩戒委员会由政治素质高、专业能力强、职业操守好的人员组成,包括来自人大代表、政协委员、法学专家、律师的代表以及法官、检察官代表。法官、检察官代表应不低于全体委员的50%,从辖区内不同层级人民法院、人民检察院选任。"

[4]《惩戒程序规定》第8条第2款规定:"法官惩戒委员会委员应当从政治素质高、专业能力强、职业操守好的人大代表、政协委员、法学专家、法官、检察官和律师等专业人员中选任。其中,法官委员不少于半数。"

法》对法官代表人数的下限也作了同样的规定。[1] 判断法官是否存在违反审判职责行为除了要具备专业知识，还需要有实务经验，只有理论知识没有实践经验，在面对实际案件时也常会束手无策，难以做出准确判断，具备实务经验的法官更能对案件作出客观公正的判断。另外，不同层级法院法官经历不一，接触案件类型也有差异，《惩戒意见》还规定法官代表从辖区内不同层级人民法院选任，可以进一步确保法官惩戒委员会的专业性。

2. 程序的公正性

司法权是一种判断权，其独立性特征赋予法官很大的自由裁量权。对法官是否构成违反审判职责的行为的审查认定，应由专业独立第三方机构独立进行，以防止其他因素的干扰，法官惩戒委员会即该专业独立第三方机构。《惩戒意见》规定，法官惩戒委员会与人民法院分工负责，法官惩戒委员会只负责审查认定，人民法院负责对法官涉嫌违反审判职责行为进行调查，并根据法官惩戒委员会的意见作出处理决定。[2]《惩戒程序规定》中明确法官惩戒委员会负责审查认定法官是否存在违反审判职责行为，并提出审查意见，不直接受理对法官的举报、投诉。[3] 负责调查和惩戒的主体与审查认定主体相互分离，可以保证法官惩戒委员会的独立性和中立性，确保法官惩戒委员会在审议时作出独立判断，不受外界因素干扰。

3. 救济机制的完善性

法官惩戒制度规定了当事法官可以对法官惩戒委员会的审查意见提出异议申请，还规定法官惩戒委员会实行管辖和回避原则，不同层级的法官由相应层级的法官惩戒委员会负责审议，具有回避情形的应当回避，并对不同法官惩戒委员会委员的回避程序作出细化规定，充分保障当事法官合法权益。同时，《惩戒程序规定》还对法官惩戒的受理和调查、听证和审议、处理和救济等作出具体规定，明确当事法官可以自

---

〔1〕《法官法》第48条第2款规定："法官惩戒委员会由法官代表、其他从事法律职业的人员和有关方面代表组成，其中法官代表不少于半数。"

〔2〕《惩戒意见》第3条规定："法官、检察官惩戒工作由人民法院、人民检察院与法官、检察官惩戒委员会分工负责。人民法院、人民检察院负责对法官、检察官涉嫌违反审判、检察职责行为进行调查核实，并根据法官、检察官惩戒委员会的意见作出处理决定。"

〔3〕《惩戒程序规定》第9条规定："法官惩戒委员会履行以下职责：……(二)根据调查、听证、审议的情况，审查认定法官是否存在违反审判职责行为，并提出审查意见；(三)受理当事法官对审查意见的异议申请，并作出决定；……"第10条规定："法官惩戒委员会不直接受理对法官的举报、投诉。如收到对法官的举报、投诉材料，应当根据受理权限，转交有关部门按规定处理。"

知道惩戒决定之日起30日内向作出决定的人民法院申请复核,保障当事法官的救济权利。制度完善的程序设计充分体现了法官惩戒救济机制的完善性。

(三)法官惩戒制度的职能定位

职能定位是法官惩戒制度运行的指南针,正确定位其制度职能才能保证该制度实践中的准确适用。实践中,既有观点认为该制度职能应更侧重于惩戒法官,也有观点认为应更侧重于保护法官。笔者认为,法官惩戒制度的职能应定位为惩戒与保护并重。

1. 法官惩戒制度职能定位的争议

关于职能定位的理解,课题组在调研期间分别针对法院和纪委监委的工作人员发放调查问卷,从调查问卷统计结果来看,不同职业对于法官惩戒制度的职能定位存在明显分歧。对法院受访者发放的问卷中,有49.84%的法院受访者认为法官惩戒制度侧重于保护功能,6.98%的法院受访者认为法官惩戒制度侧重于惩戒功能,41.90%的法院受访者认为法官惩戒制度的惩戒功能与保护功能并重;在纪委监委受访者中,有5.88%的纪委监委受访者认为法官惩戒制度侧重于保护功能,41.88%的纪委监委受访者认为法官惩戒制度侧重于惩戒功能,52.94%的纪委监委受访者认为法官惩戒制度的惩戒功能与保护功能并重。(见图1)

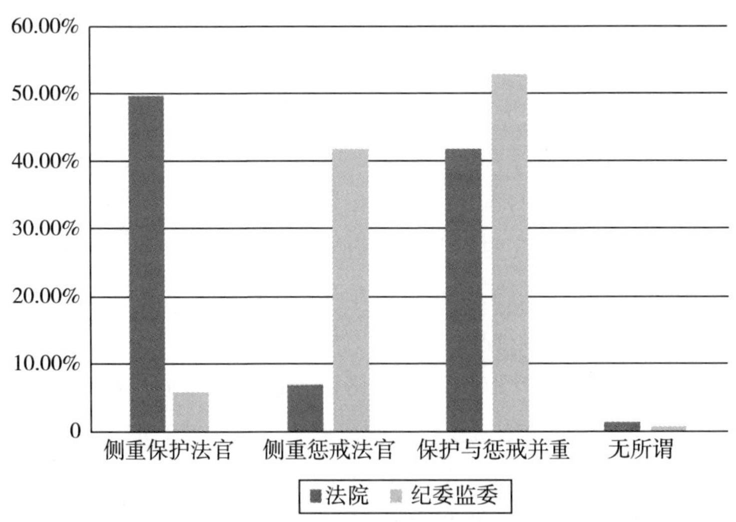

图1 法官惩戒制度职能定位问卷统计结果[1]

[1] 课题组分别制作了"法官惩戒制度调查问卷"A卷和B卷,A卷的调查对象为法院工作人员,B卷的调查对象为纪委监委工作人员。

2. 关于侧重惩戒法官定位的评析

认为法官惩戒制度更侧重于惩戒法官的理由是，法官惩戒制度的构建就是为了解决司法腐败问题，其职能就是通过警示法官达到治理法官队伍的目的，让法官敬畏制度、敬畏法律，不敢犯违反审判职责的错误，因此法官惩戒制度更侧重于惩戒法官。该观点过于片面，法官惩戒制度构建的目的并非惩戒法官，而是维护法院队伍的清廉，提高公众对司法的信任。司法公信力下降确有部分法官滥用职权、违反审判职责的原因，但这仅仅是部分法官，绝大多数法官在面临“案多人少”的办案压力时，依然是兢兢业业、认真负责、依法履职。另外，有些法官因当事人举报或案件线索移送被调查，并不代表该法官就必然存在违法审判行为，如果没有法官惩戒制度，不经专业的法官惩戒委员会审议，很可能就会因缺乏专业机构审议导致法官蒙冤，进而背上骂名。当法官遭受违反审判职责质疑时，人民法院内部监督部门先进行调查，由专业的法官惩戒委员会进行审议，作出专业的判断，可以为无须追究责任的法官正名，因此法官惩戒制度不仅侧重于惩戒法官，还具有保护法官正常依法履职的一面。而且，法官惩戒制度规范的惩戒程序能让法官通过正常程序进行复议和申诉，依法维护法官合法权益。因此，认为法官惩戒制度更侧重于惩戒法官的观点依据不足。

3. 关于侧重保护法官定位的评析

有观点认为，法官惩戒制度更侧重于保护法官。虽然法官惩戒制度的文义表达是惩戒，但其主要作用是保护法官，理由是，法官在遭受违反审判职责行为嫌疑时，人民法院可以抽调专业法官参与调查，调查结束后由法官惩戒委员会进行审议，再由人民法院根据法官惩戒委员会的审议结果作出惩戒决定，调查、审议、惩戒三个阶段相互分离又相互联系。兼有法院的专业性调查和法官惩戒委员会的专业性审查意见，如果法官不满足故意违反审判职责或者重大过失导致裁判结果错误并造成严重后果两个要件，则可不受惩戒，是一种保护法官的体现。但反过来看，如果法官存在故意违反审判职责或者重大过失导致裁判结果错误并造成严重后果需追究责任时，仍需受到相应的惩戒。因此，认为法官惩戒制度更侧重于保护法官的理由亦不充分。

4. 法官惩戒制度的应然定位——惩戒与保护并重

笔者认为，法官惩戒制度的职能定位是惩戒与保护并重，既有惩戒法官的功能也有保护法官的功能。法官惩戒制度的最终目的不是惩戒法官，而是保障法官依法履职，提升司法公信力。但法官惩戒制度除了具有惩戒功能外，还有另一个重要功能——保护法官，且两种功能的地位同等重要。法官惩戒制度坚持遵循司法规律，体现司法职业特点，审慎启动惩戒程序，既保护法官依法履行职责，又准确追究法官违反审判职责的责任，并对当事法官申请复核、提出申诉等救济途径作了相应规定，既可以使确需追究责任的法官得到应有的惩戒，也可以为无须追究责任的法官正名，切实保障法官合法权益。法官惩戒制度的惩戒功能和保护功能具有不同的体现。

(1)惩戒功能的体现

惩戒功能主要通过警示法官来体现。在一个国家的权利配置中，司法权占据着重要地位，权利如果没有相应的机制制约容易滋生腐败，而司法权的滥用则会导致当事人的合法权益遭受损害，这是司法公信力下降的直接原因，而法官所掌握的审判权是司法权的重要组成部分，法官依法独立公正行使审判权，对法官的职业道德要求很高，但法官首先是普通人，普通人所具备的人性弱点意味着法官需要接受监督，而法官惩戒制度即是监督制度。从目前的运行来看，法官惩戒制度更像是一种责任倒逼机制。制定制度让法官熟悉自己的职权范围，这是事前警示，督促法官依法履职，慎用审判权。当法官存在违反审判职责行为时，法官惩戒制度就会发挥其惩戒功能，对存在违反审判职责行为且确需追究责任的法官给予停职、延期晋升、调离审判执行岗位、退出员额、免职、责令辞职等惩戒，这属于事后警示。同时也能警示整个法院系统内的其他法官。

(2)保护功能的体现

法官惩戒制度集惩戒与保护并重，其保护功能具体体现在以下三个方面：一是法官惩戒制度审查专业、程序公正，由专业的法官惩戒委员会对法官是否存在违反审判职责的行为进行审查认定，可以作出更公正的判断。二是惩戒事由标准高。《惩戒程序规定》中明确法官在履行审判职责过程中，故意违反法律法规办理案件，或者因重大过失导致裁判结果错误并造成严重后果，需要予以惩戒的，才按照法定程序予以惩戒，说明惩戒事由的标准高，能确保法官在履职过程中依法正常履职，不战战兢兢，如履薄冰。三是法官惩戒制度具有更充分的程序保障，能给当事法官提供更加充分的救济途径。法官惩戒制度设计了完善的惩戒程序，当事法官可以申请听证，享有复议和申诉权，对惩戒建议书不服的，可以向作出惩戒决定的人民法院申请复议，并有权向上一级人民法院申诉。由此可见，法官惩戒制度充分体现了对法官的保护。

二、法官惩戒制度运行的现状及其问题

法官惩戒制度的构建在我国经历了较长时间的探索，但至今尚未形成成熟的制度。目前全国各地相继成立法官惩戒委员会，但法官惩戒制度运行仍存在不少障碍，推进迟缓。

(一)法官惩戒制度的运行现状

法官惩戒制度在我国自古便有之,在司法程序中由于缺失程序观念,现今试行的法官惩戒制度仍延续了古代司法追责的特点,大部分情况下对法官的追责标准仍以案件实体裁判错误与否来认定,如陈顾远先生所说:"法官断狱,失出入者皆负相当责任,此实中国诉讼史上一大特色,其他应负之责亦极繁多,俾执法者仍有法之须遵守也。"[1]

法官惩戒制度的重点在于惩戒主体的设定、惩戒事由的界定以及惩戒程序的构建,因我国目前尚未出台专门的《法官惩戒法》,因此法官惩戒制度的相关规定分散于《法官法》及各类不同的政策性文件、规定中。2014年10月,党的十八届四中全会通过的《中共中央关于全面推进依法治国若干重大问题的决定》提出:"明确各类司法人员工作职责、工作流程、工作标准,实行办案质量终身负责制和错案责任倒查问责制,确保案件处理经得起法律和历史检验。"[2]2016年7月,最高人民法院、最高人民检察院印发《惩戒意见》,对法官、检察官惩戒的相关问题作出规定,要求制定法官、检察官惩戒工作办法。2016年7月,中共中央办公厅、国务院办公厅印发《保护司法人员依法履行法定职责规定》,对追究法官违反审判职责责任提出了相关要求。2017年10月,中央办公厅印发《关于加强法官检察官正规化专业化职业化建设全面落实司法责任制的意见》,要求对法官违反审判职责的行为进行调查核实,严格追究违反审判职责责任,建立法官惩戒制度。为贯彻落实十八届四中全会精神和党中央的决策部署,最高人民法院先后印发《关于完善人民法院司法责任制的若干意见》《关于进一步全面落实司法责任制的实施意见》《关于深化司法责任制综合配套改革的实施意见》等司法改革文件,对追究法官违反审判职责责任、建立法官惩戒制度提出了明确要求。2021年12月,最高人民法院印发《惩戒程序规定》,以更深入推进法官惩戒工作落地落实,规范法官惩戒委员会组成、法官违反审判职责线索受理、调查核实、提请审议、作出惩戒决定及当事法官申诉复核等相关工作的办理程序,为保障法官依法履行职责、追究违反审判职责责任提供了制度依据。

(二)法官惩戒制度存在的问题

目前虽然全国各地已经相继成立法官惩戒委员会,也印发了较多政策性文件,但

〔1〕我国台湾地区著名法学家陈顾远先生语。转引自刘田田:《法官错案责任追究制度的古今对比》,载《人民法院报》2017年11月10日,第5版。

〔2〕《中共中央关于全面推进依法治国若干重大问题的决定》第4条第(3)点。

法官惩戒制度的运行仍存在难点和堵点问题,具体表现为以下几个问题。

1. 惩戒制度规定不系统

目前我国关于法官惩戒制度的规定分散于不同的政策性文件中,据粗略统计,除《法官法》外,针对法官惩戒的规章制度有20多个,造成法官惩戒制度的规定不系统。虽然最新的《惩戒程序规定》对惩戒主体和惩戒事由作了规定,但《惩戒程序规定》中的规定并不足以为法官惩戒的具体规章提供全面指引,难以推动法官惩戒制度的快速有效运行。

针对制度不系统的问题,可以出台专门的《法官惩戒法》,将现行关于法官惩戒制度的法律和规范性文件进行梳理,使法官惩戒制度系统化,涵盖法官惩戒的各个方面,与其他制度有效衔接,构建完整有效的法官惩戒制度体系。

2. 两级法官惩戒委员会的关系不明确

最新印发的《惩戒程序规定》规定最高人民法院和省、自治区、直辖市设立法官惩戒委员会,同时明确法官惩戒委员会的委员由社会有关人员和法官代表组成,初步实现了惩戒主体的横向独立和纵向高位设置,但对于两级法官惩戒委员会之间的关系,目前尚未明确。实践中对于两级法官惩戒委员会之间的关系存在三种观点,第一种观点认为两者是监督与被监督的关系,第二种观点认为两者是指导与被指导的关系,第三种观点认为两者是类似于专业鉴定机构之间相互独立的关系。两级法官惩戒委员会之间的关系涉及省一级法官惩戒委员会的工作由谁监督、其审议意见如果出错应如何纠正等问题,还涉及全国的法官惩戒工作能否统一开展。笔者更赞同两级法官惩戒委员会之间是监督与被监督关系的观点。最高人民法院法官惩戒委员会监督省、自治区、直辖市一级法官惩戒委员会,既可以方便全国法官惩戒工作的顺利实施,又可以使各级法官惩戒委员会在工作上保持一定的独立性,能够顺利推动法官惩戒工作的运行。

3. 惩戒事由难认定

按照最新印发《惩戒程序规定》,法官惩戒事由集中于两个方面:一是故意违反法律法规办理案件,二是因重大过失导致裁判结果错误并造成严重后果。但实践中对于何为"故意违反法律法规办理案件",何为"因重大过失导致裁判结果错误",其认定标准并未明确,特别是在认定因重大过失问题上,不同的人标准不一,有些认为认定重大过失的标准比较严苛,有些认为认定重大过失的标准较低,可能导致全国各地法官惩戒委员会对惩戒事由的认定标准不统一。这对法官惩戒制度的运行也会带来一定的障碍。

4. 运行效率待提高

目前我国已印发较多文件对法官惩戒制度作出了规定，为法官惩戒工作的实施指明了方向，但大部分均集中于程序性的规定，实际操作仍存在很多问题，导致效率低下。如法官惩戒委员会委员的组成要求各类社会人员及法官代表组成，且要求全体委员 4/5 以上出席方可召开会议审议惩戒事项，但实践中，法官惩戒委员会委员因来自不同行业，难以统一时间召集开会，导致出现“召集开会难”的现象。又如，法官惩戒工作程序较为烦琐，目前尚未规定简易程序或者书面审议规定。实践中并非每一个惩戒事项均是疑难复杂事项，如果全部按照完整的程序实施，将耗费较长时间，导致审议周期长，运行效率低下。另外，听证中惩戒委员会、当事法官和调查组的位置如何设定，是采用开庭诉讼对抗式还是圆桌会议式抑或其他模式，当事法官是否有权请辩护人，是否有答辩期限等问题均未明确，导致实际操作中存在困难。

三、法官惩戒制度的发展方向

如前文所述，目前我国法官惩戒制度的制度规定、两级法官惩戒委员会的关系、惩戒事由、运行效率等方面仍存在较多问题，为更好地推动司法责任制改革的车轮有序前进，笔者认为，法官惩戒制度未来的发展方向可以从以下三个方面努力。

（一）从立法上系统规定法官惩戒制度，明确两级法官惩戒委员会的关系

法官惩戒制度是一项重要制度，需要系统的法律法规对惩戒主体、惩戒程序、惩戒事由等相关事项进行明确规定。但目前涉及法官惩戒制度的文件极为零散，难以形成健全且完善的法律体系，缺乏系统性。笔者认为，可以出台专门的《法官惩戒法》，将现行关于法官惩戒制度的法律和规范性文件进行梳理，使法官惩戒制度系统化，涵盖法官惩戒的各个方面，与其他制度有效衔接，构建完整有效的法官惩戒制度体系。同时，在制度体系中明确两级法官惩戒委员会之间的关系，以顺利推动法官惩戒工作的运行。

（二）科学认定法官惩戒事由

《惩戒意见》《惩戒程序规定》等对法官惩戒事由的规定，是与主客观相统一的原则相契合的，具有合理性。根据相关规定，法官惩戒需具备故意违反审判职责的事由，或者同时具备重大过失、裁判错误、造成严重后果的事由。但在《惩戒程序规定》出台前的法官惩戒实践中，存在有当事法官仅构成一般过失导致裁判错误但未造成

严重后果的情形受到惩戒的案例。[1] 暂且不论当事法官是否能对该惩戒结果信服，但显然该惩戒结果是不符合当时的《法官法》及《惩戒意见》等有关规定的。因此，实践中需把握以下两方面内容：其一，对于非故意的主观心理状态，如未导致裁判错误并造成严重损害后果，均不应予以惩戒。因为审判工作除了要求法官具备扎实的法律功底确保结果的准确公正，也要求法官提高效率，尤其是在法定第一次审限内结案率、案件结收比等绩效考核压力，以及法官与司法辅助人员配比失调的情况下，法官基于自身办案经验和技巧在短时间内作出判决，其动机不应予以苛责，否则会挫伤法官的办案积极性。其二，不宜仅以造成"严重后果"这一事由即对法官进行惩戒。从过错责任的角度分析，如果严重后果的发生超出了一般法官的预见和认知能力，说明当事法官对该严重后果的发生不具有主观上的过错，将一般法官无法预知的严重后果苛责于当事法官，明显不符合主客观相统一的原则。

另外，笔者建议将法官惩戒主观方面"严重过失"的主观状态的标准修改为"过失"，即不再对一般过失和重大过失进行区分，只要是因过失导致裁判错误并造成严重后果的就予以惩戒。

（三）灵活运用简易审议和书面审议

议事决策的参与人数是关乎效率的重要问题，在不同情形下，适当简化法官惩戒委员会的审议程序，设定合理的参与委员人数，灵活运用书面审议、现场听证的参与形式，能兼顾法官惩戒委员会决议的专业性和时效性。

1. 惩戒委员会审议时简易程序的应用

针对特定的案件设定简易程序，由较少的人数组成执行惩戒委员会进行审议，能有效提高惩戒委员会的决议效率。笔者认为，可以对提请审议的惩戒事项，设定相应的繁简划分标准，借鉴诉讼法领域简易程序的有关内容设置简易惩戒程序，具体可包含简易案件的识别与简易程序的运行规则两方面。

对简易案件的识别和判定，笔者认为，以下情形可以适用简易惩戒程序进行受理

---

〔1〕 该案例简要案情：2020 年，某省法官惩戒委员会接到纪委转来的一条线索，该省某执行法官查封某地块时，将"415 地块"写成了"416 地块"，导致地块被错误查封。惩戒委员会办公室将线索转至当事法官所在中级人民法院，由该中级人民法院组成 3 人调查组（一名执行法官、一名民事法官、一名纪检监察工作人员）展开调查，调查组到邮政局和原国土局调取材料，确认当事法官已将更正为"415 地块"的裁定寄到原国土局，但原国土局未予处理。调查组认为，法官在审判过程中出现笔误，存在一般过失，其通过邮寄送达的方式更正，也是更正笔误的法定形式。但当事法官事后未跟踪更正进展，存在一定程度的失职，被惩戒委员会认定为一般过失，并给予诫勉处分。

审议:(1)对于涉嫌违反审判职责行为属于事实清楚、主观故意明显,虽当事法官不认可所在法院的报告意见,但相关事实有较充足的证据能证明的;(2)当事法官对调查机关的有关违反审判职责的事实、故意或过失主观心理状态的认定意见争议不大的;(3)虽无前两款情形,但当事法官同意惩戒委员会适用简易程序的。

对简易惩戒程序的运行规则,笔者认为,可以从以下三个方面对简易惩戒程序进行设计:(1)关于审议会议出席人数的设定,为兼顾运行效率和执行惩戒委员会的专业性判断,在出席人数上的设定可以参考《人民陪审员法》第16条的规定,[1]同时结合《惩戒意见》关于法官代表比例的要求,构建"4+3"的模式,即包含4名法官代表委员和3名其他代表委员共7人组成的执行惩戒委员会。(2)关于表决通过人数,因对于当事法官是否存在违反审判职责的行为以及存在何种主观心态的审查意见,对当事法官的惩戒结果有直接影响,故审查意见须经7人中的2/3以上的多数通过,不宜再降低该标准。(3)如果简易惩戒程序进行过程中,执行惩戒委员会发现案件调查存在事实不清、证据不足的情况,经退回补充调查后的预判结果与调查法院的拟认定意见存在重大出入的,执行惩戒委员会应报请惩戒委员会主任决定是否转为普通惩戒程序进行审议认定,以确保最终结果在更广泛的委员审议中取得更客观公正的结果。

2.惩戒委员会的书面审议应用

书面审议相较于听证审议而言,无论是审议时间还是审议地点均更为灵活,是保证惩戒机制运行效率的有力举措。但在发挥其效率优势的同时,还需注意其适用范围的合理性问题,应仅将其适用于案件事实清楚、当事法官对所在法院的调查认定意见争议不大或者当事法官主动请求适用书面审议的情形,以此确保审议结果的公正性。《惩戒程序规定》第25条规定,如果当事法官对调查认定的事实、证据等没有异议并且明确表示不参加听证或无故缺席的,惩戒委员会可以直接进行审议。这一规定为事实清楚无争议的案件适用书面审议程序留下了制度空间,各省、自治区、直辖市在制定各自的法官惩戒工作程序时可以进行相应的制度设计。

笔者认为,书面审议应可适用于以下几种情形:(1)在审查意见作出前的审议阶段,属于可以运用简易惩戒程序进行审议,且经惩戒委员会办公室提请惩戒委员会主

---

[1] 《人民陪审员法》第16条规定:"人民法院审判下列第一审案件,由人民陪审员和法官组成七人合议庭进行:(一)可能判处十年以上有期徒刑、无期徒刑、死刑,社会影响重大的刑事案件;(二)根据民事诉讼法、行政诉讼法提起的公益诉讼案件;(三)涉及征地拆迁、生态环境保护、食品药品安全,社会影响重大的案件;(四)其他社会影响重大的案件。"

任决定适用书面审议程序的案件;(2)在审查意见复议阶段,经惩戒委员会决定适用书面审议程序的;(3)除前两种情形外的,可经当事法官申请,并在获得惩戒委员会同意后,可采用书面审议形式进行。另外,在具体的适用中,应注意以下几种情况:其一,经决定采用书面审议程序的,法官惩戒委员会办公室应向当事法官及其所在法院发出书面审议告知书,有关权利义务部分应载明包括证据提交期限、惩戒委员会成员名单及申请惩戒委员会委员回避的期限等内容,以保证有关方尤其是当事法官的权利行使。其二,对于争议较大、事实不清、社会影响较大的案件,如果是处于审查意见作出前的审议阶段,出于程序公正性与消除影响的考虑,应采取听证审议,即便是当事法官主动申请亦不适用书面审议。

法官惩戒制度与纪检监察制度的衔接机制研究*

温和贵**　李耀杰***

摘要：法官惩戒制度是司法体制改革重要配套制度，法官惩戒制度和纪检监察制度的衔接是改革工作的难点之一。法官惩戒制度与纪委监委衔接存在一些问题，有必要加快推进法官惩戒实质性运转、提高法官惩戒委员会审查意见的效力、与纪检监察机关共同完善衔接程序。

法官惩戒制度与纪检监察制度的衔接机制，是指对法官违法审判行为的查处，法院、法官惩戒委员会和纪委监委之间互相配合、互相监督的机制。主要解决法官违法审判案件线索是否需要移送，在什么条件下移送，如何保障移送等问题。法官惩戒制度建立后，纪委监委也保留着对法官违法审判的调查及处分的职权，社会公众对法官的违法审判行为多向纪委监委举报，纪委监委掌握着大量案件线索。如何有效构建与纪检

---

* 本文为广西壮族自治区高级人民法院 2020～2021 年度课题"法官惩戒制度的完善研究"的阶段性研究成果。2021 年上半年，广西壮族自治区高级人民法院和北海海事法院成立联合课题组，到江苏省高级人民法院、云南省高级人民法院和玉溪市中级人民法院等法官惩戒制度试点法院实地走访调研，了解实践中法官惩戒制度与纪检监察制度的衔接运用情况。

** 北海海事法院审管办副主任。

*** 广西壮族自治区高级人民法院研究室副主任，四级高级法官。

监察等相关制度的衔接机制,是法官惩戒制度研究的重要课题。[1]

一、法官惩戒与纪检监察工作衔接的现行规定和实践做法

(一)法律对法官惩戒与纪检监察工作的衔接无明确规定

虽然《法官法》和《关于建立法官、检察官惩戒制度的意见(试行)》(以下简称《惩戒意见》)规定由法院对法官违法审判行为进行调查,法官惩戒委员会从专业审判角度对法官是否存在违法审判行为进行审查认定,但对于纪委监委收到法官违法审判线索是否需要移送,《法官法》未予明确。《监察法》此前一直规定监察机关有权对法官违法违纪行为进行处理,《法官法》的规定是否意味着将法官违法审判的调查、审查、处分职责完全划给了法院,还是监察机关同时保留这部分职责,这其实是不明确的。有些学者认为两种制度应当同时运行,可以保障法官在办案过程中行为的合法性,同时可以倒逼惩戒委员会或监察委员会在作出惩戒决定时更加慎重。[2]

(二)《衔接规定》对法官惩戒配合纪检监察进行了原则规定

2022 年 1 月 27 日,最高人民法院印发《关于做好法官惩戒与纪检监察工作衔接的规定》(以下简称《衔接规定》),对人民法院与纪检监察机关审查、调查法官违反审判职责案件的管辖权限划分和工作如何衔接进行了原则规定。

1. 并行而非前置

根据《衔接规定》第 1 条的规定,对法官的同一违反审判职责行为,纪检监察机关已经调查处理的,不再适用法官惩戒程序。其一,如人民法院和纪检监察机关同时对同一法官开展调查、处理,人民法院应当停止调查、处理,对因同一违反审判职责行为已经被处理过的,人民法院不应作为惩戒对象再进行处理。其二,法官惩戒委员会的审查并非对法官进行处理的前置程序,纪检监察机关依照《监察法》对所有行使公权力的公职人员实行全覆盖,法官惩戒制度和纪检监察制度是两种并行的责任追究制度。其三,纪检监察机关在调查、处理法官违反审判职责行为时,如有需要,可以商请

[1] 当前法官惩戒制度的运行主要有两种模式:一种是外部驱动模式,即以纪委监委移送的案件线索为主,内部自查为辅。纪委监委发现存在法官违反审判职责违法审判时移送法院,法院依法展开调查,提交法官惩戒委员会,惩戒委员会将认定结果反馈纪委监委。该种模式较为常见。另一种是内部启动模式,案件线索主要依靠法院内部自查发现,对法官的违法审判行为,纪委监委和法院两个部门各自开展线索调查,法官惩戒委员会和纪委监委各自处理。

[2] 参见刘沛宏、张博雯:《司法责任制下法官惩戒制度与监察制度衔接模式探析》,载《渭南师范学院学报》2021 年第 7 期。

法官惩戒委员会从专业角度提出审查意见。但法官惩戒委员会的审查并非必经程序,法官惩戒委员会的审查意见也并非纪检监察机关当然适用的依据。

2. 干部管理权限和主体责任

根据《衔接规定》第 2 条和第 3 条的规定,对法官违法审判的调查主体应以干部管理权限为基本原则,具体包括:其一,各级法院在履行主体责任下有权对本院法官违反审判职责的行为进行调查;对干部管理权限不在本院的法官违反审判职责的问题线索可以向有管辖权的纪检监察机关移送,纪检监察机关商请提请法官惩戒委员会审议的,人民法院向惩戒委员会提请审议。其二,由于人民法院担任院领导班子成员的法官,干部管理权限并不在法院,故可以由具有干部管理权限的党委或纪检监察机关进行审查调查处置。其三,法官惩戒是各级法院履行主体责任范围下的一种监督管理措施。上级法院对下级法院的法官无干部管理权限,故无权对法官的组织处理措施提出意见,处理应由有干部管理权限、履行主体责任的法院提出。

3. 通报和沟通

其一,派驻纪检监察组对驻在的人民法院有干部管理权限的法官有监督、调查、处理的权限,因此人民法院在开展调查前和调查结束后,应当向派驻纪检监察组通报,在作出处理决定前,应当征求其意见。其二,人民法院对有干部管理权限的法官启动法官惩戒制度,相对纪检监察机关,派驻纪检监察组主要承担配合人民法院开展法官惩戒的作用,不再独立对同一法官的同一行为开展调查、处理。法官惩戒委员会的审查结论同样约束派驻纪检监察组。其三,如果案件系由纪检监察机关交由人民法院作出处分决定,而人民法院或法官惩戒委员会与纪检监察机关意见不一致的,还应当和纪检监察机关沟通协商。

(三)纪检监察机关如何与法官惩戒制度衔接观点不一

由于《衔接规定》是最高人民法院发布,其主要是规范法官惩戒制度与纪检监察工作的衔接,而纪检监察机关如何与法官惩戒制度衔接,尚未出台。当前关于法官违法审判行为案件移送主要有以下四种意见,实践中并未达成共识:

其一,在收到报案或举报,纪委监委认为属于法官违法审判的案件,只进行形式审查,而不实质开展调查,直接移送至法院。

其二,经过审查,排除其具有管辖权后移送案件线索。根据《监察法》第 35 条的规定,监察机关对于不属于本机关管辖的报案或者举报,应当移送主管机关处理。因此，监察机关在进行初步调查，排除被举报的法官存在其他违法犯罪行为后进行移送[1]。

其三，由纪委监委负责对案件进行调查，在对法官惩戒前，提请法官惩戒委员会进行审议，确定其是否存在故意或过失，据此进行惩戒。这种观点认为“凡是经法律明确授权，有权对法官涉嫌构成违法审判进行调查，并予以责任追究的相关主体，在追究法官违法审判责任时，均应先向法官惩戒委员会提出对相关法官的审判行为进行依法审议的要求”。[2] 这种观点更多地倾向于将法官惩戒委员会的审查作为纪委监委追究法官违法审判责任的前置程序，而非将案件移交法院和法官惩戒委员会调查处理。

其四，纪委监委可对法官职务犯罪和其他违纪违法行为直接调查，在采取强制措施或纪律处分前可提交法官惩戒委员会审议，也可以在法院审理法官违法审判职务犯罪案件时，合议庭根据需要提交法官惩戒委员会审议。[3] 其与第三种做法的区别在于，对法官违法审判不构成犯罪时移送法院调查，如构成犯罪的，纪委监委直接调查，只在惩处前视情况需要提请法官惩戒委员会审查。

除了上述四种移送情况以外，还存在纪委监委在处理法官违法审判的案件时，不移交案件线索，亦不提请法官惩戒委员会审议，直接调查处理的情况。

(四)法院和纪委监委对法官惩戒制度关键问题认识不统一

调查问卷显示，部分纪委监委的工作人员在法官惩戒职权范围、定位、启动条件等关键问题方面与法院工作人员存在较大分歧，这些分歧影响了纪委监委移送案件线索的意愿，造成衔接受阻。

1. 关于法官惩戒制度的定位方面

据统计，在法官惩戒制度的定位上，纪委监委和法院的受访者之间分歧较大，接近一半的法院和纪委监委受访者均认为应当保护与惩戒并重，但另一半人则不同的部门答案截然相反，法院有49%的受访者认为应当更侧重保护法官，而只有8%的纪委监委受访者赞同更侧重保护法官；相应地，只有7%左右的法院受访者认为应当更

---

[1] 参见陈铭强：《三重执纪监督下法官惩戒制度的反思与完善》，载《人民司法》2020年第13期。

[2] 参见陈铭强、黄晓莹：《法官惩戒制度运行困境探析——以27个省级法官惩戒委员会为研究对象》，载《司法体制综合配套改革中重大风险防范与化解——全国法院第31届学术讨论会获奖论文集》(上)，第487页。

[3] 参见于海瑞：《法官惩戒程序的“控辩审”模式探析——兼谈改革背景下法院监察部门的职能定位》，载《西南法律评论》2018年第2期。

侧重惩罚法官，而高达 44% 的纪委监委受访者认为应当更侧重惩罚法官。法院和纪委监委在法官惩戒制度的定位不同，态度截然相反，必然会影响到纪委监委移送案件线索的意愿。（见图 1）

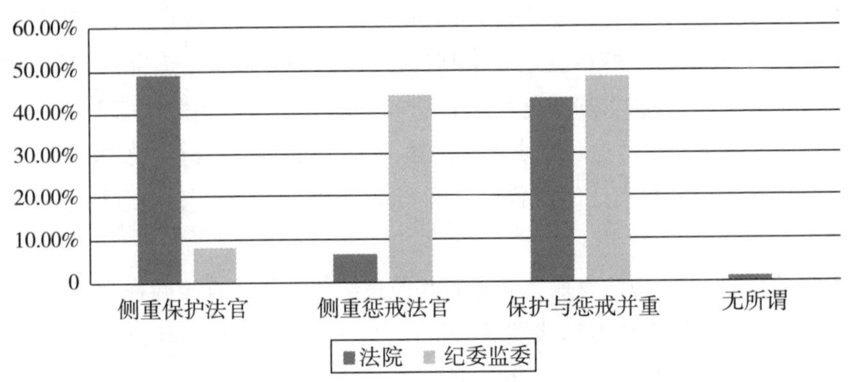

图 1　法官惩戒制度的定位

2. 关于启动和惩戒的尺度方面

根据《惩戒意见》，法官违反审判职责，因重大过失导致案件错误并造成严重的行为才需要予以惩戒，但从调查问卷统计结果来看，法院和纪委监委在这个问题上同样存在重大分歧。

在存在重大过失但未造成严重后果是否需要启动调查方面，77% 的法院受访者认为应当启动，而 100% 的纪委监委受访者均认为应当启动调查。在是否需要惩戒方面，这种分歧更为明显，认为应当惩戒的法院受访者是 36%，认为应当惩戒的纪委监委受访者则高达 80%；认为不应当惩戒的法院受访者 64%，而认为不应当惩戒的纪委监委受访者则只有 20%。（见图 2、图 3）

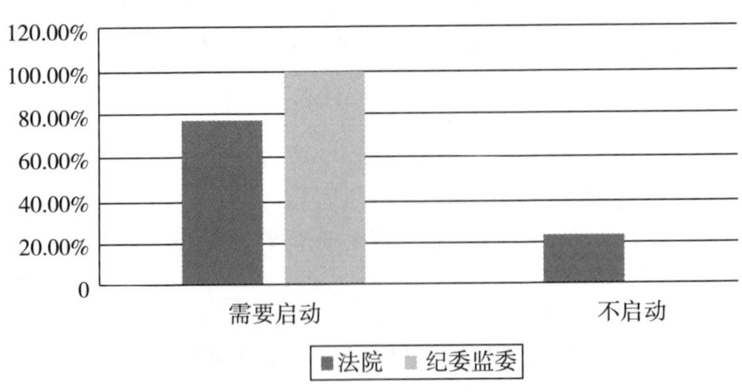

图 2　重大过失但未造成后果是否需要启动调查

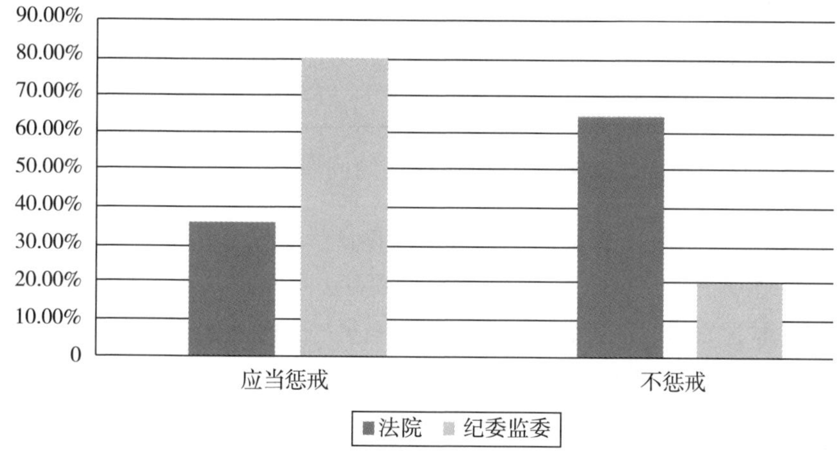

图3　重大过失但未造成后果是否需要惩戒

从问卷的调查结果不难看到，包括法院在内，很多政法工作人员对法官惩戒制度并不了解，而纪委监委对法官惩戒制度的启动条件更是完全不认同，对法官违法审判行为持有更强烈的惩处意愿。

3. 关于线索移送问题

关于纪委监委发现法官涉嫌违反审判职责的线索需要进行调查核实，是否需要将案件线索移交法院的问题，调查问卷显示，无论是法院还是纪委监委，大多数受访者均认为应当移送法院进行调查，但在比例上却有较大分歧。认为由纪委监委自行处理的法院受访者为21%，认为应当移送法院的则高达79%；认为由纪委监委自行

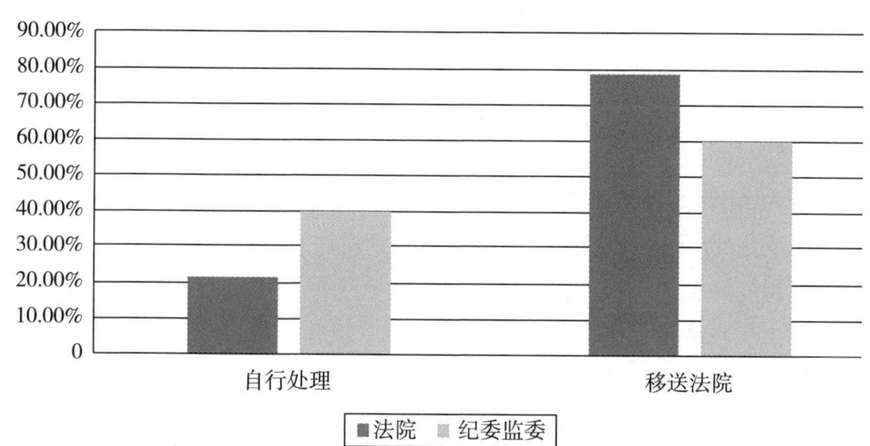

图4　纪委监委发现案件线索是否应当移送法院

处理的纪委监委的受访者为 40%，60% 的受访者则赞同移送法院处理。表明还有相当大比例的纪委监委受访者认为法官违反审判职责的案件应当由纪委监委处理，不同意移送法院。（见图 4）

二、法官惩戒与纪检监察工作衔接存在的问题

（一）法官惩戒与纪检监察工作衔接上存在诸多现实障碍

从我们调研的情况来看，一方面，法官惩戒在法院内部启动困难较大，人民法院迫切希望纪检监察部门移送案件启动法官程序；另一方面，纪检监察部门在面对疑难复杂的案件时，也希望法官惩戒委员会对法官是否存在违反审判职责的故意或重大过失予以认定。因此，无论人民法院还是纪检监察部门，都希望在调查、处理法官违法审判行为上，能够衔接顺畅。但实践中，却面临诸多障碍：

1. 法官惩戒制度尚未实质化运作，其效果如何未得到很好的验证

目前，全国各地都已成立法官惩戒委员会，基本建立了相应的制度规则，一些试点地方还运用法官惩戒制度对违反审判职责的法官进行了惩戒。但更多地方至今尚未实质上开展过法官惩戒工作，至今尚未依据法官惩戒制度调查、处理过一个法官。因此，法官惩戒制度的效果如何未能得到验证，甚至纪检监察部门不了解法官惩戒制度，很难让纪检监察部门主动的将案件线索移送人民法院或将案件移送法官惩戒委员会审查。

2. 内部启动调查的乏力导致外部衔接难以推进

《惩戒意见》第 6 条只规定了法院在审判监督管理工作中发现问题线索启动法官惩戒制。但在《法官惩戒工作程序规定（试行）》（以下简称《程序规定》）中增加了法院机关纪委或督察部门接到举报、投诉及有关单位、部门移交的问题线索后，经核实启动法官惩戒。因此，法官惩戒的启动包括内部自行发现和外部投诉、举报及有关单位、部门移交两部分。从常理上分析，如果内部启动有力，及时发现、调查和处理法官违法审判行为，能够很好树立法官惩戒制度的公正权威，相对减少外部投诉、举报和线索移交。反之，如果内部启动乏力，抑或在接到对法官的投诉、举报后，不能严格按照法官惩戒制度开展调查、处理，很可能导致法官惩戒制度的公正性受质疑，给外部移送产生顾虑。当前很多地方没有适用法官惩戒制度惩戒过一个法官，很大程度是因为内部启动调查乏力，未能树立法官惩戒制度的权威。

3. 法官惩戒制度的运行程序仍然存在许多不完善之处

从我们调研的情况来看，法官惩戒制度实际运行并不十分理想：有些是程序烦

琐,因为迟迟无法通知到符合法定人数的委员召开听证,而使听证不断改期,影响了惩戒的效率;有些是将已经受过处理的案件再进行法官惩戒,或者是将法官收受贿赂的违法违纪行为作为法官违反审判职责行为提交惩戒委员会审查,有走过场之嫌;有些是不存在重大过失,或者存在重大过失,但未造成严重后果,却以错案为惩戒法官的标准,仍然对当事法官进行了惩戒,使法官惩戒制度未能实现其公正、专业、中立的作用。基于上述种种问题,不免让人怀疑,如果相关单位或部门移送案件线索,是否会发生审查效率低、走过场、不中立等情况。

(二)《衔接规定》仍存在诸多空白,影响法官惩戒制度的效力

1. 对当事法官是否有权提请法官惩戒委员会审查未予以明确

根据《程序规定》和《衔接规定》的规定,人民法院、纪检监察机关在对法官违法审判行为进行处理前,可以提请法官惩戒委员会对法官是否存在故意或重大过失予以认定,但并未赋予当事法官申请法官惩戒委员会审议的权利。如纪检监察机关对当事法官进行调查后,当事法官认为自己在审判过程中不存在故意或重大过失,能否申请纪检监察机关移送法院提请法官惩戒委员会审议?抑或能否自行向法官惩戒委员会申请审议?当前对此问题并未明确,有赖纪检监察机关出台具体的衔接规则,但笔者认为,赋予当事法官申请法官惩戒委员会审查的权利,更有利于保护当事法官的合法权益,保障处罚的准确性。

2. 法院在作出刑事判决前是否可以根据实际情况提请法官惩戒委员会审议当事法官是否存在故意或重大过失并未明确

根据《程序规定》第 41 条的规定,法官违法审判行为涉嫌刑事犯罪的情况下,人民法院不应继续对法官进行惩戒,而应当移送具有管辖权的纪检监察机关或者人民检察院依法处理。同时,纪检监察机关也可以依据《监察法》对法官涉嫌犯罪行为进行调查。如进入审判程序后,法院发现需要对当事法官是否存在故意或重大过失予以认定时,能否直接提请法官惩戒委员会审查,并不明确。

3. 上下级人民法院之间的关系并未明晰

根据《衔接规定》的规定,上级法院对下级法院的法官并不具有干部管理权限,因此不能参与下级法院法官的调查和处理。但同时,下级法院需要提请法官惩戒委员会审议的,应当层报高级人民法院。上级法院认为提请审议的事项不符合相关要求的,可以要求下级法院补充完善,或者退回下级法院。这就产生问题,上级法院不参与下级法院的调查和处理,但能否对下级法院调查和处理进行指导和监督?如上级法院收到对下级法院的投诉和举报,是否只能转下级法院处理?又如何保障下级法

院对自己的法官的处理公正准确?

(三)尚存在诸多问题,等待纪检监察机关予以回应

最高人民法院出台的《衔接规定》,主要规范的是人民法院在法官惩戒调查、处理中,如何与纪检监察机关的衔接问题,由于该规定的适用对象为人民法院和法官惩戒委员会,而实践中衔接问题需要纪检监察机关的配合,故很多问题需要等待纪检监察机关的回应。

1. 在何种情况下移送法官惩戒委员会审议需要明确

《衔接规定》中规定了情况复杂的案件,纪检监察机关可以移送人民法院提交法官惩戒委员会审查,但何谓情况复杂未明确,同时是可以移送还是应当移送亦有待明确。如果对此问题能够通过文件的形式予以统一明确,显然有助于纪检监察机关统一做法,更有利于案件处理更为准确,保障当事法官的合法权益。

2. 法官惩戒委员会审议结论的效力问题

人民法院提请审议的案件,法官惩戒委员会审议的结论是人民法院对当事法官予以惩戒的依据,但纪检监察机关移送人民法院提交法官惩戒委员会审议的案件,法官惩戒委员会作出审议结论,纪检监察机关是并非当然适用。因为法官惩戒制度和纪检监察制度是完全并行的两项制度,纪检监察机关对法官的监督是全面的、独立的,并不依赖法官惩戒制度,但毫无疑问,法官惩戒委员会的审议结论更专业,理应在案件处理上予以考虑,因此,对这一问题予以回应显然也是必要的。

3. 纪检监察机关如何配合法官惩戒委员会审议案件未明确

《衔接规定》规定,纪检监察机关不直接提请法官惩戒委员会审议案件,而是移交人民法院,由人民法院提请审议。但一旦具体操作,就容易产生问题:如纪检监察机关是否应当派员出席听证会?是否应当指派调查人员到会举证和发表意见?对法官惩戒委员会审议的结论如果不认可,能否申请复议?此外,纪检监察在进行调查时,往往并不公开相关信息,那么如何与人民法院沟通协调,避免两个单位同时调查同一法官?诸如此类的问题,应由纪检监察机关明确。

三、完善法官惩戒制度与纪检监察制度衔接的建议

要解决法官惩戒制度与纪检监察制度衔接存在的问题,需完善法官内部启动方式和加强与纪检监察机关的沟通协调,共同制定顺畅的衔接程序,推动法官惩戒制度的良好运转,树立法官惩戒制度的权威性和公正性。

（一）加快推进法官惩戒实质性运转，树立法官惩戒制度的权威性和公正性

1. 在完善法官惩戒制度与纪检监察制度衔接的同时，更为关键的是探索建立常态化运行的法官惩戒制度，构建内部发现案件线索机制，提高惩戒效力和效率。《程序规定》第四章规定了法院受理和调查的程序，但仍有不足，未明显触及难点和痛点：内部监督不力的问题。首先，同一法院内部，即使是机关纪委或承担督查工作的部门，和被投诉、举报的法官朝夕相处，碍于同事之间可能存在的人情或矛盾，启动法官惩戒调查的动力不足；[1]其次，审判监督管理部门的人员并非专职调查法官违法违纪的部门，其亦无意愿和动力启动对法官的调查；最后，法官惩戒后果具有一定的外溢效果。很多地方将法官被惩戒作为负面指标，影响到全院的绩效指标和形象。经调查发现法官存在违法审判可能受到惩戒时，如果当事法官辞职，法院也会终止调查，很少有提交法官惩戒委员会审议的情况。上述种种原因导致法院内部启动方式不足，更依赖纪委监委移送案件线索，进而导致法官惩戒制度长期未能实质化运作。要完善法院内部启动方式，更重要的是建立上级法院对下级法院的监督和指导机制。相对于本法院内部的监督，上级法院的监督更为有力，尤其是上级法院接到对下级法院法官的投诉、控告的情况下，不应一转了之，完全由下级法院自行处理，仍应及时跟进，听取汇报，必要时进行指导。

2. 转变思想，积极采取措施，加快推进法官惩戒制度的实质化运作。当前有些地方为求稳妥，对案件线索要求非常高，导致存在没有符合条件的案件开展法官惩戒工作。我们认为这种观点是值得商榷的。首先，启动调查并不意味着必然要对法官进行惩戒，是否需要对法官进行惩戒，应依法官惩戒委员会的审查认定意见而定，用惩戒的标准作为启动调查的标准，既不科学，也容易导致本应该被惩戒的法官因不被启动调查而不惩戒。其次，法官惩戒制度不仅具有惩戒的职能，更具有保护的职能，如果一个法官频繁被当事人投诉、举报，抑或因某个特定的案件被公众所质疑，即使其不构成违反审判职责，启动法官惩戒，通过法官惩戒委员会的审议给予澄清，亦是对法官的保护，同样具有重要意义。最后，启动调查亦属于法官惩戒程序的一部分，通过启动调查，即使最后不提交惩戒委员会，亦可以验证法官惩戒程序的完备与否，亦有利于树立法官惩戒制度的权威性和公正性。

3. 加强部门联动，进一步完善法官惩戒的内部启动调查程序。对改判和发回重审的案件，上级审判组织或者本院审监庭应当对错误性质进行认定；对因错改判的案

---

[1] 参见万进福：《我国法官惩戒主体制度的反思与重构》，载《人民司法（应用）》2017年第22期。

件,审管办、审监庭应当分析改判的原因,并提出是否移送启动调查的意见,由纪检监察部门决定是否启动调查。[1] 对法官违法审判行为的审查,应采取宽进严出、多层过滤、流水作业的方式进行。

首先,进入法官惩戒制度内的案件不需要进行过多的限制,限制过多意味着发现的难度就大。因此,对于被改判的案件,即进入法官惩戒制度潜在的审查范围。

其次,进入潜在范围并不意味着就需要启动调查,还需要不同部门按照不同标准进行筛查过滤,最终得出符合条件的案件。如上级法院发现错案,排除出现新证据或当事人原因等客观因素导致的错案后,认定该错案是法官自身原因导致的;审管办对错案进行评查,由法官对错案原因进行说明,并具体分析其错误原因,决定是否需要移送本院内部监督部门审查;内部监督部门接到审管办的移送后,对是否涉嫌违纪违法进行审查,最终决定是否提交审判委员会启动调查。

最后,多个部门配合进行,流水线生产,上个阶段完成后才进入下个阶段,既分担了压力,也避免了错误启动调查的可能。例如,审管办的法官是很难认定案件是错案的,我们很难说审管办的法官水平就比专业审判的法官高,能发现其错案,因此不应该把认定错案职责赋予审管办,只有经过上级法院改判或再审改判和发回重审以后,才能确定是错案。审管办再对错误的原因进行分析,移送内部监督部门。内部监督部门在有了专业性的判断后,就更容易决定是否启动调查。

(二)进一步完善法官惩戒制度,提高法官惩戒委员会审查意见的效力

1. 扩大法官惩戒制度的启动方式,允许当事法官申请提交法官惩戒。当前,受理法官惩戒方式主要包括群众投诉、举报,法院内部审判监督管理发现和有关单位、机构的移交,实质上不允许当事法官为维护自身合法权益而申请提请法官惩戒委员会对自身审判行为是否具有故意或过失程度轻重予以认定。我们认为是不合理的,也不利于保护法官的合法权益,尤其是当事法官面临处理,而自身认为不存在故意或者过失的时候,更应该给予其自证清白的机会。因此,我们建议:如果因违反审判职责未经法官惩戒委员会认定的当事法官,可以向调查机关申请提请法官惩戒委员会进行审查认定。是否允许,由调查机关决定,但应当说明理由。

---

〔1〕 最高人民法院《关于完善人民法院司法责任制的若干意见》第 34 条第 1 款规定,需要追究违法审判责任的,一般由院长、审判监督部门或者审判管理部门提出初步意见,由院长委托审判监督部门审查或者提请审判委员会进行讨论,经审查初步认定有关人员具有本意见所列违法审判责任追究情形的,人民法院监察部门应当启动违法审判责任追究程序。

2. 刑事诉讼阶段,应当允许当事法官向纪检监察机关、检察院、法院申请提请法官惩戒委员会提出审查意见。当事法官不申请的,法院在审理案件过程中,亦可以依职权提请法官惩戒委员会提出审查意见。如无相反证据推翻法官惩戒委员会的审查意见,该审查意见可以作为认定案件事实的依据。惩戒委员会进行听证时,如在侦查阶段,应由侦查机关出席听证,并进行举证质证和发表意见。如在审查起诉和法院审理阶段,应由检察机关出席听证,并进行举证质证和发表意见。理由是:首先,当事法官是否存在故意或者重大过失,是构成枉法裁判的构成要件,亦属于必须查明的事实,从定罪量刑的标准来看,应当排除合理怀疑,故法院应当主动的依职权提请法官惩戒委员会进行审查。其次,法官惩戒委员会的审查认定,在刑事诉讼阶段,应当属于鉴定结论类别的证据,且具有较高证明效力,如无相反证据证据证明,理由采信。最后,由指控部门出席听证,更有利于法官惩戒委员会全面的审议案件,提出公正、准确的审查意见。

3. 我们赞同各级人民法院根据干部管理权限对法官进行调查和处理,但并不意味着上级法院不能对下级法院的调查和处理工作进行监督和指导。如果只允许当事法官所在的法院开展调查和处理,无法保障其公正性,亦难以让投诉人和举报人信服,不但无法和纪检监察机关有效衔接,而且会使案件线索更多地转向纪检监察部门,实质上不利于法官惩戒制度的发展和完善。因此,应当允许上级法院的纪检督查部门对下级法院的调查处理工作进行监督和指导。

（三）加强沟通协调,与纪检监察机关共同完善衔接程序

当前最高人民法院已经出台了《衔接规定》,但由于该规定为最高人民法院单独出台,实质上只是预留了与纪检监察工作的对接口,如何顺畅衔接,仍有待于纪检监察机会出台政策进行回应。对此,我们建议纪检监察机关对下列事项予以考虑:

1. 为了案件办理结论的准确性,保护法官的合法权益,公正准确地对法官违反审判职责的行为进行追责,建议以下四类案件应当商请法官惩戒委员会从专业角度提出审查意见:一是重大、复杂、敏感案件。如当事法官审理的案件造成了非常重大的损失或恶劣的社会影响、社会关注度高、法官审理的案件涉及的问题非常专业、复杂等情形。二是当事法官争议较大的案件。如当事法官坚决认为自己不存在故意或重大过失,且有一定的证据和理由支持的情形。三是如调查人员内部存在较大争议,无法形成共识的情形。四是应当追究刑事责任的案件,此类案件涉及当事法官的重大人身自由权利,证明标准高,理应慎之又慎。

2. 我们认为,纪检监察机关如商请法官惩戒委员会提出审查意见,如没有相反证

据证明，或存在重大违反程序事项，对法官惩戒委员会的审查意见，纪检监察机关应当予以尊重，并作为对当时法官处理的依据。如认为审查意见确实存在问题的，应当与法官惩戒委员会进行沟通，不宜直接予以否定。如纪检监察机关轻易、频繁地否定法官惩戒委员会的审查意见，将会极大地影响法官惩戒委员会的权威性和公信力，故理应有充分的理由和依据。

3. 虽然《衔接规定》规定纪检监察机关商请法官惩戒委员会从专业角度提出审查意见后，由人民法院提请法官惩戒委员会审议，但应当根据实际情况，在证据较多、案件较复杂、当事法官争议较大的情况下，纪检监察机关应当作为调查方派员出席听证，并承担举证、质证和发表意见的职责。否则，人民法院有可能因为不了解案件情况，无法准确、全面地陈述事实和意见，影响了惩戒委员会的处理。另外，在法院启动调查时，向驻院纪检组通报情况后，驻院纪检组应当向纪检监察部门报告，以避免两个部门同时对同一法官开展调查。

案例分析

图文组合商标中部分要素被使用的侵权行为判定

——黄某与宾阳县某粉店侵害商标权纠纷案

万晓敏*

【裁判要旨】

判断图文组合的注册商标与被控文字标识是否构成近似，应根据商标的特征及通常的呼叫习惯，将组合商标中的文字字形及读音作为主要部分加以比对。案涉注册商标的中文部分虽为通用词汇，但内容与餐饮服务关联性不强，系其显著识别部分。被控文字标识与案涉注册商标相比，在中文文字、读音和含义上完全相同，指向的服务类别具有同一性，相关公众施以一般注意力容易认为案涉服务提供者与商标权人存在投资、合作、加盟、商标许可等商业关系，进而对服务来源产生混淆误认，应认定被控文字标识与案涉注册商标构成近似，侵害注册商标专用权。

【基本案情】

案涉注册商标由何某于 2007 年经核准注册，后于 2011 年转让给黄某。黄某取得注册商标专用权，并将该注册商标用于自营的粉店。与黄某经营同一服务类别的宾阳县某粉店在门头招牌、室内装潢上使用的文字标识包含案涉注册商标中的文字部分。黄某以侵害其注册商标专用

* 广西壮族自治区高级人民法院审判监督第一庭副庭长，四级高级法官。

权为由诉请判令宾阳县某粉店立即停止侵权并赔偿损失。

【审理结果】

柳州市中级人民法院于2019年8月24日作出(2019)桂02民初45号民事判决:驳回黄某的诉讼请求。

广西壮族自治区高级人民法院于2019年12月23日作出(2019)桂民终1028号民事判决:驳回上诉,维持原判。

广西壮族自治区高级人民法院于2021年12月29日作出(2021)桂民再155号民事判决:(1)撤销本院(2019)桂民终1028号民事判决和柳州市中级人民法院(2019)桂02民初45号民事判决;(2)宾阳某粉店于本判决生效之日起,立即停止实施侵害注册商标专用权的行为;(3)宾阳某粉店于本判决生效之日起十日内向黄某赔偿经济损失16000元(含维权合理开支);(4)驳回黄某的其他诉讼请求。

【裁判评析】

一、被控侵权行为是否属于《商标法》意义上的商标使用

商标性使用作为商标侵权判定的重要组成部分,受到《商标法》的规制,但目前我国学术界与司法实践中对商标性使用与商标侵权的关系以及商标性使用与混淆可能性间的关系还存在诸多不同的观点。

有学者指出限定商标性使用为商标侵权认定的构成要件,缩小了注册商标专用权的保护范围,不利于保护商标权人的利益,应将商标侵权中的使用理解为商业性使用。也有不少学者肯定了商标性使用在商标侵权认定中的重要独立地位。他们认为,商标性使用独立于混淆可能性,并且商标性使用的单独认定有其自身重要的价值。

《商标法》第48条规定,商标的使用,是指将商标用于商品、商品包装或者容器以及商品交易文书上,或者将商标用于广告宣传、展览以及其他商业活动中,用于识别商品来源的行为。司法实践依据法律规定,基于不同的案件实际,对商标性使用与商标侵权的关系的认识有一个逐步深化的过程,将商标性使用作为商标侵权认定的前提条件,是司法审判实务中的主流观点。笔者认为,首先,商标侵权的实质损害效果就是相关公众对商品或服务来源的混淆,商标侵权应以发挥识别功能的商标性使用为认定前提。这与商标法中保护商标权人的核心利益具有一致性。商标的识别功能是其他功能的基础,其他功能是由识别功能延伸而来,并且在使用过程中又反过来强

化识别功能。因此,没有发挥识别功能的商标使用行为就丧失了对其进行商标保护的核心基础和逻辑起点。其次,商标侵权认定的核心为混淆理论,而混淆可能性建立在商标的识别功能基础之上。因此,要有发挥识别功能的商标性使用行为,才可能导致相关公众对商标或服务来源的混淆。并且,商标性使用有独立于混淆标准的重要价值。

故人民法院在审理商标侵权案时,应当综合考虑使用人的主观意图、使用方式、行业惯例、相关公众的认知等因素,首先判断被控使用行为是否构成商标性使用,当使用在服务场所的被控文字标识能够发挥识别功能时,才进一步判断注册商标核定使用的服务类别是否与被控文字标识使用的服务相同或类似。本案中,宾阳某粉店虽然主张案涉注册商标核准注册服务是第 43 类"饭店、餐厅、餐馆",范围宽泛、领域复杂,但其未举证证实黄某将案涉注册商标用于除螺蛳粉以外的服务类别,其强调使用被控文字标识的品牌亦仅仅锁定螺蛳粉这一单一领域,两者构成相同服务;"螺蛳粉"作为广西柳州地方特色小吃的名称,不具有识别服务提供者的作用,故被控文字标识包含案涉注册商标中的文字部分,本身已具有独立的来源识别意义,属于商标法意义上的使用。

二、被控侵权文字标识与案涉注册商标是否构成近似

所谓组合商标,是指用"文字、图形、字母、数字、三维标志和颜色组合"六要素中任何两种或两种以上的要素组合而成的商标。由于组合商标具有图文并茂、形象生动、引人注意、容易识别、便于呼叫等优点,所以其得到众多厂商的广泛使用。例如,文字和图形,文字和记号,或文字、图形、记号三者的结合等,都能构成形象生动的组合商标。组合商标由多种要素组合而成的特性决定了其更容易被侵权人所模仿、使用,其往往仅通过组合商标的某个要素或将某个要素与其他标识进行组合的方式来进行法律规避。

在具体判断商标相同或近似时,最高人民法院《关于审理商标民事纠纷案件适用法律若干问题的解释》第 10 条规定,人民法院认定商标相同或者近似,要以相关公众的一般注意力为标准,既要进行对商标的整体比对,又要进行对商标主要部分的比对。司法实践中,对此种侵权行为的判定存在不同观点:一种观点认为,应实行整体保护方式,即从组合商标整体外观的近似来判断是否侵权;另一种观点认为,应实行要素保护方式,即组合商标中的部分要素亦应得到保护。笔者认为,判断商标是否近似,应当考虑请求保护注册商标的显著性和知名度。即在判断商标相同或者近似时,

应从商标本身的形、音、义和整体表现形式等方面，以相关公众的一般注意力为标准，并采取整体观察与比对主要部分的方法，从以下三个方面对被控行为是否构成商标侵权进行分析：

1. 整体比对与部分比对相结合。在考虑和对比文字的字形、读音和含义，图形的构图和颜色，或者各构成要素的组合结构等基础上，对其整体或者主要部分是否具有市场混淆的可能性进行综合分析判断。即应首先将案涉注册商标与被控文字标识进行整体比对，在整体比对有差异的情况下，采取适当的要素保护原则，将组合商标中的某要素与被控文字标识进行比对。其整体或主要部分具有市场混淆可能性的，可以认定构成近似；否则，不认定构成近似。换言之，判断商标侵权中的近似不限于商标整体的近似，还包括主要部分的近似。在商标法意义上，商标的主要部分是指最具有商品或服务来源的识别性、最易于使相关公众将其与使用该商标的商品或服务联系起来的商标构成要素。本案讼争的注册商标为类似印章造型的图案，由文字与图形组合使用，其外观与被控文字标识进行整体比对后虽具有一定的区别，在整体比对存在差异的情况下，根据该注册商标的具体特征及其呼叫习惯，将案涉注册商标中的文字字形及读音作为主要部分与被控文字标识加以比对。

2. 判断被控文字标识使用的部分要素是不是组合商标中的主要部分。这是判断被控文字标识是否侵权的核心问题，亦是较难判断的问题。一方面，应从要素外观性进行分析。根据要素在组合商标中的整体结构、比例，判断该要素是否在组合商标的整体布局中较为突出，此种要素更易为相关消费者所关注、识别。本案讼争的注册商标中的文字部分与其他图形要素相比，在权利商标中所占比例较大、更突出，在汉语语境下，该中文文字部分为其主要呼叫部分，更易使消费者识别。另一方面，应从要素使用性进行分析。当权利人的产品包装、企业名称及对外宣传中较多使用该要素时，使相关消费者能够对该要素与权利人之间产生较为稳定的联系，其即具有了区分商品与服务来源的识别性。案涉注册商标中的文字部分虽然为通用词汇，但其文字内容与餐饮服务上关联性不强，用在餐饮服务类别上难以认定显著性较弱，在经营过程中使用频率较高，具有较强的识别力和显著性，与权利人已经形成固定的联系，应为案涉组合商标的主要部分。

3. 被控文字标识能否造成相关公众混淆。保护消费者和生产、经营者的利益是商标法的立法目的之一，“商标相同或者近似也一般发生在市场中，受影响的主要是相关的消费者和特定经营者。所以事后法官审判案件在认定甄别商标相同、近似时，判断注意力也要回归到此种情景，也要以相关消费者和特定经营者的注意力为标准”。故此在认定商标相同或近似时,应从与某类商品或者服务相关的人的视角去审视。这涉及组合商标的知名度、被控文字标识行为人的使用行为及主观意图等。如前文所述,本案的权利商标与被控文字标识指向的服务类别具有同一性,相关公众施以一般注意力容易认为案涉服务提供者与商标权人存在投资、合作、加盟、商标许可等商业关系,进而对服务来源产生混淆误认。

三、合法来源抗辩是否适用于被控侵权行为

在服务商标侵权案件中,被控侵权人往往辩称其使用的被控文字标识系通过许可加盟的方式获得,主张合法来源抗辩。尽管合法来源抗辩在服务商标侵权案件中被广泛主张,但《商标法》第 64 条第 2 款能否类比适用于服务商标侵权案件中,以及在何种情况下能够得以适用等问题在理论上存在一定争议,有观点认为合法来源抗辩只能适用于商品商标。实务中,对服务商标侵权案件中合法来源抗辩适用问题的裁判标准也不一致,有观点认为合法来源抗辩只适用于销售行为。笔者认为,虽然针对服务没有销售行为,但是特许加盟、门店转让等情形中,仍涉及被控文字标识合法来源的问题。合法来源抗辩原则的举证责任分配问题应遵循“谁主张,谁举证”的基本原则,由抗辩者对其主客观要件进行举证;若举证不能,则承担不利后果。主观上,应主要从权利商标知名度和被控侵权人是否支付合理对价两个方面予以重点审查。客观上,被控侵权人应证明被控文字标识来源明确合法。

本案中,在何某将案涉注册商标转让给黄某后,其已非案涉注册商标专用权人。何某承认成立于案涉注册商标转让后由其任法定代表人的两公司在发展存在加盟关系的包括宾阳某粉店在内的被控门店时,未履行相应的告知义务。黄某对于何某提出的转让双方达成共同使用案涉注册商标协议且已实际履行的主张不予认可,宾阳某粉店未能就案涉注册商标授权进一步举证,即在案证据不能证明宾阳某粉店的合法来源抗辩成立。

综上所述,本案中,被控文字标识与案涉注册商标在文字、读音和含义上完全相同,指向的服务类别具有同一性。宾阳某粉店使用被控文字标识,相关公众施以一般注意力容易联想到案涉注册商标包含的文字部分,进而误认为宾阳某粉店与案涉注册商标的服务来源于同一主体或服务提供者之间具有特定关联关系,在宾阳某粉店未能就案涉注册商标授权进一步举证,即在案证据不能证明其合法来源抗辩成立的情况下,被控文字标识与案涉注册商标构成近似。因此,宾阳某粉店未经商标权人许可,在相同服务上使用与案涉注册商标近似的被控侵权文字标识,容易导致相关公众

对服务的来源产生混淆误认，原审判决未予认定其使用被控侵权文字标识的行为构成对黄某注册商标专用权的侵害，明显不当，应予纠正。宾阳某粉店在门头招牌、室内装潢上使用被控齐全南文字标识的行为构成对黄某注册商标专用权的侵害，宾阳某粉店应当承担立即停止侵权、赔偿经济损失及合理开支的侵权责任。关于赔偿损失的数额，本案中，黄某因侵权行为造成的实际损失及宾阳某粉店因侵权所获得的利益均难以确定，根据2013年《商标法》第63条第3款的规定，权利人因被侵权所受到的实际损失、侵权人因侵权所获得的利益、注册商标许可使用费难以确定的，由人民法院根据侵权行为的情节判决给予300万元以下的赔偿。法院综合考虑侵权人的经营规模、经营范围和区域、侵权行为的期间、主观过错、黄某的维权成本等因素，并参照案涉商标的许可使用费，酌定宾阳某粉店赔偿黄某经济损失及合理开支16000元。

本案对于如何确定被控文字标识与图文组合商标近似性判断的比对重点具有指导意义，体现了司法倡导企业诚信经营，营造公平竞争市场环境的价值指引。

关于固定总价合同中因工程量变更引发的价款结算诉讼纠纷审判思路探讨

——某水利工程局诉某建设开发公司建设工程施工合同纠纷案

董　坚[*]　覃媛媛[**]

【裁判要旨】

发包方和承包方在对工程总价款已做了相关约定的情形下，在合同履行过程中因设计方案变更等原因导致实际的施工量增减，若双方在实际履行中通过协商达成变更合同总价约定的合意，则仍按照固定总价结算会造成合同双方当事人利益失衡，亦和双方签订合同时对“合同总价”确定计算范围的意思表示不符，因此，合同约定总价也就丧失了适用条件，承包方有权要求对工程结算价款据实予以调整。

【基本案情】

2012 年 2 月，某水利工程局与某建设开发公司签订《施工承包合同》，约定由某水利工程局对某县堤防工程及河段河道整治工程进行承包施工，签约合同总价为 21683507 元，工程承包方式综合单价固定，工程量按实结算，结算价不超合同价，本工程最终结算以财政部门审核为准，变更工程造价原则按市建设工程招投标评审领导小组办公室审批为

* 广西壮族自治区高级人民法院审判监督第一庭三级高级法官。

** 广西壮族自治区高级人民法院审判监督第一庭一级法官助理。

准等内容。2012 年 3 月 23 日至 2013 年 8 月 12 日,因受地质及市政规划改变的影响,施工环境条件等发生变化,某水利工程局出具一系列工程联系单、工程设计修改通知单、工程量签证单及相关附件,某建设开发公司作为业主单位对上述函件均加盖公章并签字予以确认。2013 年 8 月 1 日,某建设开发公司召集某水利工程局及监理单位等相关部门就案涉工程量变更召开协调会并形成会议纪要,明确由设计单位负责出设计变更案,并根据设计变更制作增加或减少工程的预算方案。梧州市财政投资评审中心于 2015 年 11 月 26 日审定:该工程按实结算造价为 24721566.05 元,建议按合同价 21683507 元作为案涉工程的结算造价。某水利工程局与某建设开发公司对该评审中心作出的审核结论无异议,但某水利工程局主张工程量应按实结算,要求某建设开发公司支付按实结算造价与合同价的差额 3038059.05 元,因双方协商未果,某水利工程局诉至梧州市龙圩区人民法院。

【审理结果】

案件焦点:

某水利工程局诉请某建设开发公司支付合同总价之外增加的工程款应否予以支持。

裁判内容:

梧州市龙圩区人民法院一审判决:驳回原告某水利工程局的诉讼请求。

某水利工程局不服,上诉至梧州市中级人民法院。

梧州市中级人民法院二审认为,本案工程经过公开招投标,某水利工程局作为企业法人,在投标过程中应当清楚地了解合同条款以及其在合同中的权利义务等内容,其在中标后继续与某建设开发公司签订《施工承包合同》,依法应当按照《施工承包合同》约定履行自己的义务。本案工程完工后,梧州市财政评审中心受梧州市财政局的委托对工程进行评审并作出《建设项目投资评审结论》,建议按合同价 21683507 元作为本案工程的结算造价。梧州市财政评审中心是独立于双方当事人的第三方,其作出的评审结论具有独立性和公正性,是否经过双方当事人同意,并不影响评审结论的效力。因此,一审法院认定梧州市财政投资评审中心作出的评审结论客观公正,根据《施工承包合同》约定应作为本案工程的结算依据,并无不妥。因取土点变更等原因,确实造成本案工程增加了工程量,双方当事人对此并无异议,某水利工程局据此主张某建设开发公司应支付增加的工程造价 3038059.05 元;但是,由于《施工承包合同》明确约定"工程承包方式:综合单价固定,工程量按实结算,结算价不超合同价,本工程最终结算以财政部门审核为准。变更工程计价原则按市建设工程招投标评审领导小组办公室审批为准”,某水利工程局既无法提供证据证明增加工程已经过梧州市建设工程招投标评审领导小组办公室审批,亦无法提供其他书面证据证明双方对变更工程结算方式有过其他的约定,因此,本案工程的结算仍然应按照《施工承包合同》的约定来处理,某水利工程局上述主张与《施工承包合同》约定不符,不予支持。

梧州市中级人民法院二审判决:驳回上诉,维持原判。

某水利工程局仍不服,向广西壮族自治区高级人民法院申请再审。

广西壮族自治区高级人民法院再审认为,实际履行过程中,工程量发生增减,在工程竣工后,梧州市财政投资评审中心对案涉工程造价进行评审时,根据签证单等施工资料,相应做了核增、核减,最后审定案涉工程据实结算价为 24721566.05 元,与合同价 21683507 元比较,多了 3038059.05 元,双方当事人对此客观事实均无异议。诉讼中,某建设开发公司主张,按照合同约定,结算价不超合同价,如有变更要报市建设工程招投标评审领导小组办公室审批,案涉增加的工程价款未经审批同意,故超出合同价的 3038059.05 元工程价款其不应承担支付责任。某水利工程局主张在履行合同过程中,由于受地质及市政规划的影响,施工范围等发生了变化,约定的“结算不超合同价”已丧失履行的前提条件和基础,应当按实际结算价支付。该院认为,2013 年 8 月 1 日,由某建设开发公司召集,召开案涉梧州市苍梧县下小河龙圩镇堤防工程及河段河道整治工程 B 段工程量变更协调会,某水利工程局、广西珠委南宁勘测设计院、梧州阳光建设监理公司派代表参加会议,形成了《防洪堤二期工程工程量变更协调会会议纪要》,协调会系施工方与业主方就施工过程中,出现的工程量变更问题如何解决进行协商。会议纪要及相应的工程联系单记载,施工中出现了大量淤泥需要清理、原计划取土点尚未完成征地手续等问题,导致工程量增加,这些是双方签订《施工承包合同》时无法预见的,超出已标价工程量清单所涉及的工程范围的工程量,故要求设计单位出变更设计方案及增加工程预算的方案,体现出施工方、业主方对案涉工程变更导致相应工程价款增加的一种合理预期,即某建设开发公司为让在建项目继续推进并顺利完成,需要增加投资成本;某水利工程局基于工程造价预算增加的预期,才会继续对合同约定范围之外所增加的工程量进行施工,符合其作为企业法人在市场交易中以营利为目的的客观事实。该院注意到,案涉项目所在片区工程总体规划调整后,为避免重复建设造成的浪费,某建设开发公司取消了《施工承包合同》中约定的部分项目,会议纪要对此也要求完善变更手续减少工程预算。综上,双方当事人是在尊重客观事实的基础上，确认施工中实际发生了工程量增减，并在平等协商的基础上决定对于增加工程量部分增加工程预算，说明双方在履行合同中，已经通过协商变更了合同中关于结算不超过合同价的约定，某水利工程局主张某建设开发公司支付案涉增加的工程款 3038059.05 元，理据充分，应予以支持。某建设开发公司以变更工程计价原则未经市建设工程招投标评审领导小组办公室审批，不应支付案涉增加的工程款 3038059.05 元的理由不成立。首先，某建设开发公司于 2015 年 11 月 15 日对《建设项目投资评审结论征求意见稿》出具的反馈意见主张，对按实结算超出合同价部分，由其与施工方即某水利工程局另行协商解决，并未提到对于超出合同价部分的价款需提交市建设工程招投标评审领导小组办公室审批。其次，无证据证明某建设开发公司就案涉工程所增加的价款向市建设工程招投标评审领导小组办公室提请审批或该办公室对某建设开发公司的申请不予审批通过。最后，梧州市苍梧县下小河龙圩镇堤防工程及河段河道整治工程全面竣工，已通过竣工验收，某建设开发公司作为某水利工程局施建工程包括案涉增量工程的接收方及受益方，在履行合同过程中同意增加工程预算，现又以增加的工程量价款未通过市建设工程招投标评审领导小组办公室审批为由拒绝支付，有违诚信，不应得到支持。

广西壮族自治区高级人民法院再审判决：(1)撤销梧州市中级人民法院(2017)桂 04 民终 340 号民事判决及梧州市龙圩区人民法院(2016)桂 0406 民初 1225 号民事判决；(2)某建设开发公司于本判决生效之日起 10 日内支付某水利工程局工程款 3038059.05 元。

【裁判评析】

虽然双方在施工合同中约定了固定总价，但在实际履行合同的过程中，因工程量变更导致的工程结算纠纷时有发生。审理此类案件是以合同约定的固定价格条款作为审查重点还是以合同双方当事人在履约过程中是否达成变更价格合意作为审查重点，目前尚未形成统一共识，各地、各级法院的处理方式有所不同，最高人民法院对此也未出台相关的参考指导案例。综观本文所引案例从一审、二审到再审三个阶段的裁判情况，代表了目前审判实践中上述两种比较典型的审判思路。

其一，严格遵循合同固定总价条款。此种审判思路的审查重点为双方在合同中关于固定价格的约定条款，认为当事人原则上应严格按照合同约定总价进行计算。在深圳粤源建设有限责任公司、中国核工业华兴建设有限公司建设工程施工合同纠纷案中，深圳市中级人民法院认为，双方当事人在建设工程施工合同中约定，工程的合同价款为固定总价，在合同期限内均固定不变，不因任何因素变化而调整（合同列明的特殊情况除外）。一方当事人请求对工程造价进行鉴定，不予支持。[1]

其二，附条件限制适用合同固定总价条款。此种审判思路的审查重点为双方是否存在变更合同约定的工程固定结算价格的合意，认为若存在变更合同约定的合意，则应据实对结算价格予以调整。在河津市人民政府与山西五建集团有限公司建设工程施工合同纠纷案中，山西省高级人民法院二审认为，建设工程施工合同中，双方当事人对固定价格及工程结算方式予以变更需要严格的合意意思表示，一方当事人不得擅自变更，对于因设计变更等原因导致工程款数额发生增加变化的，也应区分合同约定部分和设计变更部分的工程，而不能导致对合同内工程造价、整个工程造价的变更。在变更工程结算中，对于采用固定总价的工程合同来说，如果在施工中发生工程变更事项与原合同范围内的项目，其性质和内容不相同，在变更工程的结算中，应参考类似工程结算单价与发包人和承包人协商重新确定变更工程结算单价，按承包人实际完成的工程量确定变更工程价值。[2] 在包头市第二建筑工程有限责任公司与内蒙古拉布大林国家粮食储备库等建设工程合同纠纷上诉案中，最高人民法院认为，合同双方未就合同的变更达成一致协议且合同约定的变更条件亦未被满足的，一方当事人关于合同约定的固定价格已经变更的主张不应予以支持。[3]

笔者认为，无论是审理何种合同纠纷，都应在遵循利益公平、诚实信用原则的基础上，对合同各方当事人订约、履约情况进行综合分析，据此认定当事人相应的合同权利和义务，最大限度地实现客观真实和法律真实之间的有机统一。在审理以采用哪种工程造价标准为争议焦点的建设工程施工合同纠纷案件时，首先，依据双方约定的结算方式认定。其次，双方虽就工程造价已形成书面文件约定工程款结算方式，但该结算方式需建立在施工内容符合合同约定工程量清单的基础上。若实际工程量与合同约定的工程量清单中的施工内容存在较大差异，表明承包人施工的实际工程量远大于招标文件中工程量清单所反映的工程量。因此，认定工程结算时按双方约定的结算方式结算的基础不存在，工程造价应按实际结算。广西壮族自治区高级人民法院根据合同双方当事人的实际履约情况，在审查认定双方达成变更结算价格合意的基础上再审改判支持申请人关于支付因工程量增加产生的相应工程价款的诉请，

---

〔1〕 参见广东省深圳市中级人民法院（2018）粤 03 民终 13740 号民事判决书。

〔2〕 参见山西省高级人民法院（2019）晋民终 64 号民事判决书。

〔3〕 参见最高人民法院（2006）民一终字第 54 号民事判决书。

更契合市场交易公平、诚信的基本原则。

为进一步提高审理此类案件的效率和质量，促进类案裁判尺度的统一，笔者提出以下几点审理思路建议作为参考。

其一，审查合同固定总价所对应的工程量清单是否发生变更。工程量清单是建设工程的分部分项工程项目、措施项目、其他项目和税金的名称和相应数量等的明细清单。本案中，虽然发包方某建设开发公司、某水利工程局在《施工承包合同》中约定案涉工程合同价为 21683507 元，但双方在签订合同时也明确了中标通知书、投标函及投标函附录、专用合同条款（含附加条款）、已标价工程量清单也是合同的组成部分。因此，发承包双方对合同价 21683507 元的真实意思表示应是，某水利工程局按照招投标文件及已标价工程量清单所含工程范围及施工内容为基础的工程总价进行约定，即"合同总价"应是一个相对概念，该总价相对应的是工程量清单所示明确的工程范围及具体施工内容，如果工程范围及具体施工内容变化，则工程价款也就失去了直接按照原合同约定据以认定的基础条件。本案是因设计变更导致工程量改变，超出《施工承包合同》约定工程量部分，应当不属于合同总价对应的工程清单所列出的工程数量，也就不再适用前述合同约定总价的计价方式。

其二，审查双方是否达成变更合同价格的合意。在认定变更的工程量已超出合同约定工程范围后，还应进一步通过审查签证等书面证据认定双方是否达成变更工程量及工程造价的意思表示。签证是建设工程发承包双方就施工过程中某一问题的补充协议，构成对之前签订的建设工程施工合同内容的变更，而且往往变更的是工程量、工程价款、工期等核心内容，故签证是工程量发生争议时确定工程量的基本依据。如《江苏省高级人民法院建设工程施工合同案件审判指南》中规定，法官应从签证的内容来判断当事人是否通过签证改变了合同中的约定，如果签证中涉及工程量或对某些项目计价方式的确定与合同约定不符，可以认为是对合同的变更，法官应根据变更的签证对当事人之间的争议进行认定。[1] 此外，反映工程量变化的载体还有会议纪要、工程检验记录、来往电报、函件等，在办理此类案件中都应综合分析予以认定。本案中，发包方某建设开发公司与承包方某水利工程局在施工合同中约定固定价格后，因变更取土点等原因，为保证工程顺利完工，发包方某建设开发公司组织施工单位、监理单位、设计单位召开工程量变更协调会，并在会议纪要中要求变更设计方案

〔1〕 参见最高人民法院民事审判第一庭编著：《最高人民法院新建设工程施工合同司法解释（一）理解与适用》，人民法院出版社 2021 年版。

并制定相应的预算。同时，某建设开发公司、监理单位对工程变更方案及工程量签证单签字签署明确意见，对增加的工程量及实际的工程造价也无异议。该变更增加的工程量已超出合同约定的工程施工范围，签证单、会议纪要也反映发包方某建设开发公司同意进行变更，故可以认定发包方某建设开发公司与承包方某水利工程局在实际履行过程中已通过协商变更了合同中关于结算不超过合同价的约定。因此，法院确认某建设开发公司、某水利工程局通过协商变更了施工合同中关于结算不超过合同总价的约定，并据此支持某水利工程局要求某建设开发公司支付工程量增加相应工程款3038059.05元的诉讼请求。

反之，若承包方在实际施工过程中未经发包方同意擅自更改施工方案导致工程量增加，则施工方需要自行承担相应增加的工程造价，法院对其增加合同价款的请求一般不予支持。因为承包方通常作为施工方负有按方案图纸施工，并保证施工过程安全、可靠的法定义务。在本文所引案例中，若施工方某水利工程局对于建设施工过程中发生的施工方案变更，不能举证证明该方案变更经过发包方的同意且双方通过协商变更了有关合同价格的约定，则其提出的关于调整固定合同结算价款的诉讼请求也难以得到法院支持。

其三，审查合同是否约定工程量变更后的价款结算方式。在审判实务中应注意区分以下几种情况：(1)若当事人对建设工程的计价标准或者计价方法有约定的，按照约定结算工程价款。(2)若当事人在履行合同中通过补充协议、签证单或会议纪要等形式对原合同约定进行变更，则应以协商变更后另行达成的约定作为结算标准。(3)若发包方与承包方在签订合同时并未针对设计变更及工程量变更作出明确约定，或在实际履行合同过程中亦未对工程变更协商一致时，则很有可能会导致工程价款结算纠纷的出现。在这一过程中，施工单位往往会提出要求根据工程量的变化，并参考同期市场价格据实结算工程款，而发包方则会要求施工单位依据合同固定总价进行计价为由拒绝支付增加工程量的相应款项。此时应根据最高人民法院《关于审理建设工程施工合同纠纷案件适用法律问题的解释(一)》第19条第2款规定的原则进行处理。根据该款规定，因设计变更导致建设工程的工程量或者质量标准发生变化，当事人对该部分工程价款不能协商一致的，可以参照签订建设工程施工合同时当地建设行政主管部门发布的计价方法或者计价标准结算工程价款。本文所引案例中，梧州市财政投资评审中心于2015年11月26日对该工程造价进行结算审定，双方对合同价之外的工程价款审定金额均没有异议，只是对由谁承担该款项存在争议。根据前文分析，法院在认定发包方某建设开发公司、承包方某水利工程局通过协商变更合同中关于结算不超过合同价约定的基础上,以梧州市财政投资评审中心关于案涉工程造价的审定结论为依据,判令由某建设开发公司向某水利工程局支付合同总价外所增加的工程款。

【法官后语】

“固定总价合同”是指建设单位在招标时提供给投标单位施工图纸和招标文件,投标单位在招标文件范围内依据施工图纸进行预算和报价,中标后,中标单位和业主依据招投标时的各项有效文件签署的总价包干合同。其计价方式一般在招投标阶段就已固定,也应与招投标图纸确定的工程量相对应。施工单位进场施工后,在没有业主出具设计变更或材料变更的情况下,最终应以合同价格作为结算价格。但如果在施工过程中发生因设计变更的原因导致实际的施工量增减,则势必与固定总价产生冲突,从而造成发承包双方关于工程价款结算的纠纷。一审、二审法院在处理此类案件纠纷时,虽然认定某水利工程局根据变更方案实施的工程量属于合同外增加的工程量,但没有对工程量变更的原因作进一步分析认定,而是径直认定案涉工程应按照固定总价结算欠妥。再审法院在审理认定工程量的变更系设计方案发生变更所致,而变更设计方案为发包人作出的指示,且承包方对此予以接受并实际履行的基础上,认定发包方、承包方通过协商变更了合同关于固定总价的约定,最终判定撤销一审、二审判决,由某建设开发公司向某水利工程局支付增加工程量所对应的工程款。

合同有约定的情况下违约金能否调整及如何调整

——某糖业公司与某装饰公司建设工程施工合同纠纷案

陈　丹*

【裁判要旨】

本案原审法院未按照法律和司法解释的规定查明守约方损失情况，机械按照双方约定的违约责任计算违约金，判令某糖业公司按照折合年利率高达73%的标准支付违约金，该标准亦远远高于民间借贷利率法定上限24%/年，大大加重了违约方的违约金负担。违约金虽为当事人意思自治的范畴，但当事人约定的违约金过分高于或低于因违约造成的实际损失时，人民法院应当依据原最高人民法院《关于适用〈中华人民共和国合同法〉若干问题的解释（二）》（现已废止）第29条的规定，行使释明权询问当事人是否需要调整违约金并对守约方的实际损失进行审查，以实际损失为基础，兼顾合同的履行情况、当事人的过错程度以及预期利益等综合因素，根据公平原则和诚实信用原则确定违约金。

【基本案情】

2015年10月27日，某装饰公司（乙方）与某糖业公司（甲方）就某糖业公司办公室装修工程签订《施工合同》，合同第9.2条约定："……由于乙方原因逾期竣工，每逾期一天，乙方支付甲方合同金额2‰的违约金，如因甲方原因超过约定日期未按合同约定支付工程款给乙方的，每逾期一天，甲方支付乙方逾期付款额的2‰的违约金……"双方签订

* 广西壮族自治区高级人民法院审判监督第一庭四级高级法官。

合同后,某装饰公司即入场装修,期间双方就工程设计变更、工程量增加、工期延期多次进行协商。因装修用料及消防未能通过等问题,案涉装修工程未能于会议纪要确定的时间完工,迟延至2016年7月8日竣工验收合格并正式移交某糖业公司,某糖业公司累计共向某装饰公司支付工程款6345000元。

因工程款的欠付及工程逾期完工,某装饰公司向一审法院起诉,请求法院判令某糖业公司向其支付尚欠工程款2420424元并支付逾期付款违约金(以尚欠工程款2420424元为基数,按每日2‰计算,从2016年7月3日计至某糖业公司付清尚欠工程款之日止)。某糖业公司则提起反诉,要求法院判令某装饰公司向其支付逾期竣工违约金2165760元(以合同约定的总包干价8460000元为基数,按每日2‰计算,从合同约定竣工日的次日即2016年3月2日计至案涉工程竣工之日的前一日即2016年7月7日止,共计128天,为2165760元),并赔偿某糖业公司损失1333783.59元(包括延期交房期间租金损失1100025.59元、物业费损失233758元)。

2016年中国人民银行公布的一年期贷款基准利率为4.35%。

【审理结果】

一审、二审法院在处理本案违约金时,依据双方合同约定,判令某糖业公司按照逾期付款额每日2‰的标准向某装饰公司支付违约金,某装饰公司以同样的标准向某糖业公司支付逾期竣工违约金。再审法院认为,本案合同第9.2条关于违约金标准的约定折合年利率高达73%,约定过高,依据原最高人民法院《关于适用〈中华人民共和国合同法〉若干问题的解释(二)》(以下简称《合同法司法解释(二)》)第29条的规定,改判某糖业公司以同期贷款利率上浮30%为标准,向某装饰公司支付尚欠工程款及违约金,某装饰公司以同样的标准向某糖业公司支付逾期竣工违约金。

【裁判评析】

一、关于某糖业公司是否存在逾期支付工程款的情形,若存在,合同约定的违约金是否过高,应否调整问题

1.关于某糖业公司是否逾期支付工程款以及应否支付违约金的问题。某糖业公司尚欠某装饰公司案涉装修工程的工程款1745824元,双方对此无异议。某装饰公司于2016年7月18日向某糖业公司提出结算申请并发出《工程结算申请书》《工程结算款支付申请书》《工程鉴证费用明细表》,此前案涉装修工程已于2016年7月8日消防验收合格。某糖业公司2016年7月19日签收该申请书,但一直拒绝付款,根

据双方合同约定,某糖业公司已经逾期支付工程款。某糖业公司应就此向某装饰公司支付违约金,违约金以二审判决认定的 2016 年 7 月 20 日为起算时间。

2. 关于违约金应否调整问题。双方合同第 9.2 条约定,由于乙方原因逾期竣工,每逾期一天,乙方支付甲方合同金额 2‰的违约金,如因甲方原因超过约定日期未按合同约定支付工程款给乙方的,每逾期一天,甲方支付乙方逾期付款额的 2‰的违约金。某糖业公司再审提出合同约定每日 2‰利率计算违约金过高。每日 2‰的违约金年利率高达 72%,某装饰公司主张其损失主要来自资金的融资成本及利息损失,因此双方该合同约定已经过分高于实际损失,某糖业公司请求法院进行调整,应予准许。某糖业公司认为其如应承担逾期付款责任,违约金应以同期贷款利率计付,但要求某装饰公司逾期竣工的违约金以年利率 24% 计付。因双方在合同约定各自违约的违约金均为每日 2‰,如调整,应双方责任一并调整才公平合理,某糖业公司要求以不同标准计付违约金,不予支持。因某装饰公司主要损失来自于资金利息损失,综合考虑双方的合同义务、违约程度、履行能力及损失情况,依据《合同法司法解释(二)》第 29 条"当事人主张约定的违约金过高请求予以适当减少的,人民法院应当以实际损失为基础,兼顾合同的履行情况、当事人的过错程度以及预期利益等综合因素,根据公平原则和诚实信用原则予以衡量,并作出裁决。当事人约定的违约金超过造成损失的百分之三十的,一般可以认定为合同法第一百一十四条第二款规定的'过分高于造成的损失'"的规定,确定本案违约金的计算标准为自逾期之日起至 2019 年 8 月 19 日按中国人民银行同期同类人民币贷款基准利率上浮 30% 计算,自 2019 年 8 月 20 日起按照全国银行间同业拆借中心公布的 1 年期贷款市场报价利率上浮 30% 计算至清偿之日止。

二、本案涉及违约金调整的多个问题

违约金数额的调整在民事案件中极为常见,本案某装饰公司、某糖业公司均通过诉讼主张对方存在违约行为要求支付违约金并强调自己为守约方,对合同约定的高额违约金未要求法院进行调整。某糖业公司直至履行完二审判决支付了高额违约金后,才向法院申请再审并在再审过程提出调低违约金的申请。本案之所以典型,是集中了几个处理违约金案件常见的问题。

(一)人民法院对违约金能否依职权进行调整

案涉合同约定的违约金为每日 2‰,换算成年利率高达 73%,但当事人在一、二审审理过程中均未请求法院调整,原审法院遂依据合同约定以每日 2‰计算违约金,导致某糖业公司虽欠付 1745824 元工程款但最终支付了近 600 万元的本息，利益严重失衡。在当事人约定违约金过高但未请求人民法院调整的情况下，人民法院能否依职权进行调整？依据原《合同法》（已失效）第 114 条第 2 款“约定的违约金低于造成的损失的，当事人可以请求人民法院或者仲裁机构予以增加；约定的违约金过分高于造成的损失的，当事人可以请求人民法院或者仲裁机构予以适当减少”的规定，违约金为当事人约定事项，人民法院应当充分尊重，采取当事人申请调整的模式。未经当事人请求，原则上不得依职权直接进行调整。但合同自由并非绝对，违约金的数额与违约损失的数额应当大体一致，这是商品交换等价原则的要求在法律上的反映，如违约金明显过高或过低，为防止违约金条款成为一方压榨另一方和获取暴利的工具，人民法院应当及时行使释明权，予以询问说明。释明应当坚持公开原则，在阐明有关事项后，由当事人在了解相关法律的基础上作出自己的判断和决定。在人民法院释明后当事人仍然坚持不予调整的，可依合同约定进行裁决。本案合同约定的违约金计算标准高达每日 2‰，一、二审法院未对某装饰公司及某糖业公司进行释明即以当事人未对合同约定的违约金提出异议径行判决，程序是有瑕疵的。

（二）当事人仅进行免责抗辩能否视为包含违约金调整的意思表示

违约方通常以其没有违约、不构成违约或者即使违约了对方也不存在损失等理由抗辩其不应支付违约金而不明确申请调整违约金。在当事人仅进行免责抗辩而未对违约金高低主张权利时，一般认为其包含了“约定的违约金过高、请求予以减少”的意思表示。为平衡当事人之间的利益关系，也避免判决生效后当事人就违约金问题反复诉讼，根据最高人民法院《关于审理买卖合同纠纷案件适用法律问题的解释》（以下简称《买卖合同解释》）第 21 条“买卖合同当事人一方以对方违约为由主张支付违约金，对方以合同不成立、合同未生效、合同无效或者不构成违约等为由进行免责抗辩而未主张调整过高的违约金的，人民法院应当就法院若不支持免责抗辩，当事人是否需要主张调整违约金进行释明”的规定，此时当事人虽未直接主张调整违约金数额，人民法院必须以释明方式进行诉讼指引，询问当事人假设存在违约行为，对违约金的数额有何异议。

（三）关于当事人一审未提出违约金的调整请求，二审或再审才提出调整请求，人民法院应否支持问题

根据《合同法司法解释（二）》第 27 ~ 29 条的规定，当事人可以通过反诉或者抗辩的方式，请求人民法院依照《合同法》第 114 条第 2 款的规定调整违约金。但当事人一审未要求调整违约金，在二审甚至再审期间才请求人民法院予以减少，二审或再

审法院应否同意调整?对此,《买卖合同解释》第 21 条第 2 款规定:"一审法院认为免责抗辩成立且未予释明,二审法院认为应当判决支付违约金的,可以直接释明并改判。"本案某糖业公司一、二审中均未对合同约定的违约金标准提出异议,到了再审却提出约定的违约金过高,要求法院予以调整。笔者认为,当事人一审未提出调整的反诉请求,即使一审法院认为免责抗辩成立但未予释明,二审或再审法院认为应当判决支付违约金;或一审法院认为免责抗辩不成立但当事人未要求调整对违约金未予调整的,二审或再审法院根据审理情况认为应当调整的,亦可以向当事人释明并改判。本案工程的结算价为 840 余万元,尚欠工程款为 174 余万元,仅是欠付工程款引起的纠纷,从案件事实看违约的故意程度不大。合同约定违约金的标准高达年利率 73%,无论从何种角度,该约定远高于实际损失,故再审法院在某糖业公司提出调整申请后决定予以调低。

(四)对于如何认定违约金过分高于实际损失,应如何进行调整的问题

原《合同法》第 114 条第 1 款规定:"当事人可以约定一方违约时应当根据违约情况向对方支付一定数额的违约金,也可以约定因违约产生的损失赔偿额的计算方法。"《合同法司法解释(二)》第 29 条第 2 款规定:"当事人约定的违约金超过造成损失的百分之三十的,一般可以认定为合同法第一百一十四条第二款规定的'过分高于造成的损失'。"可见,违约金以实际损失为基础,违约方承担的责任应当能够完全弥补守约方的实际损失,如超过损失的 30%,可认定为违约金过分高于实际损失。

对于违约金的调整,除《合同法司法解释(二)》第 29 条规定的规则外,最高人民法院其他司法解释里也有相应的规定,如最高人民法院《关于审理商品房买卖合同纠纷案件适用法律若干问题的解释》第 12 条规定:"当事人以约定的违约金过高为由请求减少的,应当以违约金超过造成的损失 30% 为标准适当减少;当事人以约定的违约金低于造成的损失为由请求增加的,应当以违约造成的损失确定违约金数额。"第 13 条确定商品房买卖合同违约金的参照标准,第 14 条确定逾期交付房屋权证书的违约金标准。《买卖合同解释》第 18 条规定了逾期付款违约金的调整规则,第 20 条则规定了合同解除后的违约金调整的标准。最高人民法院《关于审理民间借贷案件适用法律若干问题的规定》第 29 条就民间借贷迟延还款的违约金则作出了规定。综合上述法律规定可以看出,应以"损失的百分之三十"为一般标准,结合案件具体情况,根据公平原则和诚信原则综合衡量,具体包括:首先查明实际损失,确定基本标准。违约金具有补偿性功能,又具有惩罚性功能,但无论是补偿还是惩罚,均应以实际损失为基础而不能严重偏离。对于实际损失,原《合同法》第 113 条第 1 款规定:"当事人

一方不履行合同义务或者履行合同义务不符合约定,给对方造成损失的,损失赔偿额应当相当于因违约所造成的损失,包括合同履行后可以获得的利益,但不得超过违反合同一方订立合同时预见到或者应当预见到的因违反合同可能造成的损失。"可见,实际损失一般为现有财产的损失,包括为准备履行合同支出的费用、守约方采取补救措施以及因违约造成的其他财产损失。可得利益的损失是指在合同履行完毕后,当事人可获得利益的丧失,通常包括生产利润、经营利润等。在确定实际损失的基础上,根据合同的履行情况、当事人的过错程度、缔约时对可得利益损失的预见、当事人之间的交涉能力是否平等、是否适用格式合同条款以及是否存在过失相抵、损益相抵等因素,进行综合衡量。如双方均为商事主体,该交易系商事交易,对过分高于实际损失需要更为谨慎的判断。

回到案例本身,本案合同第 9.2 条约定了如因甲方原因超过约定日期未按合同约定支付工程款给乙方的,每逾期一天,甲方支付乙方逾期付款额的 2‰的违约金。某装饰公司再审庭审上认可其主要损失来自于资金利息损失,而 2016 年中国人民银行公布的 1 年期贷款基准利率为 4.35%,可见双方合同约定的违约金标准远高于实际损失。考虑到某装饰公司因选材问题多次整改方能通过消防验收,其本身亦存在过错,且案涉合同除尚欠工程款外已经履行完毕,所欠工程款占全部工程款份额也不大,最终确定以同期贷款利率上浮 30% 为标准,判决某糖业公司向某装饰公司支付尚欠工程款及违约金。某装饰公司虽然在再审阶段未要求法庭对其需支付的违约金进行调整,考虑到案涉合同为双务合同,某糖业公司确有逾期付款且未及时确认装修材料选材,对实际损失的举证亦未得到法院采纳的情况下,对某装饰公司逾期完工应支付的违约金,经庭审当面释明后,在判决中亦以同样的标准一并进行调整。

综上,在处理违约金的案件时,以超过损失 30% 为标准,结合其他因素对违约金数额进行裁决的综合判断模式,是人民法院民商事审判实践多年来积累的有效经验,应在审判实践不断探索总结。在调整违约金时,应坚持以填平损失为原则,面对双方合同约定的高额违约金,强调当事人的举证责任,对违约造成的实际损失进行审查,以实际损失为基础决定是否调整违约金及应如何调整。同时,人民法院在处理违约金案件时要注意避免民间借贷利率的泛化适用,法律明确司法保护民间借贷利率上限,以区分高利贷和正常借贷,但借款合同外,在计算逾期给付款项损失或者确认违约金是否过高时,以最高人民法院《关于审理民间借贷案件适用法律若干问题的规定》规定的民间借贷合法保护的利率最高上限即银行同类贷款利率的 4 倍或年利率 24% 作为认定标准,系对法律的错误理解。

民间借贷案件超额利息抵扣实务规则

——陈某新与陈某荣民间借贷纠纷案

万晓敏*

【裁判要旨】

在借贷双方的债权未履行完毕未进行结算时，出借人诉请法院确认债权本息数额并为强制给付，借款人以放弃部分期限利益使本金债权提前到期为由，主张超额利息抵扣，符合抵销的构成要件。人民法院应当按照年利率24%进行调整，超出年利率24%的部分抵充本金，并按照每一期超额利息支付时间分期抵扣计算。

【基本案情】

2016年3月23日，陈某荣与陈某新签订《借款合同》，约定：(1)由于陈某新经营的公司需资金周转，经与陈某荣协商，陈某荣借款630万元给陈某新；(2)借款时间为6个月，从2016年3月23日起至2016年9月23日止；(3)借款利息按人民银行同期同类贷款利率3倍计算利息，并且陈某新必须每月支付清当月利息给陈某荣；(4)如逾期不支付利息或是不归还本金，则视为陈某新违约，陈某新必须向陈某荣支付违约金，违约金按借款总额20%计算，同时，陈某新须向陈某荣归还本金及利息。2016年3月23日，陈某荣通过银行转账支付了借款625万元给陈某新，次日，陈某荣通过银行转账支付了借款5万元给陈某新。借款后，陈某新于2016年5月24日归还378000元，于2016年6月23日、7月

* 广西壮族自治区高级人民法院审判监督第一庭副庭长，四级高级法官。

28 日、8 月 25 日、9 月 23 日、10 月 31 日、11 月 28 日、12 月 28 日、2017 年 1 月 24 日各归还 189000 元，于 2017 年 10 月 9 日归还 20 万元。2018 年 1 月 2 日，双方进行结算并重新签订《借款合同》，主要内容为：（1）由于陈某新经营的公司需资金周转，经与陈某荣协商，陈某荣借款 750 万元给陈某新；（2）借款时间为 6 个月，从 2018 年 1 月 2 日起至 2018 年 7 月 2 日止；（3）借款利息按人民银行同期同类贷款利率 3 倍计算利息，并且陈某新必须每月支付清当月利息给陈某荣；（4）如逾期不支付利息或是不归还本金，则视为陈某新违约，陈某新必须向陈某荣支付违约金，违约金按借款总额 20% 计算，同时，陈某新须向陈某荣归还本金及利息。同日，陈某新出具《借据》一张交由陈某荣收执，主要内容为：根据陈某荣、陈某新双方于 2018 年 1 月 2 日签订的《借款合同》，今收到出借人陈某荣付给的借款 750 万元给陈某新，利率按到期日国家规定同档次的贷款利率的 3 倍收取，期限 6 个月（从 2018 年 1 月 2 日起至 2018 年 7 月 2 日止），到期归还本金，借款人陈某新如在 2018 年清明（2018 年 4 月 4 日）前还清上述款项时，减收 50 万元，即按 700 万元。陈某荣与陈某新双方对实际借款金额为 630 万元无异议，陈某荣自认 2018 年 1 月 2 日签订的《借款合同》中的 750 万元包含了未付利息。2018 年 2 月 14 日，陈某新归还 50 万元给陈某荣。

【审理结果】

平南县人民法院于 2019 年 1 月 17 日作出（2018）桂 0821 民初 3750 号民事判决：陈某新偿还借款本金 630 万元及利息、违约金给陈某荣［利息、违约金计算方法：截至 2018 年 7 月 2 日的利息为 1208875 元；从 2018 年 7 月 3 日起以尚欠借款本金为基数按年利率 13.05% 计算利息并支付违约金 126 万元（从 2018 年 7 月 3 日起的利息和违约金之和不能超出以尚欠本金为基数按月利率 2% 从 2018 年 7 月 3 日起计算至清偿之日止所得的金额）］。

贵港市中级人民法院于 2019 年 8 月 9 日作出（2019）桂 08 民终 726 号民事判决：（1）撤销平南县人民法院（2018）桂 0821 民初 3750 号民事判决；（2）陈某新归还借款本金 649.9 万元、支付违约金 137.9 万元和利息（利息计算：以 649.9 万元为本金，从 2018 年 2 月 15 日至还清之日止，利率按人民银行同期同类贷款利率 3 倍计算）给陈某荣；按上述办法计算，陈某新应当支付给陈某荣的本息之和，不能超过最初借款本金 630 万元与以最初借款本金 630 万元为基数，从 2016 年 3 月 23 日起以年利率 24% 计算的整个借款期间的利息之和；（3）驳回陈某荣的其他诉讼请求；（4）驳回陈某新的其他上诉请求。

广西壮族自治区高级人民法院于2020年7月20日作出(2020)桂民再72号民事判决:(1)维持贵港市中级人民法院(2019)桂08民终726号民事判决第一项;(2)撤销贵港市中级人民法院(2019)桂08民终726号民事判决第二项、第三项、第四项;(3)陈某新应于本判决生效之日起15日内偿还陈某荣借款本金5611643.87元、违约金1122328.77元及利息(利息计算:截至2018年1月1日的利息为534561.65元;自2018年1月2日起至2019年8月19日止,以5611643.87元为基数,按照中国人民银行同期同类贷款利率3倍计算;自2019年8月20日起至清偿之日止,按照同期全国银行间同业拆借中心公布的贷款市场报价利率的3倍计算。自2018年1月2日起至清偿之日止,陈某新所应支付的利息,加上违约金1122328.77元之和,不得超过自2018年1月2日起至清偿之日止,以5611643.87元为基数,按照年利率24%计算的利息之和);(4)驳回陈某荣的其他诉讼请求。

【裁判评析】

民间借贷的利率是民间借贷合同中的核心要素,也是当事人意思自治与国家干预的重要边界。最高人民法院先后于2020年8月20日、2021年1月1日起施行的《关于修改〈关于审理民间借贷案件适用法律若干问题的规定〉的决定》和《关于修改〈最高人民法院关于在民事审判工作中适用《中华人民共和国工会法》若干问题的解释〉等二十七件民事类司法解释的决定》,以中国人民银行授权全国银行间同业拆借中心每月20日发布的一年期贷款市场报价利率(LPR)的4倍("一线两区")为标准确定民间借贷利率的司法保护上限,取代2015年9月1日起施行的最高人民法院《关于审理民间借贷案件适用法律若干问题的规定》(以下简称《民间借贷司法解释》)中以24%和36%为基准的两线三区的规定,大幅度降低民间借贷利率的司法保护上限,促进民间借贷利率逐步与我国经济社会发展的实际水平相适应。但是,鉴于2021年起施行的《民间借贷司法解释》明确"2020年8月20日之后新受理的一审民间借贷案件,借贷合同成立于2020年8月20日之前,当事人请求适用当时的司法解释计算自合同成立至2020年8月19日的利息部分的,人民法院应予支持;对于自2020年8月20日至借款返还之日的利息部分,适用起诉时本规定的利率保护标准计算"。故本案例涉及的借款人已经支付的超出法定或者约定利率限度的利息能否抵扣借款本金以及如何抵扣本金、抵扣计算方式等问题在审判实务中仍有分析讨论的必要。

考虑到本案例中,陈某荣与陈某新虽然先后于2016年3月23日和2018年1月

2 日签订了两份《借款合同》,但双方均确认 2018 年 1 月 2 日当日及之后,陈某荣与陈某新之间并未有 750 万元的借款交付事实发生;且从陈某荣、陈某新提交的发生于 2018 年 1 月 2 日 750 万元《借款合同》形成之前、双方通过银行转账方式发生的 2016 年 3 月 23 日签订的《借款合同》项下款项往来情况来看,陈某新向陈某荣的还入款项并未超出陈某荣向陈某新出借款项,故在陈某荣与陈某新之间存在债权债务没有结清的情况下,双方于 2018 年 1 月 2 日签订的《借款合同》是借贷双方对前期借款本息进行结算后重新出具的债权凭证。因此,借款人与出借人之间有多个借款合同,借款人能否以某一个借款合同产生的超额利息抵扣其他借款合同的本金不属于本案例讨论范畴。本案例只涉及在借贷双方之间只有一个本金债权的前提下,就同一本金债务的抵扣问题。陈某荣与陈某新于 2016 年 3 月 23 日签订《借款合同》后,陈某荣分别于当日和次日向陈某新转账 625 万元和 5 万元。在双方对前述借款本息进行结算并于 2018 年 1 月 2 日签订《借款合同》前,陈某新于 2016 年 5 月 24 日向陈某荣归还 378000 元,同年 6 月 23 日、7 月 28 日、8 月 25 日、9 月 23 日、10 月 31 日、11 月 28 日、12 月 28 日、2017 年 1 月 24 日分别向陈某荣归还 189000 元,2017 年 10 月 9 日向陈某荣归还 20 万元。虽然一审法院以陈某新有规律的还款计息行为认定双方实际变更了 2016 年 3 月 23 日《借款合同》约定的利息计算标准,采信陈某荣提出自借款之日起双方实际按月利率 3% 计算利息的主张,并无不当。但是,依照《民间借贷司法解释》第 26 条的规定,民间借贷年利率以 24% 计算所得的利息属于国家保护的法定利息;借贷双方约定的年利率超过 24% 低于 36% 的,属于自然之债,即债务人自愿履行的利息,不属于法律规定必须保护的范围;而借贷双方约定的利率超过年利率 36%,超过年利率 36% 部分的利息应当被认定无效,借款人有权请求出借人返还已支付的超过年利率 36% 部分的利息。对于当事人自行履行、未发生争议的自然之债,法律不予过问,但当事人一旦发生争议诉诸法院,人民法院在审理过程中,在借贷合同尚处于继续履行状态,即借贷双方并未进行最终结算的情况下,将年利率 36% 作为利率保护上限而不作调整,就是以判决形式将年利率 24% ~36% 的部分赋予了司法强制执行力,相当于保护了高利,显然不当。故二审法院对双方第一份《借款合同》履行期间按照年利率 24% 进行调整,超出年利率 24% 的部分不予保护,体现了法律对于高利贷的否定态度,起到判决对经济生活的指引、规范作用,是正确的。然而,二审法院自 2016 年 3 月 23 日订立第一份《借款合同》之日起至 2018 年 1 月 2 日订立第二份《借款合同》之日止,自始至终以 630 万元借款本金为基数,按年利率 24% 的标准计算陈某新此期间的利息,将导致计算借款人应付利息的利率实质上超过年利率 24%,仍有违法律规定的民间借贷利率保护上限,对陈某新有失公平。因此,结合前文分析,在陈某新从一审诉讼答辩时起就提出超付利息应依法冲抵本金这一抗辩主张的情况下,依照原《合同法》(已失效)第99条和最高人民法院《关于适用〈中华人民共和国合同法〉若干问题的解释(二)》(已废止)第21条的规定,陈某新已还利息中超过年利率24%的部分,应先冲抵未还利息,再冲抵本金。因双方在《借款合同》中约定陈某新必须每月支付清当月利息给陈某荣,即按月付息应以1个月为周期,故在对本案借款本金及利息计算后,截至2018年1月1日,陈某新尚欠陈某荣借款本金5611643.87元,利息1034561.65元[810095.90元+224465.75元(5611643.87元×2%/月×2个月)]。

对于超额利息抵扣问题,目前既无现行法律明文规定,且审判实务中各地法院因理解各不相同而致裁判尺度不统一。为妥善化解民间借贷纠纷,促进司法审判发挥职能作用,明确民间借贷双方当事人各自权利义务,合理调整和规范民间借贷利率市场,规范超额利息抵扣案件裁判思路,是十分有必要的。

一、同类型案件裁判意见梳理

浙江省高级人民法院以指导意见的形式对超额利息抵扣问题表明了当然裁判的立场。浙江省高级人民法院《关于审理民间借贷纠纷案件若干问题的指导意见》(2009年)第21条第3款中规定:“折算后的实际利率超出四倍利率,超出部分的利息应当从本金中扣减。”即法院直接依职权在裁判时将超额利息予以抵扣,而不需要借款人提出超额利息抵扣本金的主张或抗辩。

江苏省高级人民法院则以司法政策的形式表明了法院依当事人的申请抵扣的态度。江苏省高级人民法院《关于审理民间借贷纠纷案件的会议纪要》(2013年)第4条第4项规定:“……借款人尚未按约偿还借款本息,在审理过程中请求将已经支付的超过中国人民银行同期贷款基准利率四倍的部分冲抵本息的,应予支持。”即未经借款人在反诉或者抗辩中提出抵扣的请求或主张,法院不能直接作出将超额利息抵扣本金的裁判。

此外,部分法院认为超额利息不能抵扣本金。理由主要有以下两种:其一,依照2015年施行的《民间借贷司法解释》第26条(下同)“借贷双方约定的利率未超过年利率24%,出借人请求借款人按照约定的利率支付利息的,人民法院应予支持。借贷双方约定的利率超过年利率36%,超过部分的利息约定无效。借款人请求出借人返还已支付的超过年利率36%部分的利息的,人民法院应予支持”的规定,对于年利率超过36%部分的利息无效,借款人可以主张返还,但是借款人主张直接用于抵扣本金无法律依据,而且当事人之间并没有利息抵扣本金的约定,因此在既无法律规定,又无合同约定的情况下,对于借款人的抵扣主张不予支持。其二,债务可以分为已结清的债务和未结清的债务。针对尚未结清的债务,法院可以对超额利率进行调整抵扣,但是针对已经结清利息的借贷关系再次调整利率,不仅违反了诚信原则,还与当事人的真实意思表示不符。

二、超额利息能否抵扣本金问题

抵销,广义上讲是指二人互负债务场合,依一方意思表示或者双方合意,使彼此债务全部或者部分地归于消灭。依照原《合同法》第99条(《民法典》第598条)及2019年《全国法院民商事审判工作会议纪要》第43条的规定,抵销权既可以通知的方式行使,也可以通过提出抗辩或者提起反诉的方式行使。抵销的意思表示自到达对方时生效。同时,抵销具有溯及效力,即抵销的效力溯及自抵销条件成就之时。

依照《民间借贷司法解释》第26条的规定,民间借贷年利率以24%计算所得的利息属于国家保护的法定利息;借贷双方约定的年利率超过24%低于36%的,属于自然之债,即债务人自愿履行的利息,不属于法律规定必须保护的范围;而借贷双方约定的利率超过年利率36%,超过年利率36%部分的利息应当被认定无效,借款人有权请求出借人返还已支付的超过年利率36%部分的利息。借款人主张出借人返还民间借贷超额利息,该种债权在性质上不属于合同之债,而符合不当得利之债的构成要件。出借人没有合法根据、取得不当利益,应当将之返还给受损失的借款人。不当得利作为一项独立的请求权基础,其产生、消灭均独立于已有的民间借贷权利义务关系。借款人支付该部分超额利息不能视作履行借款合同项下的还款义务,而是在出借人、借款人之间重新产生了新的权利义务关系。因此,该部分超额利息不能先抵销借款本金。

如前文所述,出借人享有的是合同之债权,借款人享有的是不当得利之债权。法院本可以请求权基础存在差异为据引导借款人以反诉方式行使抵销权或者另案提起诉讼。但在借款人到庭应诉的情况下,如借款人要求将双方互负的金钱债务予以抵销,符合行使法定抵销权的条件时,考虑到超额利息的产生本身是由于债权人追求不合法的利益,为减轻当事人讼累,降低诉讼成本,节约司法资源,在保护债务人利益的立法导向下,准许借款人行使抵销权并未影响到出借人合法债权的实现,在同一民间借贷纠纷案件中对两者进行整体抵销,有利于体现对借贷双方的平等保护。因此,在当事人订立合同时并未约定“不得提前清偿条款”的前提下，超额利息支付时，作为主动债权的超额利息返还请求权发生，此时作为被动债权的本金债权虽未到期，但借款人可以主张放弃期限利益使部分本金债权提前到期，且债务标的物种类品质相同，符合抵销的构成要件，在借款人抵销意思表示到达出借人时，抵销生效，抵销的效果溯及超额利息支付时。

三、超额利息如何抵扣本金问题

有的法院认为，依照2015年施行的《民间借贷司法解释》第31条的规定，超过约定的利率自愿支付利息或违约金，且没有损害国家、集体和第三人利益时，借款人又以不当得利为由主张出借人返还的，人民法院不予支持，但借款人要求返还超过年利率36%部分的利息除外。据此，只有当借款人实际支付利息的利率超过年利率36%时，才产生超额利息返还请求权，才可据此主张超额利息抵扣。年利率24%～36%的民间借贷利息拥有债权保持力但无执行力，当债权人请求给付时，债务人可以拒绝给付，债权人不得通过诉讼强制债务人履行。如果债务人已给付，且债权人已受领，法院也不得认定为不当得利。据此，对于年利率24%～36%的已支付利息，债务人并不享有超额利息返还请求权，也就无法抵销本金债权。但是，该解释第31条适用的前提条件是借贷双方的债权债务已经结算完毕，也就是说，出借人按照年利率36%支付了所有借期内利息并清偿了本金，双方债权债务履行完毕，债务人又以此理由起诉至法院要求返还超过年利率24%的部分，则法院将不予支持。当然，超过年利率36%的部分应当以不当得利返还借款人。如果人民法院判决将年利率36%作为利率保护上限而不作调整，就是以判决形式将年利率24%～36%的部分赋予了司法强制执行力，将导致在相同的借款利率条件下（如年利率36%），借款人一旦被诉至法院，从未按约还款的借款人按照年利率24%还息付本，而按约还款的借款人反倒要承受36%的高额利息，多还的部分以判决形式合法化，使不诚信的人能够通过诉讼受益，这是与民间借贷及整个合同法体系立法目的相违背的，会使借款人借款时大胆许以高额利息转身就恶意违约，司法审判不能发挥正确的指引作用。这样的司法审判效果会误导善良人不再守法不再诚信，鼓励了社会不诚信行为，是错误的裁判指引。因此，人民法院应当按照年利率24%进行调整，超出年利率24%的部分不予保护；已经给付的，应当抵充本金，从而体现法律对于高利贷的否定态度，起到判决对经济生活的指引、规范作用。

借贷双方对相关借款所约定的利率超过法律保护的范围，出借人在借款人支付超额利息的支付时点对超额利息已无收取依据。依照最高人民法院《关于适用〈中华人民共和国合同法〉若干问题的解释(二)》第 21 条"债务人除主债务之外还应当支付利息和费用,当其给付不足以清偿全部债务时,并且当事人没有约定的,人民法院应当按照下列顺序抵充:(一)实现债权的有关费用;(二)利息;(三)主债务"的规定,借款人已还超额利息中超过年利率 24% 的部分,应先冲抵未还利息,再冲抵本金。如果自始至终以初始本金为基数,按年利率 24% 的标准计算借款人支付利息期间的利息,将导致计算借款人应付利息的利率实质上超过年利率 24%,既有违法律规定的民间借贷利率保护上限,亦于借款人有失公平。故在借款合同有明确约定或者有证据证明具体还款日期时,按照付息时点将借款人支付的超额利息逐笔抵扣本金,更有利于债务人利益的保护。

仅有转账凭证的民间借贷关系判定

——黄某与黄某某、莫某民间借贷纠纷案

曾　涛*

【裁判要旨】

当事人之间存在多笔款项往来，收款一方未出具借据、收据、欠条等债权凭证确认款项性质为借款的情况下，判断收款方收到的款项是借款还是其他款项，双方之间是否存在民间借贷关系，应依照最高人民法院《关于审理民间借贷案件适用法律若干问题的规定》（法释〔2015〕18号）第17条的规定加以综合审查判断。再审依照前述规定，从双方当事人的陈述，借贷发生的原因、时间、地点、款项来源、交付方式、款项流向，以及各证据与案件事实的关联程度、各证据之间的联系以及当事人相互间的短信、微信聊天记录等方面综合分析，认定双方之间存在借贷关系。

【基本案情】

黄某某妻子莫某于2014年5月向黄某出具《借条》，向黄某借款20万元，黄某向黄某某转账出借了该款。2014年9月至2015年6月，黄某12次向黄某某转款共计158.4万元；2014年6月至2015年11月，黄某某28次向黄某转款共计106.6735万元。黄某某在收到黄某的13笔转款后，将其中8笔转给案外人陆某。陆某于2014年10月向黄某转款31万元。陆某于2015年12月向黄某某出具《借条》，载明从黄某某处陆续

* 广西壮族自治区南宁市中级人民法院审判监督庭一级法官。

借到462万元,该462万元包括黄某起诉的案涉借款。2018年,黄某某登报向陆某催还借款。黄某主张前述转账均为向黄某某出借,陆某转给黄某的31万元系按照黄某某指示转款。黄某某则主张黄某的上述转款系借给案外人陆某,黄某某只是根据陆某的指示代为收取款项。黄某起诉要求黄某某、莫某偿还借款本金60万元,并按照月利率2%支付利息。

【审理结果】

一审法院认定双方存在借贷关系,判决黄某某向黄某偿还借款本金60万元并按年利率6%支付利息。二审法院认定双方没有借贷合意,不存在借贷关系,判决驳回黄某诉讼请求。再审依照最高人民法院《关于审理民间借贷案件适用法律若干问题的规定》(法释〔2015〕18号)第17条、第29条第2款规定,认定黄某某与黄某之间存在借贷关系,按照先还息后还本的原则计算,改判黄某某向黄某偿还尚欠借款本金407265元并按年利率6%支付利息。

【裁判评析】

借贷关系的成立要件包括借贷合意和借款交付。当事人对借贷关系的成立负有举证责任。实践中,民间借贷案件的当事人法律风险防范意识往往不强,证据的保全意识亦不够,表现为在借贷形式上较为简单和随意,缺乏书面借据或书面合同,也使人民法院在查明案件事实时存在很大困难。基于上述问题,各地法院在审判实践中对相关法律法规的理解和适用存在较大差异,对当事人举证责任分配的标准存在较大随意性,从而造成司法裁判尺度差异较大的问题。为此,针对原告仅能依据金融机构的转账凭证提起民间借贷诉讼的情况,最高人民法院《关于审理民间借贷案件适用法律若干问题的规定》(法释〔2015〕18号)第17条〔1〕对其中的举证责任分配进行了规定。正确理解和适用该规定,对于统一类案裁判尺度,保护当事人合法权益,具有重要意义。

---

〔1〕 最高人民法院《关于审理民间借贷案件适用法律若干问题的规定》(法释〔2015〕18号)第17条规定:"原告仅依据金融机构的转账凭证提起民间借贷诉讼,被告抗辩转账系偿还双方之前借款或其他债务,被告应当对其主张提供证据证明。被告提供相应证据证明其主张后,原告仍应就借贷关系的成立承担举证证明责任。"该条文现已被修改,参见最高人民法院《关于审理民间借贷案件适用法律若干问题的规定》(法释〔2020〕17号)第16条。

一、举证责任及举证责任分配概述

（一）举证责任

举证责任是指一定的诉讼主体对其所主张、所认定的案件事实是否负有提出证据、运用证据加以证明的义务。[1] 在民事诉讼中，举证责任是指应当由当事人对其主张的事实提供证据并予以证明，若诉讼终结时根据全案证据仍不能判明当事人主张的事实真伪，则由该当事人承担不利的诉讼后果。[2] 它既包括提供证据证明案件事实的责任，也包括不能提供证据证明案件事实时，应承担相应法律后果的责任。案件审理中，裁判的作出是以法律规范为大前提，以具体的案件事实为小前提而得出结论的三段论，抽象的法律规范在适用中，必然以具体的事实为对象，而事实认定又须以证据为基础。因客观事实难以完全恢复展现，故在诉讼中存在事实难以查证认定的问题，并由此产生不利后果分配问题，也就是举证责任问题。为此，举证责任制度对诉讼活动的进行具有重要影响，有助于查清案件事实，帮助诉讼主体实现诉讼目的。

在审判实践中，举证质证是裁判过程中的重要环节。人民法院作为案件发生后的居中裁判者，难以全面把握事情发生的经过，也难以自行调查事情的全部前因后果，必须依赖诉讼当事人的陈述及相关证据才能大致还原主要案情。但诉讼中，当事人基于自身利益考虑，往往会对案情陈述避重就轻，甚至作出虚假陈述，误导法官判断。因此，必须强调证据的重要性，明确诉讼当事人的证据责任及举证不能的不利后果。在民间借贷诉讼案件中，法官依据举证责任制度，可以在案件事实真伪难以查明时有效的审结案件。

（二）举证责任分配

关于举证责任分配的研究最早始于古罗马法，其重要原则就是“肯定者承担证明，否定者不承担证明”。[3] “谁主张，谁举证”的规则源于拉丁格言“谁主张，谁证明”，后才逐渐演变为罗马法上的两大原则之一。为此，举证责任分配是举证责任的关键所在，举证责任是民事证据制度的核心，而举证责任的分配是核心中的核心。举证责任分配的基本功能就是，在案件事实真伪不明时为法官提供裁判的依据，由法官

---

〔1〕 参见陈光中主编：《证据法学》（第 3 版），法律出版社 2015 年版，第 325 页。

〔2〕 参见张永泉：《民事诉讼证据原理研究》，厦门大学出版社 2005 年版，第 160 页。

〔3〕 参见刘冰、黄萍萍：《关于民事举证责任分配原则的研究》，载《学习与探索》2005 年第 4 期。

根据举证责任的分配来确定败诉后果的承担者。举证责任的分配涉及两个问题：一是应由哪一方当事人来证明；二是证明何种事实。法官在审理案件时，若经过调查仍然无法查清事实，则要通过分配举证责任来对真伪不明的待证事实进行归类，确定对该事实负有举证责任的当事人，判决其承担不利后果。

在对于举证责任的分配上，我国相关法律及司法解释也有规定，《民事诉讼法》第67条[1]规定，当事人对自己提出的主张，有责任提供证据。最高人民法院《关于适用〈中华人民共和国民事诉讼法〉的解释》第90条[2]规定，当事人对自己提出的诉讼请求所依据的事实或者反驳对方诉讼请求所依据的事实，应当提供证据加以证明，但法律另有规定的除外。第91条[3]对确定举证证明责任的原则进行了规定。第108条[4]对待证事实真伪不明时的举证责任分配进行了规定。因此，我国对于举证责任分配的基本规则是，在没有特殊规则适用的前提下，应当按照主张法律关系存在的当事人对产生法律关系的基本事实承担举证证明责任，主张法律关系变更、消灭或者权利受到妨害的当事人，对该法律关系变更、消灭或者权利受到妨害的基本事实承担举证证明责任的原则，确定举证责任的分配。在出现待证事实真伪不明的情况时，则根据举证责任分配规则，对真伪不明的待证事实进行归类，确定对该事实负有举证责任的当事人，判决其承担不利后果。

---

〔1〕《民事诉讼法》第67条规定："当事人对自己提出的主张，有责任提供证据。当事人及其诉讼代理人因客观原因不能自行收集的证据，或者人民法院认为审理案件需要的证据，人民法院应当调查收集。人民法院应当按照法定程序，全面地、客观地审查核实证据。"

〔2〕最高人民法院《关于适用〈中华人民共和国民事诉讼法〉的解释》第90条规定："当事人对自己提出的诉讼请求所依据的事实或者反驳对方诉讼请求所依据的事实，应当提供证据加以证明，但法律另有规定的除外。在作出判决前，当事人未能提供证据或者证据不足以证明其事实主张的，由负有举证证明责任的当事人承担不利的后果。"

〔3〕最高人民法院《关于适用〈中华人民共和国民事诉讼法〉的解释》第91条规定："人民法院应当依照下列原则确定举证证明责任的承担，但法律另有规定的除外：（一）主张法律关系存在的当事人，应当对产生该法律关系的基本事实承担举证证明责任；（二）主张法律关系变更、消灭或者权利受到妨害的当事人，应当对该法律关系变更、消灭或者权利受到妨害的基本事实承担举证证明责任。"

〔4〕最高人民法院《关于适用〈中华人民共和国民事诉讼法〉的解释》第108条规定："对负有举证证明责任的当事人提供的证据，人民法院经审查并结合相关事实，确信待证事实的存在具有高度可能性的，应当认定该事实存在。对一方当事人为反驳负有举证证明责任的当事人所主张事实而提供的证据，人民法院经审查并结合相关事实，认为待证事实真伪不明的，应当认定该事实不存在。法律对于待证事实所应达到的证明标准另有规定的，从其规定。"

二、仅有转账凭证的民间借贷诉讼的举证规则

原告仅凭借金融机构转账凭证作为证明借贷关系已经发生的证据而起诉的案件,借贷事实真实发生与否的认定尤为困难。为此,最高人民法院《关于审理民间借贷案件适用法律若干问题的规定》(法释〔2015〕18 号)第 17 条专门针对原告仅能提供证据证明款项支付事实,而无法提供借款合同甚至借据、收据、欠条等债权凭证的情形下如何分配举证责任进行了规定,明确了此类案件的举证责任、审查内容和审查标准。基于该条规定,对仅有转账凭证的民间借贷诉讼举证规则是,原告仅提供金融机构的转账凭证作为初步证据,被告没有提出该转账系还款或基于其他法律关系的抗辩,或者虽然提出上述抗辩但未提交任何证据时,法院可以推定借贷关系成立;在被告提出该转账系还款或基于其他法律关系的抗辩后,被告对自己的抗辩事实主张需要证明至"合理可能"或"表面可信"程度方可抵消推定效力。

最高人民法院《关于审理民间借贷案件适用法律若干问题的规定》(法释〔2015〕18 号)第 17 条的内容可以概括为"一个前提,四个步骤"。即该条只适用于原告仅依据金融机构的转账凭证提起民间借贷纠纷,并且被告抗辩称转账系偿还之前借款或其他债务的情况。所谓"四个步骤"则为:(1)原告仅依据金融机构的转账凭证提起民间借贷诉讼;(2)被告抗辩称该转账系偿还双方之前借款或其他债务并提供相应证据证明其抗辩主张;(3)原告应进一步就借贷关系(实际上是借贷合意)的成立承担证据提供责任;(4)当事人双方的攻击防御最终结束之后,审判法官必须根据原、被告提交的证据和法庭辩论情况,比较内心已经形成的关于借贷关系存在(原告主张)的确信程度与法定的"高度盖然性标准"孰高孰低作出判决。

1. 原告的举证责任。根据最高人民法院《关于适用〈中华人民共和国民事诉讼法〉的解释》第 91 条的规定,在民间借贷纠纷案件中,通常的举证责任分配原则是:对于存在借贷关系及借贷内容等事实,出借人应承担举证责任;对已经归还借款的事实,借款人应承担举证责任。但在原告不能提供借款合同、借据等表明双方之间存在借贷关系的书面证据时,仅提供金融机构的转账凭证,是否可以认为尽到了举证责任的问题。一般认为,实践中借款合同关系发生的情形比较复杂,在双方当事人之间存在其他交易关系的情况下,存在原告凭借其他交易中支付款项的转账凭证,试图要求被告归还并不真实存在的借款的可能,因而对此不应仅凭款项支付凭证就认定双方之间的借贷关系,这是符合借款合同的成立以双方当事人之间存在借贷合意的基本特点的。但同时考虑到一些借款案件的当事人确实存在缺乏法律意识,没有签订书

面借款合同亦没有出具借据的情况下，出借人对于借款关系的证明存在一定困难，因而可以认为在提出金融机构转账凭证的情况下，出借人对双方之间借款合同关系的存在完成了初步举证责任，此时应当进一步结合被告的答辩情况，对双方是否存在借款合同关系进行分析认定。

2. 被告的举证责任。在被告不认可双方之间存在借款合同关系的情况下，是否还需要被告提出相应证据，以及在被告不能提出相应证据证明该款项系基于其他交易发生，而原告亦不能进一步举证证明该款项系支付出借款项时，应当将举证不能的不利后果分配给哪一方当事人。笔者认为，在被告抗辩主张原告的转账系偿还双方之前借款或其他债务的情况下，被告应当对其该主张提供证据证明；在被告提供相应证据证明其主张后，原告应就借贷关系的成立承担进一步的举证责任，从而实际上加强了对合法出借人的司法保护。

实践中，被告对原告提交的金融机构转账凭证的真实性往往不存异议，但对凭证所反映的转账目的，被告则可能以转账系偿还双方之前借款或其他债务等为由，从而否认原告提出的借款事实主张。在此情况下，被告所持的抗辩的内容，实际上是一个新的主张，按照主张权利存在的当事人应当对权利发生的法律要件存在的事实负举证责任的基本原理，被告对于其所主张的双方之间存在其他借款关系或者其他债权债务关系等，应负相应的举证责任，需要提供证据予以证明。之所以如此规定，是考虑到作为主张双方之间民间借贷关系存在的原告，虽然没有能够提交借款合同作为直接证据，但提交了款项实际支付的相应证据，即应当认为其对与被告之间存在借贷关系的事实完成了初步举证。此时，被告如果提出双方之间款项支付的其他事实基础，则需对其主张予以举证证明。在被告举证证明双方之间存在其他借款关系或者其他债权债务关系的情况下，原告对于其于起诉时所主张的借款关系的存在，需要进一步提供证据证明。从理论上看，如果被告对于原告提出的借款关系主张提出了反对主张，并且对所持反对主张提供了充分证据予以证明，则应当可以认定被告的反对主张成立，从而否定原告的主张。在此情况下，需要原告进一步举证，从而使法官能够对双方当事人所举证据进行分析认定，对原告所主张的借款事实是否真实存在作出准确判断。

3. 证明标准及法律后果。对当事人而言，证明标准主要意义在于对自身是否完成证明责任提供可预测的尺度；对法官来说，其主要意义则在于对待证事实是否存在的内心确信达到何种程度，方可对事实作出认定。民事诉讼中，通常是以盖然性作为证据的证明标准。实践中，对于原告所主张的民间借贷事实是否真实发生，原告与被告一般均会提交一定证据或作出相应陈述予以证明，这些证据可能均不能直接而充分的证明当事人所持主张。根据 2022 年最高人民法院《关于适用〈中华人民共和国民事诉讼法〉的解释》第 108 条第 1 款的规定，法官应当根据法律和司法解释规定要求，对证据予以审查，并结合相关事实，在确信待证事实的存在具有高度可能性的情况下，认定该事实的存在，即对证明标准应当采取高度盖然性标准。

在被告对原告主张仅予以否认，而不能提供证据证明款项支付系因双方之间存在其他借款关系或者其他债权债务关系时，应当对其主张事实不能确定承担不利后果。相应地，在被告提供了相应证据的情况下，由于原告对双方之间存在其所主张的借款关系负有举证责任，因而原告应当进一步针对被告主张提供其他证据以证明其主张。在原告不能提供更充分的证据证明其主张的情况下，此时的举证责任仍应归于原告，由原告对此承担相应的不利后果。

概言之，就是原告对借贷关系的成立负有举证证明责任，即对借贷关系成立的要件事实“借贷合意”和“借款交付”负有举证证明责任；在原告仅能提供转账凭证等证据证明款项支付事实，而无法提供借款合同或者借据、收据、欠条等债权凭证的情况下，法院应从双方当事人的陈述、各证据与案件事实的关联程度、各证据之间的联系等方面综合考虑原、被告双方之间是否达成“借贷合意”。原告在提交了款项实际支付的相应证据后，应认为其对与被告之间存在借贷关系的事实完成了初步举证。此时，被告可以提出双方之间的款项支付系偿还双方之前借款或其他债务以进行抗辩，但被告对其主张负有举证责任。

三、本案的处理

本案中，黄某以转账凭证提起民间借贷诉讼，黄某某虽抗辩其与黄某之间系委托投资关系而非借贷关系，案涉转款系黄某委托黄某某向案外人陆某进行投资的款项，但未能提供证据对其主张予以证明。同时，黄某第一次转给黄某某的款项为借款，并由黄某某妻子莫某出具借条，再综合双方之间的微信聊天记录、黄某某的转账流水、黄某某与案外人陆某之间的法律关系等全案事实，可以认定黄某与黄某某之间达成了借贷合意，双方之间成立借贷关系而非委托投资关系。

本案根据证据裁判规则，对此类民间借贷案件的举证责任分配、证据采信标准等进行了梳理分析，对统一类案裁判尺度、保护当事人合法权益具有指导作用，对于规范民间借贷行为、弘扬社会主义核心价值观亦具有社会引导意义。

职业放贷人从事民间借贷行为应认定借贷合同无效

蒙清文*

【裁判要旨】

《全国法院民商事审判工作会议纪要》(法〔2019〕254 号)第53 条明确定义了"职业放贷人"系指未依法取得放贷资格的以民间借贷为业的法人,以及以民间借贷为业的非法人组织或者自然人。同一出借人在一定期间内多次反复从事有偿民间借贷行为的,一般可以认定为"职业放贷人"。本案出借人在一定期间内向不特定多人出借资金 10 次以上,其出具行为具有反复性、经常性、借款目的具有营利性,构成非法放贷,应认定为"职业放贷人",其与借款人之间的民间借贷合同无效,出借人取得的高于法定孳息的高息应冲抵本金,为此提供担保的无过错保证人亦不用承担保证责任。

【基本案情】

2014 年 2 月,甘某、韦某、黄某因需资金周转向谢某借款,并出具了 1 份《借条》。该借条主要约定,甘某、韦某、黄某向谢某借款 66 万元;借款时间 2014 年 2 月 22 日;利息按中国人民银行同期贷款利率的 4 倍从 2014 年 2 月 22 日开始计算;双方还对违约责任进行了约定。黄某丁作为连带担保人在该借条上签名。当日,谢某通过案外人廖某向黄某甲转账交付 50 万元,自行转账向黄某丁交付 10 万元,以现金方式向甘某、韦某、黄某交付 6 万元。

---

* 广西壮族自治区南宁市中级人民法院审判监督庭五级法官助理。

2014年4月24日，甘某向谢某偿还30万元，谢某当场向甘某出具一份《协议书》，主要内容是谢某承诺免除甘某对以下三笔借款的还款责任和担保责任，即：2014年4月8日甘某、韦某作为借款人向谢某借款40万元；2014年4月8日黄某、黄某甲作为借款人，甘某作为担保人向谢某借款68万元；2014年4月8日黄某甲、韦某作为借款人，甘某作为担保人向谢某借款66万元。谢某认为该30万元是偿还上述借款中的68万元借款，其在起诉借款人黄某、黄某甲，担保人甘某的另案中已按约免除了甘某担保责任。后因谢某制作了虚假借款的银行流水记录，法院认定该68万元借款属于诈骗，并判决：谢某犯诈骗罪，处以相应刑罚。

再审另查明，2012年至2018年，谢某作为原告，向南宁市两级法院提起37起民间借贷诉讼。其中，2012年提起民间借贷诉讼5起、2013年6起、2014年10起、2015年2起、2016年12起、2017年1起、2018年1起。

【审理结果】

原审法院认定双方的借贷关系合法有效，判决甘某、韦某等人共同向谢某偿还借款本金66万元并支付利息，黄某丁承担保证责任。

再审法院认为，谢某作为自然人，违反银行业监管法规，以谋取高额利息为目的从事经常性的放贷业务，扰乱了我国金融市场和金融秩序，损害了社会公共利益。根据原《合同法》第52条第4项、第5项及第58条的规定，案涉借贷关系无效，甘某、韦某等人仅需返还借款本金305615元，并按中国人民银行同期贷款利率和同期全国银行间同业拆借中心公布的贷款市场报价利率分段支付资金占用费；黄某丁在此过程中不存在过错，无须承担连带偿还责任。

【裁判评析】

"职业放贷人"实施高利放贷、非法吸收或变相吸收他人资金等违法行为，严重扰乱经济金融秩序和社会秩序，应依法予以惩处。但在当前规范体系下，不管是行政法领域还是刑法领域，均难以对职业放贷人进行有效规制，而对自然人职业放贷人更甚之。因此，如何识别职业放贷人，准确判定职业放贷行为的效力与法律后果及有效防范和化解职业放贷人带来的潜在金融风险，已成为推进现代化治理亟待解决的难题。

一、正确认识和认定职业放贷人

《全国法院民商事审判工作会议纪要》规定，同一出借人在一定期间内多次反复从事有偿民间借贷行为的，一般可以认定为是职业放贷人。这是首次对职业放贷人的概念进行了定义，但我国目前的民商事法律对职业放贷人认定的标准尚无明确规定。根据《银行业监督管理法》《商业银行法》及《防范和处置非法集资条例》等法律规范的规定，未经有权机关依法批准，任何单位和个人不得设立从事或者主要从事发放贷款业务的机构或以发放贷款为日常业务活动。因此，各地法院在实践中对职业放贷行为的认定，总体上可以分为三类：一是形式标准，即以一定时期内关联案件数、合同格式化程度等参照；二是实质标准，即以放贷的对象不特定性、经常性、经营性等进行认定；三是采用形式标准与实质标准相结合的审查模式。笔者认为，在认定职业放贷行为时，应当将形式标准与实质标准相结合进行全面审查，以此提升案件审查的全面性和精准性。

（一）认定职业放贷行为的形式标准

职业放贷与一般民间借贷相比，具有明显的经常性、反复性和职业性，这也是认定职业放贷行为的形式标准。放贷行为的经常性或反复性，体现为出借人民间借贷案件数量、放贷的次数；行为的职业性体现为合同的格式化和专业化程度、出借款项的来源等，但我国目前的民事法律对此并无明确的量化标准。刑法领域，最高人民法院、最高人民检察院、公安部、司法部《关于办理非法放贷刑事案件若干问题的意见》认为"'经常性地向社会不特定对象发放贷款'，是指 2 年内向不特定多人（包括单位和个人）以借款或其他名义出借资金 10 次以上"。虽然刑事与民事分属不同的法律部门，相关法律条文规定更不可混合适用，但是部分法理应是相通的。因此，部分高级人民法院为提高裁判的统一性，在司法实践中以该刑法条文的内在法理为援引参考，制定出了职业放贷行为认定的量化标准。比如，江苏省高级人民法院规定一年内有 5 件以上的；新疆维吾尔自治区高级人民法院规定一年 6 件以上或者连续两年 10 件以上的等。[1] 因此，人民法院在认定职业放贷行为时，应主动通过审判管理系统

---

〔1〕 江苏省高级人民法院《关于建立疑似职业放贷人名录制度的意见（试行）》第 2 条规定："各基层人民法院要根据自身实际，建立疑似职业放贷人名录制度。审理民间借贷案件首先要进行关联案件查询，同一出借人及其实际控制的关联关系人作为原告一年内在全省各级人民法院起诉民间借贷案件 5 件以上的，该出借人应当纳入疑似职业放贷人名录。通过案件审理或者其他途径可以初步确定为职业放贷人的，不受上述案件数量的限制。"

新疆维吾尔自治区高级人民法院《关于印发〈关于加强职业放贷人审查工作的指导意见（试行）〉的通知》第 4 条规定："纳入'职业放贷人名录'，应当符合以下条件：1. 在同一年度内，同一出借人及其实际控制的关联关系人作为原告在同一法院涉及 6 件以上民间借贷案件，或者在同一中级法院及所属辖区法院累计涉及 6 件以上民间借贷案件的；2. 连续两年，同一出借人及其实际控制的关联关系人作为原告在同一法院涉及 10 件以上民间借贷案件，或者在同一中级法院及所属辖区法院累计涉及 10 件以上民间借贷案件的。"

检索民间借贷关联案件，审查出借人在一定时期起诉民间借贷案件数，同时调取出借人的银行流水，审查出借人的放贷次数。

在认定职业放贷行为时，各地法院对出借人是否“以民间借贷为业”的认识并不一致，但总体上是相对统一的，也较为容易把握。职业放贷人的职业性主要体现为借贷过程的专业化、合同的格式化。但这并不要求出借人将放贷行为作为“唯一的”职业，而是要求出借人需将经常性、反复性的借贷行为作为谋取高额利润。经常性、反复性、职业性是职业放贷行为认定时的形式标准；民间借贷案件数量、放贷次数是形式标准的量化指标；借贷过程专业化、流程化，借贷合同的格式化是职业性的显性指标。但经常性、反复性、职业性并非认定职业放贷行为的唯一依据，当放贷行为符合形式标准时，有必要进行进一步的实质审查，精准界定职业放贷行为。

（二）认定职业放贷行为的实质标准

根据职业放贷人的概念和非法放贷的分析，借贷对象不特定性与营利性是认定职业放贷行为的实质标准：放贷对象的人数、范围、身份是认定对象不特定性的主要依据；借贷利率、金额、资金来源等是营利性的主要表现形式。因职业放贷人是通过收取高额利息或者手续费、保证费等来获得收入，具备一定的商事特征。故将借贷对象的不特定性、营利性作为认定职业放贷行为的实质标准，有利于规制职业放贷行为。

职业放贷行为的不特定对象认定，在具体实践中是比较难以掌握的。“不特定”本身是一个相对的概念，而实践中对按身份还是数量进行界定并没有统一的认识，因此，需要结合其他标准进行综合评判。但基于此标准，部分职业放贷人案件可以得到合理排除，如仅存在亲友间的互助性借贷，即使案件数量多、借贷次数多、约定有利息，也不宜认定为职业放贷行为。判定职业放贷行为最为核心的标准是营利性或营业性，而借贷利率、金额、资金来源则是判定营利性或营业性的主要标准。民间借贷的核心问题是利率，利率的高与低是判定民间借贷行为合法与否的关键因素，但并非唯一的依据。职业放贷人的专业性，体现了出借人在借贷合同中明确约定法律保护合理利息，却私下以砍头息、手续费、保证金等手段减少实际出借金额。相较于一般民间借贷，职业放贷通过收取高额利息或收入营利，且未取得相应授权，明显属于非法从事金融机构贷款业务，严重损害金融秩序安全与稳定。

职业放贷行为的认定，需要对出借人的资金来源进行实质审查。正常民间借贷中出借人的资金来源于其合法收入，禁止吸收或变相吸收他人资金用于借贷。出借人用自有资金放贷产生相关风险相对较小，若是吸收他人资金或从金融机构转贷资金实施放贷行为,而金融机构又难以发现和防范,一旦严重损害到金融秩序安全与稳定,则容易爆发系统性金融风险,后果十分严重。

司法实践中,虽然各地法院对职业放贷行为效力的判定是基本统一的,但法院是依职权主动审查,还是先由当事人抗辩后再进行审查?举证责任应如何分配?对此,各地法院在具体案件审理中的做法并不尽相同。依照法律规定,职业放贷行为因违反法律强制性规定而无效,对可能构成无效合同的案件既可以由主张合同无效方负责举证,也可以由法官依职权认定合同无效。笔者认为,一方面,由借款人举证职业放贷行为确实存在举证困难,由法院主动审查更利于查清真相;另一方面,法院主动审查职业放贷行为更有利于推进国家管制非法放贷公共政策的执行。

具体到本案中,谢某与甘某、韦某等人之间存在多起借贷关系,借款合同的格式基本一致,约定的利息为同期银行贷款利率的4倍,均要求有保证人作担保,且借款过程中存在"砍头息"、虚假交付流水等,足以谢某实施放贷的经常性、职业性、专业性和营利性。同时,谢某于2012年至2018年共向南宁市两级法院提起37起民间借贷诉讼,可见其出借对象具有明显的不特定性,长期从事出借业务,以放贷为业,更以诉讼的合法手段实现其非法获利的目的,符合"职业放贷"的法律特征,应认定其为从事非法金融业务活动的"职业放贷人"。

二、职业放贷行为的效力及法律后果

(一)职业放贷行为的效力判定依据

司法实践中,各地法院对职业放贷人从事民间借贷行为无效基本达成了共识,且判定所援引的均是《民法典》第153条和《银行业监督管理法》第19条。但各地法院就如何适用法律的做法并不统一,主要有三大情形:一是未援引相关法条,径直以行为违反法律的强制性或禁止性规定而认定无效;二是单独援引,仅援引原《合同法》第52条或最高人民法院《关于审理民间借贷案件适用法律若干问题的规定》第13条或《银行业监督管理法》第19条;三是组合援引,从原《合同法》第52条、最高人民法院《关于审理民间借贷案件适用法律若干问题的规定》第13条中,择一与《银行业监督管理法》第19条共同援引,抑或全部援引。笔者认为,法院在职业放贷行为效力判定过程中不援引法条或单独援引,说理性不充分,影响了司法的公开性和公正性,因此倾向于第三种做法。

合同无效体现了国家对契约自由的干涉,违法合同的效力则是公私利益权衡后的结果。因此,在职业放贷行为效力判定过程中,既要维护社会公共利益,更要强调民法之基石的私人自治。

1. 注重规范目的

司法实践中,通常以职业放贷行为违反效力性强制规定,而认定职业放贷行为无效。然而,强制规定是效力性强制规定还是管理性强制规定,一般是在判定合同无效后才明确,在此之前并无法准确区分。同时,效力性与管理性强制规定的区分也会随着社会经济环境的变化而转换。从《民法典》第 153 条第 1 款"违反法律、行政法规的强制性规定的民事法律行为无效。但是,该强制性规定不导致该民事法律行为无效的除外"来看,民法典时代下对违法行为效力判定不再对效力性进行事前识别,也不再区分强制规定的效力性和管理性,而是从规范性质向规范目的转变,体现了注重公私利益的权衡,也体现出强制性法律规定的规范目的和规范重心。

2. 引入公法价值

民法中法律行为效力的适法规范,是指公法规范经由特定的管道进入私法领域,与其他私法规范一起构成,构成私法体系的评价。从公私法的分类来看,《民法典》为私法规范,《银行业监督管理法》为公法规范,《民法典》第 153 条第 1 款是《民法典》为两者连接量身定做的特定管道,将该公法规范引入民法领域,直接影响法律行为的效力评价。《民法典》该条款继承自原《合同法》第 52 条第 5 项,而又增加但书规定,引入目的保留条款,预留司法弹性空间。其规范功能主要体现在:其一,将公法规范引到私法评价体系中,构成私法体系的自洽;其二,通过"但书"条款授权法官依正当性原则进行价值补充,权衡各方法益,最终做出效力决断。《民法典》虽构建了公法与私法的互动协调机制,但不能对公法目的置若罔闻,更不能采用公法优位论,将公法凌驾于民法之上评价。《民法典》第 153 条第 1 款作为引致规范,被引致的规范主要是民法外的刑法、行政法上的强制规范,其作用就是将民法之外的价值导入民法之中。同时,"但书"部分作为授权规范,通过授权法官探寻立法目的,在经利益发现与衡量后,判定违法合同的效力。所以,法官在判定违法行为效力时,应以比例原则为指导,在目的与手段之间权衡得当。

3. 权衡公私利益

判定职业放贷行为的法律效力,首先应探究所损害的社会公共利益,其次应对该公共利益与当事人的私人利益进行权衡,以认定是否应当将职业放贷行为判为无效。这实际上就是对金融安全与金融效率两种价值的衡量。究其根本原因,其一,民间融资具有私法自治与契约自由的双重属性,融资自由能更好地保障民间金融资源合理配置,适当开放民间借贷市场,让民间资本在不同行业流通、竞争,更能提升金融资源配置效率;其二,民间借贷具有自发性、随意性,具有很大的潜在风险,一旦资金链条断裂,进而引发连锁不良反应,很容易破坏社会稳定,削弱货币政策执行力度,严重影响国家宏观调控效果。当借贷合同的效力直接破坏公共秩序,造成公共利益受损,司法机关应主动对其进行干预,进而彻底否定该类行为的效力。同时,随着职业放贷越来越专业化、职业化,从信息获得、金融知识以及风险识别等方面来看,出借人明显处于优势地位,借款人则成为新型金融法律关系中的"弱势群体"。强调保护弱势群体合法权益既是民事法律的价值基础,也是金融消费者权利实现的重要内容,更是维护金融秩序和社会稳定的内在需求。因此,认定职业放贷行为无效,既可以有力保障社会公共利益之目的的实现,也能发挥司法规制在金融秩序与金融安全保护中的补足作用。

(二)职业放贷行为无效的法律后果

职业放贷行为效力被判定无效后,其法律后果应依照《民法典》第 157 条确定,主要对本金、担保责任、资金占用使用费三个方面产生影响。

1. 借款本金

依照《民法典》第 157 条规定,认定职业放贷行为无效后,借款人应向出借人返还本金。借款人因合同无效而丧失了取得财物的合法原因,且出借人因此遭受了损失,借款人构成了不当得利,出借人也取得了给付型不当得利请求权。同时,因借款合同无效,利息的约定也应当无效,借款人已经支付的利息应当直接冲抵本金。对职业放贷行为进行司法规制,应符合高效管制理念,否定职业放贷人利息请求权,使职业放贷人无法因其违法行为获益,实现维护金融安全的规制目的。

2. 担保责任

职业放贷的主合同无效,作为从合同的担保合同也无效。但依照最高人民法院《关于适用〈中华人民共和国民法典〉有关担保制度的解释》第 13 条第 2 款规定,主合同无效并不直接免除债务人的清偿义务,而作为原给付义务的替代,债务人的返还义务依然存在清偿不能的风险,为防范该风险而设立的担保权也应存续,但应受到诚信原则的限制。因职业放贷人系不法行为的直接制造者,故应严格认定职业放贷案件中担保人过错责任。笔者认为,对担保人的过错责任应进行限缩解释,除非担保人在职业放贷中存在明知的故意,否则不应当承担过错责任。即担保人在明知出借人为职业放贷人的情况下,仍居中斡旋、竭力促成借款人与职业放贷人签订借贷合同。严格限制担保人责任,也是惩戒职业放贷违法行为、实现高效管制的一种体现。

3. 资金占用使用费

在认定职业放贷的案件中，争议最大的是资金占用使用费的问题。有观点认为，若法官支持职业放贷人的资金占用使用费请求权，就变相鼓励了职业放贷人的违法行为，职业放贷人非但未受到惩处，还因此获益；还有观点认为，若法院仅因为职业放贷行为违法就不支持资金占用使用费请求权，借款人就可以不支付利息或者仅支付很低的利息，也在一定程度上放纵了借款人，客观上使其从违法行为中获益。对于资金占用使用费的支持与否的判定，仍要立足当前法律规定及立法目的。总体上，目前支持出借人资金占用使用费请求仍占主流。

我国民法理论一般认为不法原因给付应排除给付人的返还请求权。但实践中，部分的职业放贷行为与套路贷、黑社会性质组织犯罪存在一定关联，若借款人以出借人系职业放贷人进行抗辩，一旦抗辩成立，借款人的还款义务将得到较大减轻，即使抗辩不成立，也不会增加对此倾向性问题。值得注意的是，出借人虽以职业放贷为业却也如实支付出借款，也希望将给付物所有权转移给借款人，并以收取砍头息、违法高息等行为获利，不存在虚假出借资金、违法暴力或软暴力催收等行为。职业放贷行为之所以无效，系因违反强制性规定，故出借人的放贷处分行为应属无效，借款人不能成为新的合法所有人。因此，借款人基于出借人无效处分行为而占有的财物，原则上应当按照民事法律规定向出借人返还本金并支付财物占用期间的费用。借款人以职业放贷系违法行为进行抗辩，进而认为其基于此获得的财物是合法的，可以不予返还本金及支资金付占用费。这明显与诚信原则相悖，应当在司法实践中予以纠正。

具体到本案中，谢某与甘某、韦某等人签订了 66 万元的借款合同，实际上给付了 60 万元，6 万元的现金被谢某以保证金、砍头息的方式收回，甘某、韦某等人实际收到借款本金为 60 万元。因谢某的该借款行为是职业放贷，法院认定谢某与甘某、韦某等人之间的借款合同无效，但甘某、韦某等人收到的 60 万元本金应返还谢某，并按照同期人民银行贷款基准利率支付占有期间的费用。

三、认定职业放贷行为的指导意义

近年来，民间借贷案件直线上升，职业放贷人借民间借贷之名，通过虚增债务、签订虚假借款协议等方式，采用欺骗、胁迫等暴力及软暴力催讨手段，非法侵犯公民合法财产，严重扰乱国家正常的金融秩序，损害社会公共利益，违反法律的禁止性规定，且引发套路贷、校园贷、非法吸收公众存款、非法集资等乱象，甚至在催收借款时出借人采用软硬暴力等方式，容易发生民转刑案件。因此，有必要对职业放贷人进行认定，对职业放贷行为从严规制。

职业放贷人趋利性强，行为隐蔽。人民法院在审查认定职业放贷行为时，首先，要严格审查职业放贷人所涉案件的事实及证据。经审查可以认定出借人系职业放贷人的，应当坚决宣告相关民间借贷无效；适当提高职业放贷人主张的“已通过现金方式出借款项”“未要求借款人出具借条”等事实的证明标准；发现“套路贷”、暴力讨债等违法犯罪行为的，应当坚决移送有关机关处理，避免黑恶势力在民间借贷领域死灰复燃。其次，避免打击范围的扩大化。认定职业放贷人时，人民法院应当严格执行两大核心标准，并对于非以营利为主要目的以及非面向不特定社会对象放贷的行为予以容忍，保持司法的谦抑性，避免打击范围的扩大化，防止对正常的借贷市场活力造成误伤。最后，注意豁免情形。人民法院在审理民间借贷案件时，对于偶然性、间断性的借贷行为，即使其具有一定的营利性，也要予以豁免；对于亲戚朋友、单位与员工和集团企业等特定主体之间互帮互助发生的放贷行为，应当也予以豁免。因此，对正常的民间借贷予以鼓励，增加职业放贷人认定的豁免情形，有利于充分调动民间投资的积极性，服务经济健康发展。

本案是典型的“职业放贷人”放贷案件，通过在现实判例中对其进行认定，明确职业放贷人的认定标准，将其签订的民间借贷合同认定为无效，借款人无须再向其支付高额利息，仅需支付本金及资金占用费。本案彰显了人民法院从严规制职业放贷行为的决心，提高了职业放贷行为的失信违法成本，使职业放贷人通过出借资金获取高额利润的非法目的无法实现，可以有效规范民间借贷行为，引导民间融资健康发展，维护金融秩序。同时，可以有效遏制职业放贷诱发的民间借贷纠纷，消除与民间借贷相关的刑事犯罪苗头，防范民间借贷纠纷民转刑。

因租赁合同无效确定损失应考虑损益相抵原则

——南宁市某村委会松柏二队与蓝某伟农村土地承包经营权出租合同纠纷案

万晓敏[*]　吴　婷[**]

【裁判要旨】

人民法院在审理租赁合同纠纷案件时，判断承租人是否存在经济损失，应综合考虑承租人的收益与其支付的租金。如不考虑承租人转租所获得的巨额租金收益，简单以另案生效判决认定的承租人因转租行为无效而应承担的赔偿数额来确定其经济损失，并判令出租人向承租人赔偿，违反了损益相抵规则，显失公平。

【基本案情】

2010 年 12 月 5 日，蓝某伟（乙方）与南宁市某村委会松柏二队（以下简称松柏二队）（甲方）签订《合作联营合同书》，合同约定：甲方将该队一块原有取土场用地作为股份投资与乙方联营开发搞水泥砖厂及卷木板厂等；甲方仅用涉案土地作为联营投资，乙方负责投资建设、自主经营管理，合作联营期间如出现盈亏、安全事故及债权均由乙方自行处理，与甲方无关，无论经营状况如何，乙方每年必须按固定收益的形式支付甲方股份金；股份金分为四个阶段，每个阶段 5 年，第一个阶段股份金每亩每年 4000 元，第二个阶段股份金每亩每年 5000 元，第三个阶段股份

* 广西壮族自治区高级人民法院审判监督第一庭副庭长，四级高级法官。

** 广西壮族自治区高级人民法院审判监督第一庭一级法官助理。

金每亩每年 6000 元,第四个阶段股份金每亩每年 8000 元。合作联营年限从 2011 年 1 月 1 日至 2031 年 12 月 31 日止。合同联营期内,乙方如按期支付甲方股份金前提下,乙方可将土地及投资建设的房屋采取出租、联营合作等方式进行经营。

2011 年 9 月 22 日,蓝某伟(甲方)与广西长安开元某公司(以下简称长安开元公司)(乙方)签订《租赁协议》,约定:甲方同意将其承租松柏二队的涉案土地中的部分,转租给乙方作为驾校用地,租赁期限为 10 年,即自 2012 年 1 月 1 日起至 2021 年 12 月 31 日止;甲方同意乙方租赁该土地用于开办驾驶培训学校等合法经营用途,乙方可根据实际需要,对租赁场地进行地面硬化,并在场地建筑一层砖瓦简易房,甲方应配合乙方向政府部门办理报建手续,正常申报费用由乙方承担。

长安开元公司在承租上述土地后开办了南宁市长安开元机动车驾驶员培训有限公司,并对土地进行建设,于 2013 年 1 月 16 日被南宁市兴宁区城市管理综合行政执法局以其在兴宁区三塘镇某村松柏坡占地建房,涉嫌违反《土地管理法》第 43 条的规定,有非法占地嫌疑,被责令立即停止施工建设行为,并对其作出《行政处罚决定书》,责令该公司退还非法占用的集体土地、没收涉案土地上新建的建筑物和其他设施、并处罚款 1011990.9 元。2013 年 10 月 12 日,蓝某伟向南宁市兴宁区城市管理综合行政执法局缴纳了非法占地的罚款 40 万元。

由于长安开元公司承租的包括涉案土地因非法占地于 2014 年 7 月 24 日被行政强拆且被征收,造成长安开元公司及南宁市长安开元机动车驾驶员培训有限公司的损失,长安开元公司及南宁市长安开元机动车驾驶员培训有限公司作为共同原告于 2014 年 10 月 28 日起诉蓝某伟,要求蓝某伟赔偿损失。该案生效判决认定:被拆除的涉案土地上的基础设施设备等不动产被强制拆除时市场价格为 230 万元,蓝某伟和长安开元公司均存在过错,各自对损失承担 50% 的责任。判决蓝某伟赔偿长安开元公司及南宁市长安开元机动车驾驶员培训有限公司经济损失 115 万元。

2011 年 9 月 26 日起至 2014 年 4 月 17 日止,长安开元公司和南宁市长安开元机动车驾驶员培训有限公司共计向蓝某伟交付 252.5 万元租金。蓝某伟于 2014 年 9 月 1 日向长安开元公司退回 2014 年 7 月 21 日至 2014 年 12 月 31 日场地租金 352778 元。蓝某伟按 41.8 亩土地每年 167200 元向松柏二队交纳涉案土地的租金至 2014 年 12 月 31 日。

【审理结果】

南宁市兴宁区人民法院于 2019 年 3 月 28 日作出(2018)桂 0102 民初 5460 号判决:(1)松柏二队赔偿蓝某伟经济损失 549835.2 元;(2)驳回蓝某伟对某村委会的诉

讼请求。

南宁市中级人民法院于2019年12月25日作出(2019)桂01民终11864号民事判决:驳回上诉,维持原判。

广西壮族自治区高级人民法院于2021年6月22日作出(2021)桂民再179号再审判决:(1)撤销南宁市中级人民法院(2019)桂01民终11864号民事判决和南宁市兴宁区人民法院(2018)桂0102民初5460号民事判决;(2)驳回蓝某伟的诉讼请求。

【裁判评析】

蓝某伟与松柏二队虽然签订的是《合作联营合同书》,但双方均认可实质上是土地租赁关系。松柏二队明知案涉农业用地未经批准转为非农业用地,仍将案涉农业用地出租给蓝某伟用于开办水泥砖厂和卷木板厂,存在过错。蓝某伟明知案涉土地未办理变性手续,承租案涉土地并将案涉农业用地转租给长安开元公司做开办驾校场地使用,蓝某伟亦存在过错,双方对本案损失应各自承担50%的过错责任。在过错责任已经确定的情况下,签订并履行案涉《合作联营合同书》是否给蓝某伟造成经济损失,则是判断松柏二队应否向蓝某伟承担赔偿责任的关键所在。蓝某伟在承租松柏二队的案涉土地期间,按照双方签订的《合作联营合同书》约定,第一阶段的5年内,每亩每年租金4000元,合同约定蓝某伟承租的案涉土地为41.8亩,因此蓝某伟每年应向松柏二队支付的年租金为167200元。蓝某伟收取长安开元公司和南宁市长安开元机动车驾驶员培训有限公司2011年9月26日起至2014年4月17日止的租金为252.5万元。2011年1月1日至违法建筑被强制拆除之日即2014年7月24日,即使蓝某伟全部按时足额支付租金给松柏二队,其所支付的租金也只有约585200元(167200元/年×3.5年)。由此可见,在合同的履行过程中,蓝某伟向长安开元公司收取的租金标准远远高于蓝某伟向松柏二队交纳的租金。因南宁市长安开元机动车驾驶员培训有限公司在案涉土地上所建的的基础设施设备等不动产被行政机关强制拆除,客观上确实给南宁长安开元机动车驾驶员培训有限公司造成损失,另案据此判决蓝某伟赔偿长安开元公司及南宁市长安开元机动车驾驶员培训有限公司经济损失115万元。在此情况下,若将两个租赁关系割裂开来,在本案中单独评价对于蓝某伟因另案向长安开元公司、南宁市长安开元机动车驾驶员培训有限公司赔偿的损失,松柏二队应否承担50%责任的问题,显然不够客观、公平。从长安开元公司、南宁市长安开元机动车驾驶员培训有限公司向蓝某伟交纳租金及蓝某伟向松柏二队交纳租金的差额来看,显然,蓝某伟收取长安开元公司和南宁市长安开元机动车驾驶员培训有限公司 2011 年 9 月 26 日起至 2014 年 4 月 17 日止的租金为 252.5 万元，而蓝某伟自 2011 年 1 月 1 日至 2014 年 7 月 24 日即使按时足额支付租金给松柏二队也仅约 585200 元。蓝某伟转租案涉土地所获得的租金收益 252.5 万元扣减其向长安开元公司、南宁市长安开元机动车驾驶员培训有限公司赔偿的经济损失及其应向松柏二队支付的租金 585200 元，尚有剩余，且剩余金额较大，若按原审的审理思路支持蓝某伟的诉讼请求，则蓝某伟因转租行为被解除获得的巨额利益，实际上已构成不当得利。本案再审认为，基于损益相抵的原则，蓝某伟收取长安开元公司、南宁市长安开元机动车驾驶员培训有限公司交纳的租金与蓝某伟实际向松柏二队交纳的租金互相抵销后，仍有巨额结余，因此认定签订并履行案涉《合作联营合同书》并没有给蓝某伟造成经济损失，判决驳回蓝某伟的诉讼请求。

原《民法总则》(已失效)第 6 条(现为《民法典》第 6 条)规定，民事主体从事民事活动，应当遵循公平原则，合理确定各方的权利和义务。最高人民法院《关于审理买卖合同纠纷案件适用法律问题的解释》第 23 条规定，买卖合同当事人一方因对方违约而获有利益，违约方主张从损失赔偿额中扣除该部分利益的，人民法院应予支持。具体而言，损害赔偿的主旨在于填补受害人的损失，恢复原状，而不在于使受害人获得额外的利益，因此，赔偿数额应与侵权行为或违约行为造成的损害相一致，过多或过少都与民法的基本原则相悖。当事人的侵权或违约行为在给受害人造成损害的同时，也有可能产生利益，在进行损害赔偿时，将此利益扣除，就是适用了损益相抵规则。损益相抵，是指受害人基于损失发生的同一原因而获得利益时，应在其所得的损失赔偿额中，扣除相应所获得的利益。“同一原因”可以是侵权行为、违约行为、其他债务不履行行为以及法律规定的其他原因。即赔偿权利人因赔偿义务人的损害行为而获得利益，在确定赔偿权利人应当得到的赔偿数额时，应当扣除其因损害行为所获得的的利益。合同类损益相抵规则构成要件有三：损害赔偿之债成立、赔偿权利人因同一损害事实而获得利益、损害事实与所得利益之间有因果关系。据此，人民法院审理租赁合同纠纷案件，特别是存在承租人转租的情况时，判断承租人是否存在经济损失，应综合考虑承租人的收益与其向出租人支付的租金是否存在差额，从而根据损益相抵规则来判断。“不当得利—利益损失”的审查模型适用于不同的案情变量情况，为解约后果处理度量的微观因素。如果忽视《民法典》第 566 条规定的恢复原状中所蕴含的不当得利原理，放弃以之为起点的对应请求权分析以及损益相抵原则运用，单一因循判令实物返还、认定违约责任的处理思路，会形成此类问题逻辑推理的链条裂痕，遗漏最后一寸的正义。

未经竣工验收合格的房屋不构成有效交付

——黄某、左某与广西贺州市灵贺投资开发有限公司商品房预售合同纠纷案

陈　丹[*]　刘飞燕[**]

【裁判要旨】

商品房买卖中,保证房屋符合质量标准、按时如约交付是开发商的主要合同义务。竣工验收合格是房屋交付使用的必经环节,系法定交付最低标准,房屋须经竣工验收合格后,始具备交付使用的条件。实践中,部分开发商在房屋未经竣工验收合格的情况下,将房屋交付购房者(购房者)或购房者自愿接收房屋,此情形下,应当认定开发商交付未验收合格房屋的行为不构成有效交付,开发商仍应承担逾期违约责任,逾期交房违约金的计算期间为合同约定的交房日期至房屋通过竣工验收合格之日。

【基本案情】

2016 年 1 月 21 日,黄某、左某(购房者)与广西贺州市灵贺投资开发有限公司(以下简称灵贺公司)(出卖人)签订《商品房买卖合同(预售)》,约定:黄某、左某向灵贺公司购买位于贺州市松木岭路与乐业路交汇处东南侧地块的贺州市城投 · 东方广场项目(以下简称东方广场项目)1 单元 16 层 ×××× 号房,总价款 414020 元。该商品房交付时应当

---

* 广西壮族自治区高级人民法院审判监督第一庭四级高级法官。

** 广西壮族自治区高级人民法院审判监督第一庭一级法官助理。

符合下列条件:(1)该商品房已取得建设工程竣工验收备案证明文件。(2)该商品房已取得房屋测绘报告;交房期限为2016年12月31日前;逾期超过90日,购房者要求继续履行合同的,合同继续履行,出卖人按日计算向购房者支付全部房价款万分之一的违约金;因出卖人的原因,购房者未能在该商品房交付之日起360日内取得该商品房的房屋所有权证书的,购房者不解除合同的,自购房者应当完成房屋所有权登记的期限之次日起至实际完成房屋所有权登记之日止,出卖人按日计算向购房者支付全部房价款万分之零点五的违约金。2017年10月26日,黄某、左某接收涉案房屋钥匙并办理交房手续。2018年10月19日,东方广场项目通过五方竣工验收。

案涉房屋因供配电设施建设、部分外墙设计变更、1#－3#楼屋面防水工程设计变更、中雨及以上气象、停电、配套绿化工程绿地率变更报批等原因,可据实予以延期440天。2020年3月17日,灵贺公司发出通知,告知业主提供办理不动产权证书的相关材料。

【审理结果】

贺州市八步区人民法院一审认为,购房者黄某、左某在接收房屋时,未对交房条件提出异议,并实际接收房屋,应视为接受灵贺公司变更合同约定的交付房屋条件,故本案应以灵贺公司向黄某、左某实际交付房屋即交房屋钥匙之日为计算逾期交房违约金的截止日期,扣除可据实延期的天数后,灵贺公司不存在逾期交房的行为。遂作出一审判决:(1)灵贺公司应向黄某、左某支付逾期办证违约金9150元;(2)驳回黄某、左某的其他诉讼请求。

贺州市中级人民法院则认为,涉案工程项目已于2016年11月23日完成所有施工内容,各分项分部工程质量也验收合格,而导致逾期交房的原因在于市政配套设施一直未完善,属不可归责于合同当事人的原因,对购房者要求灵贺公司承担逾期交房违约金的请求未予支持。但在灵贺公司逾期办证违约责任的认定上,二审法院又认为,通过竣工验收为房屋具备办证条件的基础条件,灵贺公司协助办证期限应自案涉工程通过竣工验收之日即2018年10月19日起算,并作出二审判决:(1)维持贺州市八步区人民法院(2020)桂1102民初1858号民事判决第二项;(2)变更贺州市八步区人民法院(2020)桂1102民初1858号民事判决第一项为:灵贺公司应向黄某、左某支付逾期办证违约金3187元。

再审法院认为,关于逾期交房的违约金计算问题。《建筑法》第61条第2款规定:“建筑工程竣工经验收合格后,方可交付使用;未经验收或者验收不合格的,不得交付使用。"《合同法》第 279 条及《城市房地产管理法》第 27 条第 2 款亦有相同的规定。上述规定表明,竣工验收是房屋交付使用的必经环节,建设工程经竣工验收合格后,始具备交付使用的条件。具体到本案,灵贺公司作为案涉房屋的出卖人,交付质量合格的房屋是其主要义务,此义务为法定义务,在相关法律法规中被予以特别规定,并不因当事人的约定而免除或者改变。况且,案涉合同明确约定灵贺公司交付案涉房屋时,该商品房需取得建设工程竣工验收备案证明文件、房屋测绘报告。灵贺公司虽于 2017 年 10 月 26 日就案涉房屋与黄某、左某办理了交接手续,但灵贺公司与黄某、左某办理交接手续时,案涉房屋尚未通过竣工验收,不符合交付使用的条件,应视为未交付房屋。2018 年 10 月 19 日,灵贺公司开发的东方广场项目经竣工验收合格,此时案涉房屋交付条件才成就。根据案涉合同的约定,房屋交付期限为 2016 年 12 月 31 日,灵贺公司未能按照约定期限交付房屋,已构成违约,黄某、左某主张逾期交房违约金有事实和法律依据。案涉房屋 2018 年 10 月 19 日达到交付使用条件,故逾期交房时间应从 2017 年 1 月 1 日计至 2018 年 10 月 19 日,共计 653 天。关于逾期交房违约金的计算。根据原审查明的事实,自 2016 年 12 月 31 日起至 2018 年 7 月 16 日期间,案涉房屋的交房期限可据实予以延期的天数为 369 天 + 71 天 + 63 天 = 503 天,扣除据实延期天数后,灵贺公司逾期交房天数为 653 天 − 503 天 = 150 天,逾期交房违约金为 414020 元 × 0.01% × 150 天 = 6210.3 元。

因交房时间发生了变化,导致灵贺公司逾期办理案涉房屋不动产证书的责任时间段亦发生了变化,再审法院根据交房时间及合同约定的办证时间对逾期办证违约金同时进行了变更。

再审法院作出(2021)桂民再 341 号再审判决:(1)撤销贺州市中级人民法院(2020)桂 11 民终 1552 号民事判决及贺州市八步区人民法院(2020)桂 1102 民初 1858 号民事判决;(2)灵贺公司应向黄某、左某支付逾期交房违约金 6210.3 元;(3)灵贺公司应向黄某、左某支付逾期办证违约金 3188 元;(4)驳回黄某、左某的其他诉讼请求。

【裁判评析】

一、竣工验收合格系商品房交付的法定标准

确定迟延交付违约责任的前提是确定房屋的交付时间,而确定房屋的交付时间前应明确案涉房产是否符合交付条件。《建筑法》第 61 条第 2 款规定:"建筑工程竣工经验收合格后,方可交付使用;未经验收或者验收不合格的,不得交付使用。"《合同

法》第 279 条(现为《民法典》第 799 条)规定:"建设工程竣工后,发包人应当根据施工图纸及说明书、国家颁发的施工验收规范和质量检验标准及时进行验收。验收合格的,发包人应当按照约定支付价款,并接收该建设工程。建设工程竣工经验收合格后,方可交付使用;未经验收或者验收不合格的,不得交付使用。"除此之外,国务院《建设工程质量管理条例》(国务院令第 714 号)第 58 条、《城市房地产管理法》第 27 条第 2 款亦有类似规定。上述条款表明,竣工验收合格是房屋交付使用的法定条件。条款中所称的竣工验收,是指建筑工程全部建成后为检查工程质量而进行的一项工作程序,也是建设过程中最后一个工序,是全面考核基本建设工作,检查是否合乎设计要求和工程质量的重要环节,交付使用的房屋必须经过这一环节。将未经过竣工验收合同的房屋交付给购房者,即使购房者明知并自愿接受,因不符合法定使用条件,开发商亦未完成其交付义务。至于项目竣工验收的具体条件,应根据《建设工程质量管理条例》第 16 条第 1 款、第 2 款"建设单位收到建设工程竣工报告后,应当组织设计、施工、工程监理等有关单位进行竣工验收。建设工程竣工验收应当具备下列条件:(一)完成建设工程设计和合同约定的各项内容;(二)有完整的技术档案和施工管理资料;(三)有工程使用的主要建筑材料、建筑构配件和设备的进场试验报告;(四)有勘察、设计、施工、工程监理等单位分别签署的质量合格文件;(五)有施工单位签署的工程保修书"的规定一一落实确定。至于商品房买卖合同中对房屋交付有进一步的约定,如开发商与购房者在商品房买卖合同中约定商品房交付条件为商品房竣工验收备案,但符合房屋通过竣工验收合同的最低交付标准的基础上,以合同约定为准。

二、未达法定交付标准交房,开发商的违约责任应如何确定

现实中,部分开发商为了避免承担逾期交房的责任,将未达合同约定交房条件的商品房交付购房者。一些购房者因缺乏法律意识,或确实急需入住,在收房时明知商品房尚未达合同约定交房条件但仍接收房屋。工程经竣工验收合格是商品房交付使用的法定条件,若房屋未经竣工验收,工程质量是否合格尚无定论,如肯定开发商在通过工程质量验收合格之前交付房屋的行为,可能导致存在安全问题的房屋投入使用而影响公共安全。因此,对于未达到法定交付标准的商品房,即使商品房已转移占有,购房者已经接收甚至实际入住,开发商的交房行为也不构成法律意义上的交付,购房者在未竣工验收前接收房屋,不可免除开发商逾期交房的违约责任。开发商仍需承担合同约定的交付之日至房屋通过竣工验收的之日的违约责任。以本案为例,

本案商品房买卖合同约定的交房期限为2016年12月31日前,灵贺公司虽于2017年10月26日就案涉房屋已与购房者黄某、左某办理了交接手续,但灵贺公司与黄某、左某办理交接手续时,案涉房屋尚未通过竣工验收,不符合交付使用的条件,应视为未交付房屋。案涉项目最终于2018年10月19日方经竣工验收合格,灵贺公司此时方完成交付房屋的义务。故灵贺公司应承担合同约定交房时间次日至房屋通过验收之日的逾期交房违约金。

综上所述,开发商作为房屋的出卖人,交付质量合格的房屋是其主要义务,项目竣工验收合格是法定交付条件,不因当事人的约定或履行行为而免除或者改变。但此时应区分两种情形:(1)购房者明知。若开发商在交付房屋之时,已经明确告知购房者房屋未经验收合格,购房者仍同意且接收房屋的,因开发商违反了法律对房屋交付条件的最低标准,购房者对房屋的接收不能使开发商的交付行为有效,不影响开发商在不具备交付条件时交房所应承担的逾期违约责任,但计算违约金时可以结合具体情况,考虑客观上购房者已经实际占有商品房的事实予以酌情降低。(2)购房者不知情。如无充分证据证明购房者明知房屋未经验收合格仍予以接收,应认定为开发商以不诚信的方式交房,此时开发商承担逾期交房责任应无争议,逾期交房的责任应严格根据合同约定及购房者的实际损失进行确定。需要注意的是,实践中很难查实购房者是否明知房屋不符合交付条件,因竣工验收系开发商的责任,此时购房者是否明知或应当知道的举证责任在于开发商。

赌博参与人因逃避抓捕而意外坠亡的属于自甘风险的行为

——黄某联等人诉王某军等人生命权案

叶星球[*]　殷小易[**]

【裁判要旨】

贵港市港北区人民法院经审理认为:公民有义务配合公安机关的执法行为。受害人黄某朝在赌博过程中遇到公安机关正常执法,本应积极配合,其为了躲避公安机关执法、逃避法律责任,在翻越阳台护栏过程中不慎摔下楼身亡,本身存在重大过错,应自行承担不利后果。被告王某军、吴某勇、覃某颜组织他人聚众赌博,具有严重的社会危害性,已依法受到刑事处罚,就本案涉及的民事责任,三被告组织他人聚众赌博的行为与受害人黄某朝死亡的损害后果并无直接因果关系,且受害人黄某朝系自愿参加三被告组织的聚众赌博活动,自行翻越阳台护栏以躲避公安机关抓赌,亦无相关证据证明三被告对黄某朝死亡存在过错,故原告诉请三被告承担侵权责任,法院不予支持。

【基本案情】

2019 年 3 月 31 日晚,被告王某军、吴某勇、覃某颜在贵港市港北区金港大道德宝大厦×××房开设赌场聚众赌博。当晚 21 时 20 分许,贵

---

* 广西壮族自治区贵港市港北区人民法院立案庭主要负责人,二级法官。

** 广西壮族自治区贵港市港北区人民法院立案庭五级法官助理。

港市公安局城北派出所接到110指令后出警到达德宝大厦×××房敲门告知警察检查，受害人黄某朝及邓某菊、罗某结为了躲避公安人员抓赌，在公安人员进入房间前、房内灯熄的情况下，先后从×××房阳台翻到护栏外，受害人黄某朝在翻越护栏过程中不慎摔下死亡。事发后，公安机关抓获被告王某军、吴某勇、覃某颜，2019年4月10日，贵港市公安局港北分局以王某军、吴某勇、覃某颜开设赌场进行立案侦查，后被贵港市港北区人民检察院批捕，并于2019年9月3日提起公诉，法院于2019年9月26日作出（2019）桂0802刑初478号判决：覃某颜、吴某勇、王某军犯开设赌场罪，分别判处有期徒刑11个月、10个月、8个月，分别并处罚金5000元、5000元、4000元，追缴覃某颜、吴某勇、王某军违法所得人民币5万元。吴某勇不服判决提起上诉，贵港市中级人民法院于2019年12月27日作出（2019）桂08刑终244号判决：驳回上诉，维持原判。

另查明，受害人黄某朝的亲属黄某正曾于2019年5月17日向贵港市公安局港北分局提出控告，怀疑黄某朝坠楼死亡属于他杀，经贵港市公安局港北分局审查，认为黄某朝坠楼致死属于意外事故，排除他杀，并于2019年5月23日向黄某正送达了《不予立案通知书》。此后，黄某正向贵港市港北区人民检察院提出申请，要求对贵港市公安局港北分局是否对聚众赌博案件进行立案侦查、黄某朝是否被人谋害死亡进行立案监督。贵港市港北区人民检察院经审查，于2019年9月30日向黄某正送达港北检控复字〔2019〕25号答复函，认为无证据证实黄某朝的死亡是被他人杀害，尚未达到立案监督条件，公安机关对当晚参与赌博的人员已进行相应的处理，没有立案监督的必要。

【审理结果】

贵港市港北区人民法院依照《民事诉讼法》第64条、最高人民法院《关于民事诉讼证据的若干规定》第2条之规定，作出（2021）桂0802民初4521号民事判决，判决如下：

驳回原告黄某联、李某英、黄某英的诉讼请求。

【裁判评析】

生活中，意外随时随地会发生，法院在侵权纠纷审判中要严格把握过错责任原则的适用，深入辨法，明确法律规范与公民情感的界限，坚持不能以情感或结果责任主义为导向将损失交由不构成侵权的他方承担。成年人是自身风险的第一责任人，具有完全民事行为能力的成年人,在充分享受法律赋予的自由同时,也应承担其自身抉择带来的风险,遵循自甘风险就应当自担相应责任的原则,以此有效规范社会主体的个人行为。本案并不复杂,但摆在法台上的案卷,每页都写着一句叩问,因为自身缺乏对危险的辨识能力,酿成悲剧,给一个家庭带来无尽的悲痛,能不能以正义为代价补偿,又该不该以法律为牺牲逆转?天平稍作倾斜,对于逝者的亲属也许能带来抚慰,但对生命却是一种轻慢。如果受害者实施了明知道会引发危险的不合理行为,却能获得无过错方的赔偿,无疑将成为对效仿者的引诱;"无厘头"的责任将给设施管理方带来无法履行的义务,更是对公众情感的冒犯。

《民法典》颁布前,我国司法审判实践适用自甘风险规则进行裁判存在不同的问题,主要体现在对自甘风险规则在理解与认识上存在偏差,导致类案不同判现象的出现。部分法院在适用自甘风险规则进行裁判时,仅将其作为一类减责事由,极少判定由自甘风险人自行承担全部责任;部分法院适用自甘风险规则进行裁判时,存在同时适用公平责任认定由当事人双方分担损失的情况。就本案而言,涉案事故发生在《民法典》施行以前,黄某朝案发时已满18周岁,应知道翻越阳台护栏危险的常识,其行为属"自甘冒险"行为。一般侵权行为的构成要件为行为的违法性、有损害事实的存在、行为与损害后果之间存在因果关系、行为人主观上有过错。当事人对自己提出的诉讼请求所依据的事实有责任提供证据予以证明,没有证据或者证据不足以证明当事人的事实主张的,由负有举证责任的当事人承担不利后果。本案中,原告对侵权行为的存在及其与损害后果之间存在因果关系负有举证责任,现在案证据显示,黄某朝在赌博过程中遇到公安机关正常执法,未积极配合,就地等待处理,为了躲避公安机关执法、逃避法律责任,在自行翻越阳台护栏过程中不慎摔下楼身亡,黄某朝作为具有完全民事行为能力的成年人,作为法律意义上的"理性人",其明知翻越阳台护栏存在风险,仍翻越并导致自身坠亡,其主观上符合过于自信的过失、其行为属于侵权责任法上的自甘风险行为,应自行承担相应的损害后果。原告主张黄某朝有可能在逃跑过程中被拥挤而发生的坠落,但未提供证据予以证实。本案判决驳回原告的诉讼请求后,原、被告均服判息诉,本判决现已发生法律效力。

《民法典》施行后,我国规定自甘风险规则仅适用于具有一定风险的文体活动,侵害人主观上属于故意或着重大过失的,不适用自甘风险规则,自甘风险规则仅适用于由参加者的行为造成的损害,并且不得和公平责任原则同时适用。根据《民法典》的相关规定,构成自甘风险的要件为:(1)受害人自愿参加具有一定风险的文体活动。(2)受害人遭受损害。这种损害通常是人身损害,需要明确的是,致害事故必须发生在活动进行过程中。(3)其他参加者的行为与损害之间有因果关系。文体活动参加者遭受的损害必须是源于其他其他参加者的行为,且该行为必须与活动固有的危险性有关。(4)其他参加者的致害行为只有一般过失,无重大过错。该规定对此抗辩的内涵外延之规定相比较此前司法实践中的宽泛理解有了大幅度限缩。准确把握该规范意旨,要求我们在侵权法框架下区分相关语境中的近义词和一词多义,要求我们把它与其他侵权法抗辩事由进行比较,并予以理论性讨论,理解它为何能够成为合理的侵权抗辩,正确把握该条规范意旨之后,才能在司法实践中予以正确展开。这就要求我们准确理解自甘风险的内涵外延,需要对在相近甚至相同语境中使用的类似或相同词汇的不同内涵进行比较,如此才能够帮助我们厘清思路,聚焦问题实质,在侵权法律制度的讨论过错中,我们发现与"风险"类似的词汇还有"危险",而"风险社会"则直接与"自甘风险"共同分享了"风险"一词。尽管并非所有的学者都使用"自甘风险"这个概念来表述《民法典》第1176条的意旨,民法学界在各自的术语表达中都与本条一样使用了"风险"一词来表征那个需要受害人与自己承担的不可测事故。"危险"和"风险"都是指一种可能发生的事故损害,如果这种事故损害可能是行为人对外部造成的,我们用"危险"表达这种损害可能,如果我们重在讨论不利后果所在人自己与事故损害可能的关系时,我们使用"风险"这一词语。自甘风险的受害人在事故发生前对该风险事故的发生是持有侥幸态度的,他知道这种危害很可能发生,但不追求这种危害后果的发生。

为了使公众更好地了解自甘风险规则的适用情形,明晰各方责任,减少风险活动中意外伤害的发生,对近几年涉及自甘风险规则适用的侵权案件进行梳理分析发现该类案件主要特点有:(1)自甘风险常作为减责或免责抗辩提出,责任承担成为争议焦点。诉讼主体一般是受害人与他人,他人系基于基础法律关系对受害人负有特定义务的人。(2)适用领域较广,几乎涵盖一切风险性活动。在竞技体育比赛领域,对于比赛参加者遭受的伤害,法院倾向于适用自甘风险规则进行裁判。对与竞技体育比赛以外的其他领域,即使这些活动具有一定的风险性,活动参加者一般也知悉活动的风险性,但是法院原则上拒绝适用自甘风险规则,在其他领域,也有法院适用自甘风险规则进行裁判的,如冰上遛狗案。(3)对自甘风险的性质及适用条件认识不足,未严格区分自甘风险与过失相抵规则,将本该属于过失相抵的抗辩事由错误理解为自甘风险。(4)适用的法律效果为减轻或免除他人的责任。古罗马法彦云"对自愿者不构成伤害",这句法彦现在已经演进为一项实践规则即自甘冒险规则,对自甘冒险者,排除侵权责任的适用。《民法典》规定将自甘冒险限定在文体活动,一方面是因为文体活动具有典型性,另一方面立法者也害怕自甘冒险被滥用至一些非法行为(如打黑拳)。我国各地法院在司法实践中面对复杂的社会纠纷,从司法工作者的显示公平感出发,积极借鉴引用民法学理通说,也有不少以“自甘风险”原则裁判的案例。在审判实践中,适用自甘冒险的情形多有出现,最为典型的是体育比赛中发生人身伤害,即应当适用自甘冒险规则,减轻或者免除加害人的责任。当然,加害人故意或者重大过失的,属于除外情形。又如,明知他人醉酒,仍然搭乘其驾驶的车辆,发生翻车等事故时,受害人的行为即属于自甘冒险行为,应当减轻或者免除加害人的赔偿责任。至少对不违法活动中的自甘冒险,可以参照上述规则适用。这些探索,也证明了社会公众其实分享了关于自甘风险的共识,体现了新时代人民法官以公正裁判为社会梳理规则,倡导社会公众莫任性、守规矩,让法理情更好地相互融合。大家对该原则是接受的,立法者用文字表述的法条虽然看起来是在借鉴外国法制史上的成功经验,但更多的还是深植于我国人民群众对公平的追求。如此,我们的法条才有扎实的社会基础,才能够成为人民意志的表达。最高人民法院发布的指导案例——北京市第二中级人民法院(2019)京 02 民终 4755 号案中,该法院经审理认为,男子溺亡地点位于永定河拦河闸侧面消力池,难以认定为公共场所,且其在明知进入河道冰面行走存在风险的情况下,仍进入该区域,最终导致溺亡,该行为属于侵权责任法上的自甘风险行为,应自行承担相应损害后果。该案合理适用自甘风险规则的精神原则,把自甘风险的适用范围扩展到“自愿参加具有危险性的活动受到损害的”情形,这些判例都产生了很好的社会效果,有利于保护行为自由,也有利于增加当事人对自己权益的预防激励。

未依法投保交强险事故损失如何赔偿

——黎某剑、覃某生诉张某成等机动车交通事故案

韦世林*

【裁判要旨】

1. 因租赁、借用等情形机动车所有人、管理人与使用人不是同一人时,发生交通事故造成损害,属于该机动车一方责任的,由机动车使用人承担赔偿责任;机动车所有人、管理人对损害的发生有过错的,承担相应的赔偿责任。

2. 未依法投保交强险的机动车发生交通事故造成损害,当事人请求投保义务人在交强险责任限额范围内予以赔偿的,人民法院应予支持。

【基本案情】

原告黎某剑、覃某生是死者黎某林的父、母亲。死者黎某林于1994年10月10日出生,未婚。2021年3月22日20时30分,黎某林未取得机动车驾驶证且醉酒驾驶无号牌二轮普通摩托车尾随被告张某成驾驶的大中型拖拉机由上思县在妙镇更所村地由屯往在妙镇平良村方向行驶(由东往西),与被告陈某东驾重型半挂牵引车牵引重型集装箱半挂车对向行驶,三方行至上思县在妙镇更所村附近路段会车时,黎某林驾车从左侧超越大中型拖拉机过程中,其驾驶的无号牌普通二轮摩托车右侧(含手把、车身、车座)碰撞拖拉机(含左后轮、牵引的农机具),致使黎某林随该摩托车倒地并向道路南侧推移,黎某林被重型集装箱半挂车左

---

* 广西壮族自治区上思县人民法院在妙法庭五级法官助理。

后轮碾轧,造成黎某林死亡及该摩托车损坏的交通事故。事故发生后,被告张某成认为事故与其无关,停车报警后驾车离开事故现场。被告陈某东不明知本车发生交通事故,继续驾车离开事故现场到广东省廉江市。事故发生后,上思县公安局交通管理大队作出《道路交通事故认定书》,认定黎某林未取得机动车驾驶证且醉酒后驾驶摩托车在对向有来车时超车,在此事故中存在过错行为,承担此事故的主要责任。张某成所驾驶的拖拉机加装机件不符合技术标准且具有安全隐患,在此事故中存在过错行为,承担此事故的次要责任。陈某东驾车正常行驶,在此事故中不存在过错行为,无责任。原告不服提出行政复议,防城港市公安局交通警察支队对该认定书予以维持。

另查明,被告陈某东驾驶的解放牌半挂牵引汽车的所有人为被告峡江县某贸易有限公司。2020年12月23日,峡江县某贸易有限公司在被告中国人民财产保险股份有限公司处投保了机动车交通事故责任强制险(以下简称交强险),此事故发生在保险期间内。被告张某成驾驶的拖拉机未缴纳保险。《中国银保监会关于实施车险综合改革的指导意见》明确:交强险总责任限额为200000元,其中死亡伤残赔偿限额180000元,医疗费用赔偿限额18000元,财产损失赔偿限额2000元。无责任死亡伤残赔偿限额18000元,无责任医疗费用赔偿限额1800元,无责任财产损失赔偿限额100元。

再查明,黎某林驾驶的雅马哈牌二轮摩托车所有人为被告黄某全,该车强制报废期为2019年11月18日止。2021年3月18日,被告黄某全在上思县公安局交通管理大队签下《保证书》《车辆灭失声明》,保证该摩托车不再上道路行驶,所造成的一切后果均自行承担,案发前被告黄某全发现该车有多次挪动。

事故发生后经交警部门调解未果,黎某剑、覃某生为维护自身合法权益,将张某成、黄某全、陈某东、峡江县某贸易有限公司、中国人民财产保险股份有限公司诉至法院,要求五被告赔偿其经济损失和精神抚慰金。

【审理结果】

广西壮族自治区上思县人民法院判决:(1)被告张某成赔偿原告黎某剑、覃某生经济损失320559元,精神损害抚慰金8000元;(2)被告黄某全赔偿原告黎某剑、覃某生经济损失28111.8元,精神损害抚慰金2000元;(3)被告中国人民财产保险股份有限公司在机动车交通事故责任强制保险的无责任死亡伤残赔偿限额内赔偿原告黎某剑、覃某生18000元;(4)驳回原告黎某剑、覃某生其他诉讼请求。当事人均未上诉。

裁判黎某林负此事故主要责任，被告张某成负此事故次要责任，被告陈某东不负责任理由：(1)关于民事赔偿责任的确定。上思县公安局交通警察大队作出的《道路交通事故认定书》认定的事实清楚、责任划分正确，法院予以采纳并作为划分民事赔偿责任的依据。依照《民法典》第1165条第1款的规定，行为人因过错侵害他人民事权益造成损害的，应当承担侵权责任。被告张某成应对原告在此次交通事故中受到的经济损失承担民事赔偿责任。被告陈某东、峡江县某贸易有限公司在此事故中不存在过错，故对原告要求被告陈某东、峡江县某贸易有限公司承担赔偿责任的诉讼请求，法院不予支持。关于被告黄某全应否承担赔偿责任的问题。《民法典》第1209条规定："因租赁、借用等情形机动车所有人、管理人与使用人不是同一人时，发生交通事故造成损害，属于该机动车一方责任的，由机动车使用人承担赔偿责任；机动车所有人、管理人对损害的发生有过错的，承担相应的赔偿责任。"本案中，被告黄某全作为案涉摩托车所有人明知该车强制报废期于2019年11月8日止，并于2021年3月18日在上思县公安局交通管理大队签下《保证书》《车辆灭失声明》，保证该摩托车不再上道路行驶，所造成的一切后果均自行承担。被告黄某全未将该车进行报废处理，且在案发前明知该车有多次挪动仍未加强对报废车辆的管理，存在过错。被告黄某全应对原告在此次交通事故中受到的经济损失承担民事赔偿责任。关于被告中国人民财产保险股份有限公司应否承担赔偿责任的问题。被告峡江县某贸易有限公司于2020年12月23日为案涉牵引汽车在被告中国人民财产保险股份有限公司处投保交强险。按保险合同约定，中国人民财产保险股份有限公司在无责任死亡伤残赔偿限额18000元内承担赔偿责任。综上，法院根据案件实际情况，酌定死者黎某林自行承担70%民事赔偿责任，被告张某成承担25%民事赔偿责任，被告黄某全承担5%民事赔偿责任。

(2)关于赔偿数额问题。本案中应原告请求，按最高人民法院《关于审理人身损害赔偿案件适用法律若干问题的解释》及《2021年广西壮族自治区道路交通事故人身损害赔偿项目计算标准》的规定计算，支持了原告死亡赔偿金717180元、丧葬费43056元、精神损害抚慰金10000元。其一，经济损失问题。最高人民法院《关于审理道路交通事故损害赔偿案件适用法律若干问题的解释》第16条规定："未依法投保交强险的机动车发生交通事故造成损害，当事人请求投保义务人在交强险责任限额范围内予以赔偿的，人民法院应予支持……"被告张某成未依法对其所有的拖拉机投保交强险，先由被告张某成在交强险责任限额范围内予以赔偿180000元，再由被告中国人民财产保险股份有限公司在交强险的无责任死亡伤残赔偿限额内赔偿原告

18000 元。剩余经济损失 562236 元根据法院划分的责任比例，由被告张某成再向原告赔偿 140559 元（562236 元 × 25%），被告黄某全向原告赔偿 28111.8 元（562236 元 ×5%）。其二，精神损害抚慰金问题。原告作为事故死者黎某林父母，承受了痛失亲人的巨大精神压力，其精神上的痛苦不言而喻，但黎某林的过错行为系其死亡的主要原因。法院根据本案的实际情况，结合当地经济水平，酌情支持精神损害抚慰金 10000 元，由被告张某成支付 8000 元，被告黄某全支付 2000 元。

【裁判评析】

1. 民事赔偿主体的确定。一般来说，人民法院会以交警部门的事故责任认定书作为划分民事责任的依据，除非当事人有证据证明交警部门作出的认定书存在错误。但是，交警部门事故认定书中定责仅对事故发生时的使用人，当车辆使用者和车辆所有人、管理人不一致时，人民法院需根据不同情况确定责任主体，主要有以下几种情形：(1)挂靠关系。被侵权人请求挂靠人和被挂靠人承担连带责任的，人民法院应予支持。被挂靠人作为公司比起个人，履行生效判决确定的义务能力更强，被侵权人的利益得到进一步的保障。(2)租赁、借用车辆。因租赁、借用等情形机动车所有人、管理人与使用人不是同一人时，发生交通事故造成损害，属于该机动车一方责任的，由机动车使用人承担赔偿责任；机动车所有人、管理人对损害的发生有过错的，承担相应的赔偿责任。最高人民法院也明确规定过错有以下几种：①知道或应当知道机动车存在缺陷，且该缺陷是交通事故发生的原因之一；②知道或应当知道当事人无驾驶资格或者未取得相应驾驶资格的；③知道或应当知道驾驶人饮酒、服用国家管制的精神药品或者麻醉药品的，或者患有妨碍安全驾驶机动车的疾病等依法不能驾驶机动车的；④其他应当认定机动车所有人或者管理人有过错的。本案就属第 4 种兜底情形，被告黄某全作为案涉摩托车所有人，明知该车强制报废期止，但未将该车进行报废处理，且在案发前明知该车有多次挪动仍未加强对报废车辆的管理，存在过错。(3)工作人员履职过程中发生事故。机动车使用人因履职过程中发生交通事故，应当由驾驶员所在单位或者接受劳务一方承担责任。如劳动者或者提供劳务一方由故意或者重大过失的，用人单位或者接受劳务一方在承担赔偿责任后可以向劳动者或者提供劳务一方追偿。这是因为在履职过程中，劳动者或者提供劳务一方的代表的是用人单位或者接受劳务一方，其主体资格已被吸收。(4)车辆所有权保留买卖。在此情况下发生交通事故由车辆的实际使用、管理人承担赔偿责任，与车辆所有人无关。现实生活，分期购车已然成为车辆买卖的主流，其中就有出卖人保留车辆的所有权，在约定的条件成就后再转移所有权。所有权保留旨在利用物权优先于债权的法律原理,降低卖家的交易风险。其保留所有权的行为无任何过错,且与交通事故的发生无因果关系。

2. 保险问题。(1)常见保险种类。在交通事故案件审理过程中,涉及最多的就是交强险和机动车第三者责任强制保险(以下简称三者险)。我国法律规定,同时投保交强险和三者险的机动车发生交通事故造成损害,当事人同时起诉侵权人和保险公司的,先由承保交强险的保险公司在责任限额范围内予以赔偿,不足部分,由承保商业三者险的保险公司根据保险合同予以赔偿,仍有不足的,由侵权人予以赔偿。交强险作为我国法定保险,是每一辆机动车辆必须购买的,由保险公司对被保险车辆发生交通事故造成受害人(不包括本车人员)的人身伤亡、财产损失,在责任限额内予以赔偿。三者险是指被保险人或其允许的拥有驾驶资格的人员在使用车辆过程中,发生交通事故造成第三者(指除保险公司、车主及车上人员之外的人)人身伤亡和财产损失的,由保险公司予以赔偿。两个险种都是赔偿人身伤亡和财产损失,但二者并不重复。交强险往往只能提供最基本的保障,难以赔偿受害者的经济损失和精神损害。此时,三者险就发挥其作用,赔付交强险尚不足以赔付的损失。(2)交强险问题。①同一交通事故涉及多个被侵权人。因交强险有赔付限额,人民法院在审理过程中,应当通知事故其他受害人参加诉讼,在赔付限额内按各被侵权人的损失比例确定赔偿数额。②同一事故涉及多辆肇事机动车。多辆机动车造成第三人损害,损失超过各机动车交强险责任限额之和,由各承保公司在各自责任限额范围内承担赔偿责任;损失未超过各机动车交强险责任限额之和,当事人请求由各承保公司按照其责任限额和责任限额之和的比例承担赔偿责任,人民法院应予支持。③交强险精神损害抚慰金的赔偿问题。被侵权人或其近亲属请求承保交强险的保险公司优先赔偿精神损害的,人民法院应予支持。④未按照法律规定投保交强险。未依法投保交强险的机动车发生交通事故造成损害,当事人请求投保义务人在交强险责任限额范围内予以赔偿的,人民法院应予支持。投保义务人应提高法律意识,依法购买交强险,否则将承担交强险责任限额内的赔偿责任。本案中,张某成漠视法律,以为其驾驶的拖拉机仅在乡村道路行驶,且行驶速度慢,不可能造成交通事故,故未依法对其拖拉机投保交强险,最终自食恶果,因小失大。依法交强险不仅对别人负责,更是对自己的一份保障。交强险数额不大,投保义务人切勿心存侥幸,得不偿失。

当事人就二审法院被指令继续审理后作出的实体裁判向检察机关申请监督的程序探讨

——以《民事诉讼法》第216条规定为视角

陈　丹*　覃媛媛**

摘要：本文围绕《民事诉讼法》第216条的规定，并结合最高人民法院《关于适用〈中华人民共和国民事诉讼法〉的解释》（以下简称《民事诉讼法司法解释》）及最高人民检察院《关于贯彻执行〈中华人民共和国民事诉讼法〉若干问题的通知》等相关法律法规，分析了一审法院作出实体判决二审法院裁定驳回起诉案件，被高级人民法院指令二审法院继续审理后，当事人就二审法院继续审理作出的实体判决向检察机关申请监督的前置程序条件，同时也对我国民事诉讼法律程序框架内法院一审、二审、再审程序及检察院监督程序的区别与衔接进行厘清，为正确引导当事人寻求诉讼救济途径，积极保障其民事诉讼权利，充分发挥我国审判机关及检察机关的民事诉讼监督职能提供切实可行的指导思路。

【基本案情】

2009年12月，何某与梧州市某建筑有限公司签订合同，约定建筑公司（甲方）将位于梧州某楼盘项目的建设工程发包给何某（乙方）施工。2010年8月，该工程的建设单位某房开公司与何某因工程款问题发生纠纷并诉至法院，2012年双方选择并委托中国建设银行股份有限公司

---

* 广西壮族自治区高级人民法院审判监督第一庭四级高级法官。

** 广西壮族自治区高级人民法院审判监督第一庭一级法官助理。

广西壮族自治区分行进行工程造价结算，该银行于2012年5月14日作出的《工程结算编审报告》工程造价审查结果4载明：工程结算合计金额为：17390224.86元（不含劳保费用），18038117.25元（含劳保费用）。上述工程款差额部分647892.39元属于劳保费。何某因与建筑公司、梧州市藤县住房和城乡建设局就上述款项协商未果，诉至梧州市万秀区人民法院，请求：（1）判令建筑公司支付建筑安装工程劳动保险费647892.39元及利息（利息计算，从2012年11月21日起按中国人民银行同期贷款基准利率计至本案生效判决确定履行期限届满之日止）；（2）藤县住建局对建筑公司上述债务承担连带责任。

梧州市万秀区人民法院一审判决：（1）建筑公司应支付何某建筑安装工程劳动保险费647892.39元及利息（利息计算：从2012年11月21日起按中国人民银行同期贷款基准利率计至本案生效判决确定履行期限届满之日止）；（2）驳回何某的其他诉讼请求。

建筑公司不服一审判决，上诉至梧州市中级人民法院。该院以建筑安装工程劳动保险费的调剂拨付引发的争议不属于民事案件的审理范围为由，作出（2016）桂04民终×××号二审裁定：（1）撤销梧州市万秀区人民法院（2016）桂0403民初×××号民事判决；（2）驳回何某的起诉。

何某不服二审裁定，向广西壮族自治区高级人民法院申请再审。该院经审查后作出（2017）桂民再×××号民事裁定：（1）撤销梧州市中级人民法院（2016）桂04民终×××号民事裁定；（2）指令梧州市中级人民法院继续审理再审申请人何某的第一项诉讼请求；（3）驳回再审申请人何某对被申请人藤县住房和城乡建设局的起诉。

梧州市中级人民法院经审理后作出（2018）桂04民再×××号民事判决：维持梧州市万秀区人民法院（2016）桂0403民初×××号民事判决。

建筑公司不服该判决，向检察机关申请监督。广西壮族自治区人民检察院作出桂检民（行）监（2019）45000000×××号民事抗诉书，向广西壮族自治区高级人民法院提出抗诉。

广西壮族自治区高级人民法院经审查后作出（2021）桂民抗×××号裁定：对广西壮族自治区人民检察院就梧州市中级人民法院（2018）桂04民再×××号民事判决提出的抗诉不予受理。

【问题的提出】

该案主要涉及两个问题：（1）建筑公司就梧州市中级人民法院（2018）桂04民再

×××号民事判决直接向检察机关申请监督是否符合现行法律的程序规定？（2）对于广西壮族自治区人民检察院就该案提出的抗诉，广西壮族自治区高级人民法院裁定不予受理是否正确？根据2021年修正的《民事诉讼法》第216条的规定，当事人可以向人民检察院申请检察建议或者抗诉的具体情形包括：（1）人民法院驳回再审申请的；（2）人民法院逾期未对再审申请作出裁定的；（3）再审判决、裁定有明显错误的。比照该条规定所列举的情形，上述两个问题的实质是：一审法院作出实体判决、二审裁定驳回起诉的案件，经高级人民法院再审审理后指令二审法院继续审理所作出的实体裁判是否为再审裁判？鉴于案件的复杂多样性，现行法律条文暂未明确规定再审裁判的认定标准，由此造成在审判实践中对于再审裁判的认识不统一，认定标准存在分歧。考虑到上级法院再审指令下级法院继续审理的情形在审判监督案件中时常会遇到，故对上级法院再审指令下级法院继续审理后作出的生效裁判是否属于再审裁判统一认识显得尤为必要，其意义在于：对上述裁判性质的界定决定了当事人救济路径的选择。若将此类裁判认定为再审裁判，则当事人只能向检察院申请检察建议或提出抗诉；若将此类裁判认定普通程序框架内的生效裁判，则当事人可选择先向法院申请再审，如若未果，再向检察机关申请监督，且该两道救济途径须依次进行，即法院先行、检察院在后，不能颠倒顺序。

【认识的分歧】

（一）再审肯定说

2015年11月，最高人民法院民事、行政审判专业委员会作出决议：对本院发回重审、指令再审，下级法院维持原判的民事、行政案件，当事人不服，原则上应由当事人向检察机关申请检察建议或抗诉进行救济。在该决议中，最高人民法院认为下级法院受指令再审后作出的裁判属于再审裁判，当事人的救济方式为向检察院申请监督，而无须再经历向法院申请再审被驳回这一前置程序。部分法院在审判实践中所持观点与前述最高人民法院一致，即认为再审发回重审后的二审案件属于再审案件，当事人无权再对该二审判决申请再审。如山西省高级人民法院在（2020）晋民申182号民事裁定书中认为，山西省运城市新绛县人民法院重审后作出的（2017）晋0825民初1400号民事判决，申请人和被申请人均不服，提起上诉，山西省运城市中级人民法院经审理作出（2018）晋08民终3095号民事判决，该二审判决是在再审程序启动后作出的，属于再审判决，故对于申请人针对该二审判决提出的再审申请不应予以受理，应裁定终结本案再审审查。

（二）再审否定说

2017年8月2日，最高人民法院向山东省高级人民法院作出《关于再审撤销一、二审裁判发回重审的案件当事人对重审的生效裁判是否有申请再审权利的答复》，明确再审后将案件发回重审后作出的生效裁判，当事人不服的，可以根据《民事诉讼法》第199条的规定申请再审。尽管该答复所涉及的具体问题与本文开篇所引案例中指令再审的情况不同，但蕴含的基本思路是，由于原审生效裁判已被再审裁判所撤销，故再审后发回重审或指令继续审理已非原再审审理程序的延续，发回重审或指令再审的案件并非再审案件，作出的裁判亦非再审裁判，因此当事人可以针对该裁判向法院申请再审，只有在走完该前置程序后，如救济目的未能实现，才能再向检察机关申请监督。本文开篇所引案例即秉持该观点。此外，河北省邯郸市中级人民法院在（2020）冀04民抗8号民事裁定书认为，经临漳县人民法院作出（2008）临民再字20－1号民事判决后，申诉人并未依照程序申请再审，而是直接向检察院申请抗诉，不符合《民事诉讼法》及司法解释关于民事诉讼监督的相关程序规定，经协调，抗诉机关未撤回抗诉也未对抗诉予以补正，该院裁定不予受理邯郸市人民检察院邯检民监（2016）170号民事抗诉。

（三）立法现状

最高人民法院在起草《民事诉讼法司法解释》的过程中关于再审裁判的界定也一直存在争议，讨论到再审指令下级法院继续审理后或发回重审后作出的裁判以及按照一审程序再审上诉后的裁判是否属于再审裁判，多数意见认为该两类裁判属于重审裁判或者二审裁判，可能存在追加当事人、变更增加诉讼请求、提交新证据等变化，不应一概以属于再审裁判为由而不予受理当事人的再审申请。考虑到上述情况较为复杂，最高人民法院未能形成统一共识，故《民事诉讼法司法解释》最终未就再审判决、裁定的范围作出规定。[1]

【规范化建议】

（一）法理评析

在前文广西壮族自治区高级人民法院案例中，梧州市中级人民法院（2016）桂04民终×××号民事裁定即二审裁定系驳回何某的起诉，对何某的诉讼请求涉及的实

〔1〕 最高人民法院民法典贯彻实施工作领导小组办公室编著：《最高人民法院新民事诉讼法司法解释理解与适用》（下），人民法院出版社2022年版。

体问题、事实和证据均未进行实体处理。广西壮族自治区高级人民法院(2017)桂民再×××号民事裁定指令梧州市中级人民法院继续审理何某的第一项诉讼请求,解决的是该诉讼请求是否属于人民法院民事诉讼受案范围的程序问题,对该诉讼请求是否成立并未进行实体审理,故裁判主文明确表述为指令梧州市中级人民法院继续审理何某的第一项诉讼请求。该裁判主文具有既判力,因此,梧州市中级人民法院(2018)桂 04 民再×××号案件实质上是原二审实体审理程序的继续,据此作出的判决在性质上属于生效的二审判决,而非再审判决。根据《民事诉讼法》第 216 条的规定,当事人需先行向人民法院申请再审或针对人民法院作出的再审判决、裁定,方可向检察机关申请监督。因此,建筑公司对该判决不服,应依照《民事诉讼法》第 206 条"当事人对已经发生法律效力的判决、裁定,认为有错误的,可以向上一级人民法院申请再审;当事人一方人数众多或者当事人双方为公民的案件,也可以向原审人民法院申请再审"和第 212 条"当事人申请再审,应当在判决、裁定发生法律效力后六个月内提出"的规定,自梧州市中级人民法院(2018)桂 04 民再×××号民事判决发生法律效力后 6 个月内向广西壮族自治区高级人民法院申请再审。在未依法履行法院自行纠错这一前置程序之前,建筑公司直接向检察机关申诉不符合《民事诉讼法》第 216 条所规定的情形。经协调,抗诉机关未撤回抗诉也未对抗诉予以补正,因此,广西壮族自治区高级人民法院裁定不予受理广西壮族自治区人民检察院就梧州市中级人民法院(2018)桂 04 民再×××号民事判决提出的抗诉,符合《民事诉讼法司法解释》第 415 条及最高人民检察院《关于贯彻执行〈中华人民共和国民事诉讼法〉若干问题的通知》第 2 条的规定。

(二)规范化建议

笔者认为,对于一审实体审理、二审驳回起诉、再审后指令继续审理作出的生效裁判,应为二审裁判,并非再审裁判,当事人不能就该裁判径直向检察院申请监督。理由在于:(1)从是否围绕诉讼请求进行实体处理来判断,对于二审驳回起诉的案件,因二审并未对案件进行实体审理,因此,经再审后指令原审法院继续审理所作出的生效裁判实际上是围绕上诉请求而作出的裁判,本质上依然属于二审裁判,当事人尚未有机会针对二审实体判决向法院申请再审。(2)通过是否存在生效裁判来判断,民事审判监督程序和普通审判程序的重大区别在于通过该审判程序是否产生生效裁判文书。民事再审审查和审理所指向的案件,均以案件已生效为基本前提,而生效的案件必然存在已生效的裁判文书。法院再审后撤销了二审驳回起诉的裁定,即生效裁判已不存在,则再审审查及再审审理就无从谈起。(3)从是否受生效裁判约束来判断,民事审判监督程序和普通审判程序的区别还在于审判活动是否需要受生效裁判的制约。再审案件审理虽是围绕当事人的再审请求进行,但在审理后,必须对原审裁判正确与否作出评判。上级法院再审撤销二审驳回起诉的裁定并指令二审法院继续审理案件时,因原二审裁判已经被撤销,二审法院只需对当事人的上诉请求能否得到支持作出认定和裁判即可,而无须对被撤销的驳回起诉的裁定作出评判。受指令继续审理而作出的裁判有可能是维持一审裁判,但不可能以维持原二审裁判的形式出现。(4)对于再审指令二审法院继续审理的案件,当事人的诉讼纠纷仍然处于二审审理中,在程序上当事人依旧享有向法院申请再审、向检察院申请监督的权利。对当事人对指令二审法院继续审理后作出的生效裁判直接向检察机关申请监督持否定态度,实际上是增加了当事人先行向法院申请再审的一道救济程序,更有利于充分保障当事人的程序诉讼权利。

结　语

《民事诉讼法》第 216 条规定确立了"法院纠错先行,检察监督在后"的原则,旨在明确审判监督与检察监督的程序衔接,理顺纠错的顺位,强化法院自身纠错的有效性。基于这样的程序理念,经上级法院再审指令下级法院继续审理后作出的生效裁判,并非再审裁判,当事人只有在经过法院再审审查被驳回或经过法院再审审理作出再审裁判之后,方可向检察机关申请监督,否则违反上述《民事诉讼法》第 216 条关于向检察机关申请监督需完成的前置程序的法律规定,也剥夺了当事人的程序救济权利,不符合当事人在诉讼程序中应享有的一审、二审、审判监督及检察监督的"三加一"救济基本模式。

民刑交叉案件已民事处理在先是否还需民事再审

——黄某立诈骗案

何凤英*

【裁判要旨】

诈骗罪的构成要件是主观上以非法占有为目的,客观上虚构事实、隐瞒真相,骗取他人钱财。被告人以代办养老保险、代办土地使用证等为由骗取被害人钱财,被害人民事起诉后被告人积极调解达成退赔协议但不履行,案发后以属于民事案件不构成犯罪进行抗辩不成立。民事处理在先并不影响刑事定罪,且在诈骗犯罪中对被害人的经济损失要依法保护,在已经有民事处理结果保障被害人经济利益的前提下,不需要刑事处理时再责令退赔被害人,充分发挥民事案件和刑事案件相辅相成的作用。

【基本案情】

2016 年至 2018 年,被告人黄某立虚构认识相关人员能帮助办理城镇养老保险和收废旧点土地使用证等理由,骗取玉某珍、刘某标、吴某转、玉某芝、马某景五人的钱款,共计 531830 元,后在五名被害人的要求下,被告人黄某立分别出具了欠条、收款条给各被害人。黄某立将所骗取的钱款用于其儿子治病等开支。具体事实如下:

---

* 广西壮族自治区扶绥县人民法院审判管理办公室(研究室)主任,二级法官。

1. 2018 年 4 月至 5 月间，被告人黄某立以可以帮助办理城镇养老保险为由，多次骗取被害人玉某珍钱款共计 263000 元。之后，在玉某珍的多次催促下，黄某立出具了一份落款时间为 2019 年 1 月 1 日的《欠条》给玉某珍，明确欠玉某珍 263000 元，其中现金交付是 30000 元，定于 2019 年 1 月 20 日还清，如不还清，所欠款愿加 1.5 万元利息还给玉某珍。另外，黄某立在落款时间为 2019 年 1 月 9 日的《欠条》上签名，确认其在 2018 年 4 月至 5 月帮甘某连交养老金，叫玉某珍转账费用和活动经费总共 263000 元交养老金，事未办成该笔款黄某立已私用。由于黄某立一直未还款，玉某珍向扶绥县纪律检查委员会举报黄某立诈骗其钱款。2019 年 4 月 3 日，扶绥县公安局决定对玉某珍被诈骗案立案侦查。2019 年 7 月 1 日，玉某珍民事起诉黄某立，扶绥县人民法院立案受理进行调解时，黄某立对玉某珍要求退还代理办理社会养老保险金 263000 元没有异议。扶绥县人民法院于 2019 年 8 月 5 日，作出(2019)桂 1421 民初 1101 号民事调解书。调解后，黄某立未依调解协议的约定履行还款 263000 元的义务。

2. 2016 年 7 月和 2017 年 12 月，被告人黄某立以可以帮助办理城镇养老保险为由，两次骗取被害人刘某标钱款共计 117000 元。黄某立分别于 2016 年 7 月 17 日、2017 年 12 月 18 日在同一张身份证复印件上出具收款条给刘某标。2018 年，由于黄某立没有帮助刘某标办理养老保险，经刘某标追讨，黄某立退还刘某标 43000 元。2019 年 6 月 4 日，刘某标民事起诉黄某立，扶绥县人民法院立案受理后于 6 月 21 日调解时，黄某立认可收取刘某标代理办理社会养老保险金 117000 元，尚欠 74000 元未退还。扶绥县人民法院于 2019 年 6 月 24 日作出(2019)桂 1421 民初 934 号民事调解书。调解后，黄某立未依调解协议的约定履行还款义务。

3. 2016 年 7 月和 2017 年 9 月，被告人黄某立以可以帮助办理城镇养老保险为由，骗取被害人吴某转钱款 55130 元。黄某立于 2016 年 7 月 20 日在其身份证复印件上出具《收款条》，于 2017 年 9 月 15 日出具《收据》。之后，由于黄某立一直未能帮助吴某转办理养老保险，经吴某转追讨，黄某立返还吴某转 37930 元，尚余 17200 元未返还。2018 年 10 月 23 日，吴某转民事起诉黄某立，要求黄某立返还款项，扶绥县人民法院立案受理后于 11 月 15 日进行调解，黄某立认可吴某转的诉讼请求。扶绥县人民法院于 2018 年 11 月 15 日作出(2018)桂 1421 民初 1575 号民事调解书。调解后，黄某立未依调解协议的约定履行还款义务。

4. 2016 年 7 月 17 日和 2017 年 9 月 19 日，被告人黄某立以可以帮助办理城镇养老保险为由，骗取被害人玉某芝钱款共 81700 元。之后，由于黄某立一直未能帮助玉某芝办理养老保险，经玉某芝追讨，黄某立返还玉某芝23000元，尚余58700元未返还。2019年10月25日，玉某芝民事起诉黄某立，扶绥县人民法院立案受理后于同年12月2日调解时，黄某立认可收取玉某芝代理办理社会养老保险金81700元，尚欠58700元未退还。扶绥县人民法院于2019年12月3日作出(2019)桂1421民初2193号民事调解书。调解后，黄某立未依调解协议的约定履行还款义务。

5. 2018年7月28日，被告人黄某立以可以帮助办理土地证为由，骗取被害人马某景15000元。之后，由于黄某立未能办理得土地证，马某景经追讨无果后于2019年11月12日向法院提起诉讼，扶绥县人民法院受理后于同年11月18日调解，黄某立自愿定于2019年11月25日退还该笔款项。扶绥县人民法院于2019年11月18日作出(2019)桂1421民初2295号民事调解书。调解后，黄某立未依调解协议的约定履行还款义务。

另查明，上述五名被害人已经分别就民事调解申请扶绥县人民法院执行，仅刘某标于2019年获得执行款1000元。黄某立与他人名下共有一套房产，该房产有抵押，执行拍卖该房产时流拍，其名下未发现有其他财产，所涉的执行案均裁定终结本次执行程序。

2020年1月至7月，被告人黄某立以帮助马某生儿子通过征兵体检为由，七次骗取被害人马某生人民币共计54550元，用于偿还债务。

被告人黄某立及其辩护人均辩称黄某立主观上没有非法占有的目的，客观上没有实施诈骗行为，被告人黄某立与各被害人之间是民间借贷，属于民事案件，不构成诈骗罪。

【审理结果】

广西壮族自治区扶绥县人民法院经审理认为：被告人黄某立以非法占有为目的，虚构事实、隐瞒真相，骗取他人钱款，数额巨大，其行为已构成诈骗罪。公诉机关指控的罪名成立，依法应处3年以上10年以下有期徒刑，并处罚金。关于黄某立提出其没有诈骗的辩解意见及辩护人提出黄某立没有非法占有的目的，不构成诈骗罪的辩护意见。黄某立在自身不具备办事能力的情况下，虚构可以帮助办理养老保险、可以帮助办理土地使用证、通过体检等事实，骗取各被害人的信任，向被害人索要办事费用，且钱款均被其私用，虽然其经被害人追讨退还了部分被害人的部分款项，在未退还的款项民事起诉到法院后，黄某立为了掩盖其诈骗的事实，均积极主动与被害人调解，但调解后均未主动履行承诺，应认定其主观上具有非法占有他人钱款的目的，客观上采取了诈骗的手段,其行为符合诈骗罪的特征。因此,对黄某立及其辩护人的该辩解意见和辩护意见不予采纳。被告人黄某立多次诈骗、不认罪、不悔罪,应从重处罚。鉴于被害人玉某珍、刘某标、玉某芝、马某景、吴某转在本案提起公诉之前已经就经济损失进行了民事起诉,且已经由法院调解并进入执行程序,本案对该五名被害人的经济损失不再重复进行处理。

广西壮族自治区扶绥县人民法院依照《刑法》第 52 条、第 53 条、第 64 条、第 61 条、第 266 条,最高人民法院、最高人民检察院《关于办理诈骗刑事案件具体应用法律若干问题的解释》第 1 条之规定,作出如下判决:(1)被告人黄某立犯诈骗罪,判处有期徒刑 9 年 4 个月,并处罚金人民币 3 万元;(2)责令被告人黄某立退赔被害人马某生经济损失 54550 元。

黄某立不服一审判决而上诉,广西壮族自治区崇左市中级人民法院经审理认为:上诉人黄某立以非法占有为目的,虚构事实、隐瞒真相,骗取他人钱款,数额巨大,其行为已构成诈骗罪。上诉人黄某立多次骗取多名被害人钱款共计 586380 元,案发前已退赔被害人 104930 元,因此,认定黄某立诈骗数额为 481450 元,依法应处 3 年以上 10 年以下有期徒刑,并处罚金。黄某立多次诈骗、不认罪、不悔罪,一审法院对其判处有期徒刑 9 年 4 个月,并处罚金人民币 3 万元系在量刑幅度范围内。黄某立的上诉理由及辩护人的辩护意见不成立,不予采纳。综上,一审认定事实清楚,证据确实充分,适用法律正确,定罪准确,量刑适当,审判程序合法。依据《刑事诉讼法》第 236 条第 1 款第 1 项之规定,作出如下裁定:驳回上诉,维持原判。

【裁判评析】

当前立法及司法解释没有对同一事实已民事处理后检察机关又作为犯罪起诉,法院应如何处理作出明确规定。

本案中有 5 名被害人被骗取钱财的事实在检察院提起公诉时已经有民事处理在先,被告人黄某立拒不认罪,那么是否构成犯罪是应否提起民事审判监督程序的前提。被告人黄某立是否构成犯罪,对于被告人黄某立的辩解意见以及其辩护人的辩护意见应着重从以下七个方面进行分析评判:(1)被告人黄某立是否具有其所承诺的办事能力。在案证据证实黄某立并不具有帮人办理养老保险、办理土地使用证、通过体检的能力。虽然黄某立是某镇政府的退休干部,但其已经退休,不是具体相关政府职能部门的在岗工作人员,也没有证据证实其具有帮助他人办理本案所涉及事项的能力。(2)被告人黄某立主观上是否有非法占有的目的。黄某立收取被害人钱款后并没有将钱款花在帮被害人办事活动中,其具有非法占有的目的。黄某立向多名被害人索要办事费用,但收取办事费用后并未按照约定为被害人办理相关事宜,而是将被害人交给其的钱款用于个人使用,证实黄某立具有非法占有他人财物的主观目的。黄某立收取被害人办事钱款在先,事后被害人见黄某立迟迟未办理相关事宜时才让黄某立写欠条、收款条。黄某立骗取被害人财物后已经是犯罪既遂,黄某立事后单纯出具借条、欠条、收款条却无实际还款能力,不能否认其非法占有的主观目的。(3)被告人黄某立在客观上是否实施了虚构事实,隐瞒真相欺骗被害人,使被害人陷入错误认识并处分财产。黄某立假称自己认识相关人员,有关系有能力帮办事,利用被害人想办理养老保险、土地使用证、通过体检的心理,多次骗取被害人信任,被害人产生黄某立有能力帮助办理相关事宜的错误心理,自愿将办事钱款交由黄某立,而后交付给黄某立的钱款均被黄某立拿来私用。(4)被告人收取钱财后是否办理了其所承诺的事项。本案无证据证实有相关人员收取了黄某立为被害人办理相关事宜的费用。(5)黄某立多次实施诈骗。在2016年六七月时黄某立就以可以为刘某标等人办理养老保险为由向刘某标等人索要办事费用,但收取钱款后并未能为被害人办理养老保险。此后,在2018年3月,黄某立又以同样的理由、方式骗取被害人玉某珍钱款。2018年也以能为被害人马某景办理土地使用证为由骗取马某景办事费用。2020年又以能帮助通过征兵体检为由骗取被害人马某生办事费用。(6)被告人黄某立是否具有还款能力。黄某立在其与本案被害人的民事调解生效后并未实际履行还款义务,案件经被害人申请强制执行后仅被害人刘某标获得执行款1000元,黄某立并无实际还款能力。(7)民事处理是否会影响定罪。黄某立案发后企图掩盖其诈骗事实。经被害人追讨黄某立退还了部分被害人部分钱款,虽然本案被害人提起过民事诉讼,但这仅仅是被害人想追讨被黄某立骗取钱款的一种方式,不影响对黄某立犯罪行为的刑事追究,黄某立同意调解还款仅是其为了掩盖其诈骗的事实。综上所述,黄某立的行为构成诈骗罪。

本案被告人黄某立的行为构成诈骗罪,那么对于已民事调解过的5件民事案件,是否应提起民事审判监督程序进行再审,产生以下三种处理意见:

第一种,认为检察机关应当在审查起诉阶段建议法院提起民事再审或者依法提起民事抗诉,由法院再审驳回该5名被害人的民事起诉,但现在已经进入刑事案件的诉讼阶段,应由法院先依职权提起再审撤销原民事调解协议并驳回起诉,后再刑事判决定罪并责令被告人退赔被害人经济损失。理由是根据《刑法》第64条的规定并参照最高人民法院《关于适用刑法第六十四条有关问题的批复》的意见,犯诈骗罪的被告人非法占有、处置被害人财产的,应当依法予以追缴或者责令退赔,被害人提起附带民事诉讼,或者另行提起民事诉讼请求返还被非法占有、处置的财产的,人民法院不予受理。

第二种,认为原调解民事案件已进入了执行阶段,如提起再审撤销原调解,还涉及执行回转的问题,故不需要提起再审,直接根据查明事实和证据依法定罪量刑,对该5名被害人的经济损失继续通过民事案件的执行来保障,无须再重复责令退赔。

第三种,认为不需要提起再审,但是对被告人定罪量刑后仍需责令退赔该5名被害人的经济损失。理由是通过民事调解并执行后,被告人仍非法占有着被害人的财产,故应责令其退赔。

笔者赞成第二种处理意见。理由如下:

1. 最高人民法院《关于在审理经济纠纷案件中涉及经济犯罪嫌疑若干问题的规定》第11条规定:"人民法院作为经济纠纷受理的案件,经审理认为不属经济纠纷案件而有经济犯罪嫌疑的,应当裁定驳回起诉,将有关材料移送公安机关或检察机关。"这是在民事案件处理过程中涉及民刑交叉时"先刑后民"的依据,但本案中5名被害人均是以退还委托办事费用为由起诉被告人黄某立,黄某立为了掩盖其诈骗事实而积极进行调解,以致民事审理中未能及时发现有犯罪嫌疑,且该民事处理是调解并不需要以刑事处理结果为依据。

2. 根据《民事诉讼法》的规定,检察院对民事案件的调解提起抗诉的前提是发现调解书损害国家利益、社会公共利益,本案涉及的5件民事案调解书并不存在此种情形,故检察院并未就涉及的民事案件调解书提起民事抗诉。

3. 在本案涉及的5件民事调解案件中,既无当事人申请再审亦无检察院民事抗诉要求再审的情况下,法院依职权启动再审的条件是已经发生法律效力的民事调解书存在错误。该5件民事调解案件中,确认的仅仅是被告人黄某立需退赔各被害人的钱款及约定期限偿还,不存在错误和违法问题。

4. 本案涉及的5件民事调解案均已进入了执行阶段,虽然仅有1名被害人获得执行款1000元,但是如果启动再审撤销民事调解后驳回被害人的民事起诉,势必会引起执行回转,那么已得到1000元执行款的被害人由于执行依据不存在,剩余的被骗款未得到反而要退出已执行得的1000元,不仅浪费司法资源还可能会引起上访。

5. 在已有民事执行案保障权益的情况下,没有必要再刑事责令被告人退赔被害人的经济损失,否则就会造成重复处理。本案中,如果刑事处理时对已民事处理的5名被害人的经济损失再责令退赔,那么对同一笔款将存在两个处理结果,一个是民事调解退赔处理,另一个是刑事责令退赔,这显然是不符合法律规定的。

综上所述,同一事实已先作民事处理,后再公诉指控犯罪,是否提起民事审判监督程序,要具体案件具体分析。在审判实践中,无论是先刑后民,还是先民后刑,都不应当是绝对化和扩大化,有些民事案件需要以刑事案件的处理结果为依据,有些刑事案件需要以民事案件的处理结果为依据,还有些民事案件与刑事案件是各自独立,互不影响。是否提起民事审判监督应着眼于民事处理结果是否确有错误,充分发挥民事审判依法保障合法权益和刑事审判打击违法犯罪的作用。

未被判决承担实体权利义务的当事人不具备再审利益

——廖某生与华胜公司等建设工程施工合同纠纷案

邓国雄*

【裁判要旨】

享有申请再审权的诉讼主体必须具备再审利益。在原审中未被判令承担实体权利义务的当事人不具备再审利益。在本案中,廖某生作为一审被告未被判令承担实体权利义务,且廖某生没有提出上诉,视为对一审判决的认可。因廖某生不具备再审利益,不是适格的申请再审人,故法院对廖某生的再审申请不予审查。

【基本案情】

2012 年 7 月 9 日,华胜公司与二安公司签订《建设工程施工合同》,约定华胜公司将位于梧州市钱鉴路新桥里 16 号的桂江温馨嘉园工程发包给二安公司承建。同日,二安公司将案涉工程的主体、装修工程分包给国胜公司;同日,国胜公司又与廖某生订立《工程项目经济责任内部承包合同书》,约定案涉工程劳务由廖某生分包。2013 年 2 月 28 日,廖某生与郑某昌签订《劳务分包施工合同》,约定廖某生将案涉项目的部分工程转包给郑某昌。2014 年 9 月 5 日,郑某昌与黄某连签订《外墙面砖施工承包合同》,将案涉工程外墙面施工项目转包给黄某连。合同订立

* 广西壮族自治区高级人民法院民事审判第一庭二级高级法官助理。

后，黄某连即率施工队进场施工并完成合同约定的部分劳务作业。之后，因郑某昌拖欠黄某连劳务费，黄某连于 2016 年年初停止施工。2016 年 2 月 5 日，郑某昌与黄某连签订《协议》由郑某昌向黄某连借款 25 万元用于支付工人工资。2017 年 11 月 20 日，郑某昌、廖某生向黄某连出具《任务单（工程名称：桂江温馨嘉园外墙抹灰工程）》《任务单（工程名称：桂江温馨嘉园外墙抹灰及贴砖工程）》确认黄某连已实际完成的工程量、实际单价及实际综合价等内容。2018 年 8 月 27 日，郑某昌、廖某生及案外人左某出具《桂江温馨嘉园项目各班组工资确认表》，确认黄某连班组劳务费 1602521 元，已支付 821752.1 元，剩余 780768.90 元。

2020 年 7 月 2 日，黄某连向法院起诉请求郑某昌支付劳务费 694017 元及利息 166564.08 元，并由二安公司、国胜公司、廖某生承担连带清偿责任，由华胜公司在未付工程价款范围内承担清偿责任。一审庭审中，黄某连确认廖某生、二安公司已经向其支付劳务费 943300 元；华胜公司、二安公司认可案涉工程外墙面施工项目未完工部分改由二安公司施工；二安公司认可其与华胜公司就案涉工程 2018 年复工后的工程量未结算，华胜公司未付清案涉工程全部价款；黄某连确认郑某昌向其借款用于支付工人工资的 25 万元通过另案提出主张，该款应从未付价款中减除。一审法院经审理确认郑某昌尚欠黄某连的劳务费为 409221 元（1602521 元 － 250000 元 － 943300 元 ＝409221 元），于 2020 年 11 月 11 日作出（2020）桂 0403 民初 918 号民事判决：（1）郑某昌支付劳务费 409221 元及利息 56328.87 元给黄某连；（2）华胜公司对郑某昌应付劳务费及利息向黄某连承担责任；（3）驳回黄某连的其他诉讼请求。一审判决后，华胜公司不服判决提出上诉，二审法院于 2021 年 4 月 2 日作出（2021）桂 04 民终 44 号民事判决：（1）维持一审判决第一项、第三项；（2）变更一审判决第二项为华胜公司对郑某昌应付劳务费及利息在欠付二安公司的工程款范围内对黄某连承担清偿责任。

【审查结果】

该案二审判决生效后，廖某生以原审判决未认定其为案涉工程的实际施工人构成认定事实错误为由，向自治区高级人民法院申请再审。自治区高级人民法院于 2021 年 12 月 16 日作出（2021）桂民申 6607 号民事裁定：驳回廖某生的再审申请。

【裁判评析】

在本案中，一审原告黄某连向法院诉请包括廖某生在内的 5 名被告向其承担支付劳务费及利息的清偿责任。一审法院经审理后认为，廖某生未与黄某连建立建设工程施工合同关系,亦非案涉工程的建设单位,不属于最高人民法院《关于审理建设工程施工合同纠纷案件适用法律问题的解释》(现已废止)第26条第2款以及最高人民法院《关于审理建设工程施工合同纠纷案件适用法律问题的解释(二)》(现已废止)第24条所规定的发包人,驳回了黄某连请求廖某生承担连带清偿责任的诉讼请求,即廖某生不需要承担案件的实体义务。一审判决后,华胜公司提起上诉,二审法院经审理后仅对华胜公司承担的清偿责任进行了调整,仍然维持了一审判决中关于廖某生不需要承担清偿责任的判项。二审判决生效后,廖某生以原审判决错误为由向上一级法院提起再审申请。

笔者认为,法律推理是法律适用的重要组成部分,法官在审理案件过程中适用法律之逻辑思维活动即法律推理。法律推理包括形式推理和实质推理,法官在审判活动中进行法律推理应是形式推理与实质推理的有机统一,如果偏于某一方面,就有可能脱离立法本意,不能准确适用法律,从而不能实现司法公正。就本案而言,廖某生作为一审被告,是案件的当事人之一,依照《民事诉讼法》第206条"当事人对已经发生法律效力的判决、裁定,认为有错误的,可以向上一级人民法院申请再审"之规定,廖某生从表面上符合申请再审的主体条件。但是,这个法律推理之结果是否符合立法本意,是否与我们的核心价值观相一致,是否实现了实质正义与司法公正,皆需要进一步的实质推理分析。根据最高人民法院发布的《关于受理审查民事申请再审案件的若干意见》(法发〔2009〕26号)的规定,申请再审人是依法享有申请再审权的当事人或者案外人。根据诉权利益理论,申请再审权的权利基础是再审利益。再审利益是否存在,才是行为主体是否构成适格申请再审人的实质要件。故,合议庭归纳本案的争议焦点为:廖某生是否具有再审利益,是否为适格的申请再审人。

为了厘清本案审理思路,有必要从我国民事再审制度的性质与设立的初衷出发,对再审利益的相关问题展开论述。

(一)民事再审制度的性质

民事诉讼制度建立的主要目的是解决民事纠纷,而解决民事纠纷的载体是发生法律效力的裁判结果。从民事诉讼制度建立的初衷来看,应当尽量维持发生法律效力裁判结果的稳定性、权威性和强制性,如果允许案件当事人对于已经生效裁判结果无休止的申诉,则诉讼制度解决纠纷的目的必定落空。另外,若是已经生效裁判结果存在重大瑕疵,仍然强行维护其既判力,则亦不符合司法公正的本质要求。因此,为实现维护判决稳定性与维护判决正确性之间的平衡,大陆法系国家普遍在民事诉讼制度中设置一个特殊纠错机制,即民事再审制度,作为一种补充性的救济方式对判决既判力进行适度限制。“有错必纠”，是我们党和国家的一项优良传统。我国司法制度建立之初，亦贯彻了“有错必纠”的司法原则，制定了民事再审制度，并随着立法的发展而逐步完善。民事再审制度设置的目的是对违法或不当裁判所造成的消极后果进行补救，以保护利益受损一方当事人的合法权益，实现司法公正，并使司法机关的公正和权威得到补正，维护法律权威。换言之，民事再审制度设置的目的是发现错误，纠正错误，预防错误，减少再审，维护既判力。在维护法律权威和司法公正的意义上，民事再审制度与维护既判力是辩证统一的。

民事再审制度下的再审程序又称审判监督程序，是对已经发生法律效力的判决、裁定及调解协议，发现在认定事实或适用法律方面“确有错误”，依法对案件再次进行审理的特别救济程序。[1] 由此可见，民事再审程序是为了纠正已经发生法律效力裁判中的错误而对案件再次进行审理的程序，不是每个民事案件必经的程序，只是对于判决、裁定、调解书已经发生法律效力而且符合再审条件的案件才能适用的一种纠错性质的诉讼程序。

（二）民事再审之诉中的再审利益

在民事诉讼中，首先要解决的理论问题是什么是“诉”？什么是“诉的利益”？我国民事诉讼法学的奠基人江伟教授认为，“诉”是指当事人依照法律规定向法院提出的保护其实体权益的请求。[2] “诉的利益”必须具有“必要性”和“实效性”[3]。其中，诉的利益之“必要性”是指当民事权益受到侵害或者与他人发生民事纠纷时，需要运用民事诉讼予以救济的必要性。[4] 诉的利益之“实效性”，是指作出本案判决的实际意义以及给对方当事人造成了负担。日本学者山木户克己教授主张：“诉的利益乃原告谋求判决时的利益，即诉讼追行利益，这种诉讼追行利益与成为诉讼对象的权利或者作为法律内容的实体性利益以及原告的胜诉利益是有区别的，它是原告所主张的利益（原告认为这种利益存在而作出主张）面临危险和不安时，为了去除这些危险和不安而诉诸于法的手段即诉讼，从而谋求判决的利益及必要，这种利益由于原告主张的实体利益现实地陷入危险和不安时才得以产生。”[5]另一位日本学者兼子一教

〔1〕 参见杜闻：《民事再审程序研究》，中国法制出版社2006年版，第324页。

〔2〕 参见江伟主编：《民事诉讼法》，高等教育出版社2004年版，第7页。

〔3〕 参见唐力：《论民事上诉利益》，载《华东政法大学学报》2019年第6期。

〔4〕 参见邵明：《民事诉讼法理研究》，中国人民大学出版社2004年版，第145页。

〔5〕 转引自［日］谷口安平：《程序的正义与诉讼》，王亚新、刘荣军译，中国政法大学出版社1996年版，第159页。

授则认为，诉之利益是诉权的要件，判断一个请求是否具有正当的利益必须从两个方面来进行：一是请求本身从性质上具有以判决确定的一般性的适当性（权利保护资格）；二是原告对请求具有要求判决的现实必要性（保护权利利益）。〔1〕我国台湾地区民诉理论认为，诉的利益，又称权利保护利益或权利保护必要，它是指原告要求法院就私权主张予以裁判时所必须具备的必要性。〔2〕“无利益即无诉权”，民事诉讼程序的启动是以利益纷争的存在为前提的，诉的利益构成整个诉讼程序的基点。

诉的利益在再审程序中体现为再审利益，再审利益即是启动再审程序之基点。当事人具有再审利益时才具备民事再审之诉的诉权，也就是说，存在运用民事再审诉讼程序予以救济之必要性的，才是适格的再审申请人，才能依法行使再审诉权启动民事再审程序。

如前文所述，民事再审制度要实现维护判决稳定性与判决正确性之间的平衡，作为对于生效裁判错误的救济程序，正确理解和界定再审利益对于维护生效裁判既判力，防止当事人滥用再审诉权，具有重要意义。再审申请人是原审原告的，若生效裁判已经全部支持了其诉讼请求，该当事人诉的利益已经得到满足，不需要再运用民事诉讼予以救济，其诉权的基础已不存在，显然也就没有再审利益；若生效裁判支持了该原告部分诉讼请求，则其对于未获支持部分的诉讼请求仍然拥有诉权，因此也就存在再审利益。再审申请人是原审被告的，若生效裁判驳回了原审原告的全部诉讼请求，则该原审被告没有再审利益；若生效裁判支持了原告部分诉讼请求，则该原审被告对于已获支持部分具有再审利益。

（三）本案当事人申请再审的主体资格

我国《民事诉讼法》第206条规定，“当事人对已经发生法律效力的判决、裁定，认为有错误的，可以向上一级人民法院申请再审；当事人一方人数众多或者当事人双方为公民的案件，也可以向原审人民法院申请再审。当事人申请再审的，不停止判决、裁定的执行”。这里的“已经发生法律效力的判决、裁定”应作严格解释，是指裁判文书中法院对当事人的诉讼请求所作出的判断，是诉的利益之载体。笔者认为，享有申请再审权的诉讼主体必须具备再审利益，不具有再审利益的当事人，在原审中未被判决承担实体权利义务的当事人不具备再审利益，不是适格的申请再审人。申请再审

〔1〕 参见［日］兼子一、竹下守夫：《民事诉讼法》（新版），白绿铉译，法律出版社1995年版，第51页。

〔2〕 参见吕太郎：《诉之利益判断》，载《民事诉讼法之研讨》（四），台北，三民书局有限公司1993年版，第416页。

的人应限定在受确定的判决约束且有不服的利益的人,原则上是原审判决其败诉和部分败诉的当事人,而被申请人则为原审胜诉方。[1] 本案中,廖某生作为一审被告未被判决承担实体权利义务,生效判决未对其利益产生直接影响,故廖某生不具有再审利益,不是本案适格的申请再审人。

同时,廖某生在本案一审判决之后没有提出上诉,视为对一审判决的认可,其参与诉讼的目的已经达到,不再需要运用下一阶段的诉讼程序予以救济,故再审利益亦不存在。因此,本案合议庭以廖某生不具备再审利益不是适格的申请再审人为由,裁定驳回廖某生的再审申请,与我国民事再审制度的立法初衷相符。

〔1〕 参见王忠:《再审利益法律程序之保护》,载《人民司法(案例)》2009 年第 24 期。

一审未申请工程鉴定
二审申请工程鉴定应否准许

——柳州巍龙建筑材料有限公司诉广西建工集团第五建筑工程有限责任公司第一分公司等建设工程施工合同纠纷案

刘飞燕*

【裁判要旨】

在建设工程施工合同纠纷案件中,负有举证责任的施工方一审时未申请工程造价鉴定申请,二审中又提出鉴定申请的,应当通过审查工程是否已进行结算,工程量能否确定以及双方是否约定工程总价款等因素,综合认定施工方的鉴定申请是否属于"确有必要"的情形,不宜直接以一审未提出申请为由,对施工人提出的鉴定申请不予准许。

【基本案情】

广西建工集团第五建筑工程有限责任公司(以下简称五建公司)承建了柳东乘用车基地 B、C 平台涂装车间工程项目,由广西建工集团第五建筑工程有限责任公司第一分公司(以下简称五建一分公司)负责具体施工。柳州巍龙建筑材料有限公司(以下简称巍龙公司)向五建一分公司承包了该项目环氧地坪工程,五建一分公司通过五建公司分别于 2013 年 6 月 21 日向巍龙公司支付了 15 万元、2013 年 10 月 15 日支付了

* 广西壮族自治区高级人民法院审判监督第一庭一级法官助理。

20 万元、2013 年 11 月 7 日支付了 25 万元、2013 年 12 月 3 日支付了 15 万元，通过广西建工集团第二建筑工程有限责任公司于 2014 年 1 月 27 日向巍龙公司支付了 20 万元，共计支付 95 万元。后巍龙公司制作《东风柳汽 BC 平台涂装车间环氧地坪工程结算单》，载明项目名称、施工面积、单价、合计金额 1540834 元，五建公司的员工黄某在该结算单"甲方：广西建工五建第一分公司"下方空白处签字"工程量属实。黄某 2017.8.24"，黄某在一审法院向其询问时，认可巍龙公司提供的《东风柳汽 BC 平台涂装车间环氧地坪工程结算单》上"工程量属实。黄某 2017.8.24"字样系其签字，并称巍龙公司确实在该项目做工程，但称其并不是代表五建一分公司签字，也没有在"项目经理"和"项目负责人"处签字，其签字只是为了替巍龙公司证明在该项目所做工程量属实。现巍龙公司认为，五建一分公司、五建公司、陈某未能支付尚欠工程款，故诉至法院，并提出前述请求。

【审理结果】

广西壮族自治区柳州市鱼峰区人民法院于 2019 年 11 月 29 日作出（2019）桂 0203 民初 1260 号民事判决：驳回巍龙公司的诉讼请求。

广西壮族自治区柳州市中级人民法院于 2020 年 5 月 14 日作出（2020）桂 02 民终 700 号民事判决：驳回上诉，维持原判。

广西壮族自治区高级人民法院于 2021 年 3 月 18 日作出（2021）桂民申 296 号民事裁定：（1）本案由本院提审；（2）再审期间，终止原判决的执行。

广西壮族自治区高级人民法院于 2021 年 6 月 11 日作出（2021）桂民再 218 号民事裁定：（1）撤销柳州市中级人民法院（2020）桂 02 民终 700 号民事判决和柳州市鱼峰区人民法院（2019）桂 0203 民初 1260 号民事判决；（2）本案发回柳州市鱼峰区人民法院重审。

【案件焦点问题】

巍龙公司一审经释明未提出工程造价鉴定申请，二审诉讼中申请鉴定应否准许？

【裁判理由】

柳州市鱼峰区人民法院经审理认为，巍龙公司虽未能提供承包案涉工程的承包合同，但根据巍龙公司提供的《东风柳汽 BC 平台涂装车间环氧地坪工程结算单》，甲方为"广西建工五建第一分公司"，五建公司的员工黄某在该结算单上签字"工程量属实”,并称巍龙公司确实在该项目做工程,结合五建公司向巍龙公司转款的事实,可以认定巍龙公司从五建一分公司处承包了案涉工程,五建公司、五建一分公司仅凭银行交易明细摘要中载明的“涂料款”“地坪材料”等辩称转款系支付向巍龙公司购买的涂料款,但由于该记载仅是转款方单方备注的行为,且五建公司、五建一分公司未能提供相关证据证实其与巍龙公司存在买卖合同关系,故对五建公司、五建一分公司的该项辩解,该院不予采信。关于工程款是否已经结算的问题。巍龙公司提供的《东风柳汽 BC 平台涂装车间环氧地坪工程结算单》,没有结算双方即巍龙公司和五建一分公司的盖章确认,仅有黄某在该结算单上签字“工程量属实”,黄某虽然系五建公司的员工,但没有证据证明其系经五建一分公司授权签字,黄某也不是案涉工程的项目经理或项目负责人,且黄某也明确表示其并不是代表五建一分公司签字,其签字“工程量属实”仅是为了替巍龙公司证明巍龙公司在该项目所做的工程量属实,并没有对结算工程款予以确认,据此,该结算单实际上仅是巍龙公司单方制作,未经五建一分公司的确认,不能作为双方工程款结算的依据,故巍龙公司的诉讼请求,没有事实和法律依据,不予支持。遂判决:驳回巍龙公司的诉讼请求。

巍龙公司不服一审判决,提起上诉。柳州市中级人民法院经审理认为,巍龙公司提交的结算单是巍龙公司单方制作,未经五建一分公司确认,不能作为双方工程款结算的依据。对于工程造价的问题,一审法院在审理过程中已经向巍龙公司进行了释明,明确要求巍龙公司需于 2019 年 9 月 2 日前提交书面鉴定申请及实际施工的相关单据,如逾期未提交,视为不申请鉴定,而巍龙公司并未向一审法院申请鉴定亦未提交相关的单据,依法应视为其放弃申请,巍龙公司的行为致使待证事实无法查明,应当承担举证不能的法律后果。巍龙公司在二审申请工程造价鉴定的理由不成立,不予支持。因巍龙公司无充分的证据证实其完成涉案工程项目的工程造价,其上诉请求依法应予驳回。判决:驳回上诉,维持原判。

广西壮族自治区高级人民法院经审理认为,最高人民法院《关于审理建设工程施工合同纠纷案件适用法律问题的解释(二)》(现已废止)第 14 条第 2 款规定:“一审诉讼中负有举证责任的当事人未申请鉴定,虽申请鉴定但未支付鉴定费用或者拒不提供相关材料,二审诉讼中申请鉴定,人民法院认为确有必要的,应当依照民事诉讼法第一百七十条第一款第三项的规定处理。”[最高人民法院《关于审理建设工程施工合同纠纷案件适用法律问题的解释(一)》第 32 条第 2 款对此也作出同样的规定。]原审法院在查明本案存在承建事实、工程量,但无确凿证据确认工程款,需对工程造价进行鉴定,以便确定工程价款的情况下,简单以一审法院已释明为由,不支持巍龙公司的鉴定申请,径直驳回巍龙公司的诉讼请求,违反上述司法解释规定,属认定基本事实不清。依照 2017 年《民事诉讼法》第 170 条第 1 款第 3 项(现第 177 条第 1 款第 3 项)之规定,裁定:撤销原判,发回重审。

【法官后语】

本案系建设工程施工合同履行过程中因结算工程款引发的诉讼。当事人一审经释明但未提出鉴定申请,二审期间又提出鉴定申请,二审法院应否准许是本案审理的难点。

关于提出鉴定申请的期限问题。根据最高人民法院《关于民事诉讼证据的若干规定》第 31 条第 1 款第 1 句的规定,当事人申请鉴定,应当在人民法院指定期间内提出。如果当事人在人民法院指定期满后又提出鉴定申请的,人民法院应否准许?根据最高人民法院《关于民事诉讼证据的若干规定》第 31 条第 1 款第 2 句、第 2 款的规定,逾期不提出申请或者不预交鉴定费用的,视为放弃申请。对需要鉴定的待证事实负有举证责任的当事人,在人民法院指定期间内无正当理由不提出鉴定申请或者不预交鉴定费用,或者拒不提供相关材料,致使待证事实无法查明的,应当承担举证不能的法律后果。上述证据规则在理论上又称为证据失权,依据该规定,若当事人在人民法院释明后仍然没有在举证期限届满前申请鉴定,在举证期限届满后又申请的,人民法院应不予准许,且应承担举证不能的法律后果。但是,《民事诉讼法》第 68 条第 2 款规定:"……当事人逾期提供证据的,人民法院应当责令其说明理由;拒不说明理由或者理由不成立的,人民法院根据不同情形可以不予采纳该证据,或者采纳该证据但予以训诫、罚款。"根据上述规定,对于逾期提供证据的,人民法院首先要责令当事人说明理由,区分是何原因导致逾期。若是因客观原因导致逾期或者对方当事人未提出异议的,视为未逾期,自然可以采纳。若是因主观原因逾期提供的,再区分是否存在故意或者重大过失。非因故意或者重大过失逾期提供的,人民法院应当采纳,但对当事人予以训诫;若因故意或者重大过失逾期提供的,对于逾期提供的证据,也并非一概不采纳,对于与案件基本事实有关的证据,人民法院应当采纳,但要对当事人予以训诫、罚款。即使当事人拒不说明理由的,人民法院仍然可以根据不同情形决定是否采纳。由此可见,根据《民事诉讼法》的规定,对于逾期提供的证据,只要是与案件基本事实有关的,人民法院都可以予以采纳。所以,具体至建设工程造价鉴定,当事人在举证期限届满前没有申请鉴定,在举证期限届满后又申请的,无论其是否存在故意或者重大过失,人民法院如果认为相关鉴定事项与案件基本事实有关,不鉴定无法查清案件基本事实的,应对鉴定申请予以准许。最高人民法院《关于审理建设工程施工合同纠纷案件适用法律问题的解释(一)》第 32 条第 2 款亦规定,一审诉讼中负有举证责任的当事人未申请鉴定,虽申请鉴定但未支付鉴定费用或者拒不提供相关材料,二审诉讼中申请鉴定,人民法院认为确有必要的,应当依照 2017 年《民事诉讼法》第 170 条第 1 款第 3 项(现为《民事诉讼法》第 177 条第 1 款第 3 项)的规定处理。

因此,人民法院在审理涉及一审未提出鉴定申请,二审期间提出鉴定申请的案件时,并非一概不支持。根据《民事诉讼法》第 68 条第 2 款的规定,对于逾期提供的证据,并非一概不予采纳,人民法院采取的责令当事人说明理由,拒不说明理由或者理由不成立的,人民法院根据不同情形可以不采纳该证据,或者采纳该证据但予以训诫、罚款。根据该规定,即使一审诉讼中当事人明确表示不申请鉴定或者通过不支付鉴定费用、拒不提供相关材料的方式放弃申请鉴定,致使无法通过鉴定查明相关事实的,二审程序中其又提出鉴定申请的,鉴于建设工程的特殊性及工程鉴定的重要性,人民法院应当对是否确有必要进行鉴定予以审查,而不能以其一审时未申请鉴定为由一概不予准许。对于人民法院经审查后认为确有必要的,应予以准许。其一,鉴定对查明案情确有必要。如二审期间双方当事人就工程款协商达成了一致意见,或者当事人补充提交的证据可以确定工程造价的;一方当事人在二审期间认可对方主张的工程造价的,或者二审经审查认定,案件应驳回起诉的,此时不鉴定并不影响二审审理结果。上述几类情况则不属于确有必要。其二,当事人不仅申请鉴定,而且表示愿意交纳鉴定费用、提供相关材料。对应最高人民法院《关于审理建设工程施工合同纠纷案件适用法律问题的解释(一)》第 32 条第 1 款规定的三种未完成举证的情形,即“经人民法院释明后,当事人未申请鉴定,或者虽申请鉴定但未支付鉴定费用,或者拒不提供相关材料的”。为了防止二审准许鉴定后,当事人又不交纳鉴定费用或者拒不提供相关材料,二审在准许之前,应当确认当事人愿意交纳鉴定费用并提供相关材料。关于准许鉴定后的处理原则。根据最高人民法院《关于审理建设工程施工合同纠纷案件适用法律问题的解释(一)》第 32 条第 2 款的规定,对于人民法院认为确有必要准许鉴定,应依照《民事诉讼法》第 170 条第 1 款第 3 项(现为第 177 条第 1 款第 3 项)的规定处理。在审判实践中,人民法院认为鉴定确有必要的,通常有两种做法:一是二审法院直接委托鉴定;二是撤销原判,发回一审法院重审。从各地高级人民法院的指导性意见、规范来看,对此问题有所涉及,如河北省高级人民法院《建设工程施工合同案件审理指南》第 28 条规定:“人民法院经审理认为就建设工程价款等专门性问题需要进行鉴定的,应当向负有举证责任的当事人进行充分释明、明确告知其不申请鉴定可能承担的不利后果。当事人经释明后未申请鉴定的,可参照民事诉讼法逾期举证的规定,由其承担相应的法律后果。一审诉讼中负有举证责任的当事人未对工程价款申请鉴定,二审诉讼中申请鉴定的,人民法院可予准许。人民法院准许后,可以将案件发回一审法院委托鉴定,但不得违反民事诉讼法的相关规定。对经一审法院释明未申请鉴定的当事人,可参照民事诉讼法对逾期举证的规定,对当事人进行训诫、罚款。"笔者认为,应当进行鉴定而没有鉴定,致使基本事实不清的,应当依照《民事诉讼法》第 177 条第 1 款第 3 项规定处理,即"第二审人民法院对上诉案件,经过审理,按照下列情形,分别处理:……(三)原判决认定基本事实不清的,裁定撤销原判决,发回原审人民法院重审,或者查清事实后改判",具体采用哪种做法,应结合案情判断,并听取当事人的意见。因为二审如果自行委托鉴定并依据鉴定意见作出裁判,涉及当事人的审级利益,相当于对于鉴定意见的质证未经过两审程序,故只有在双方当事人都愿意放弃审级利益并同意二审法院直接委托鉴定的情形下,二审法院才可直接委托鉴定。

本案例中,二审法院在查明本案存在承建事实、双方确认了工程量,但无确凿证据确认工程款,属于确有必要进行鉴定的情形,简单以一审法院已释明为由,巍龙公司放弃申请,其行为致使待证事实无法查明,应当承担举证不能的法律后果,对巍龙公司在二审申请工程造价鉴定的申请不予准许,径直维持一审法院驳回巍龙公司诉讼请求的裁定,违反上述司法解释规定,属认定基本事实不清,不利于保护实际施工人合法权益。再审中,经向巍龙公司释明,巍龙公司再次提交工程造价进行鉴定申请,据此,再审法院将本案发回一审法院重审,既有利于案结事了,又更好地保护了当事人的合法权益。

民事审判监督程序中一次性解决纠纷的考量

——蒋某清诉陈某生民间借贷纠纷案

何凤英*

【裁判要旨】

当事人有上诉的权利，但是法律规定当事人上诉需递交符合规定的上诉状，如未在法定上诉期间内递交上诉状的，视为未提起上诉。当事人双方已清算并用欠条加以固定的因租赁而产生的合法债务，并且按照民间借贷的习惯约定利率的计算，事实上已转化为民间借贷，在民间借贷纠纷案件中一并进行审理有利于一次性解决纠纷。

【基本案情】

蒋某清与陈某生曾经是一起从事建筑业的朋友。2010 年 1 月 17 日，陈某生向蒋某清出具《借条》"今借到蒋某清人民币叁万元整，月息三分计，两个月，此据：实际借了一年零一个月"。2010 年 9 月 2 日，陈某生向蒋某清出具《借条》"今借到蒋某清人民币壹万贰仟元整（￥12000 元），月息 2 分钱。此据"。2010 年 9 月 2 日，陈某生向蒋某清出具《欠条》"原租蒋某清钢管、扣件（竹排冲用）租金和赔偿金共计伍万叁仟元（￥53000 元），此据，月息两分钱"。2015 年 12 月 12 日，陈某生向蒋某清出具《借条》"今借到蒋某清人民币（现金）贰拾万元整，计划 2015 年 12 月 22 日（农历）还陆万元给蒋某清，余款每月每万壹佰伍拾之利息每月支付，本金在 2016 年 5 月 3 日前付清。此据。双方协商同意条款具

* 广西壮族自治区扶绥县人民法院审判管理办公室（研究室）主任，二级法官。

有同等法律效力”。2015 年 12 月 12 日 17 时 36 分,陈某生在南宁市兴宁区三塘镇大嘉汇拨打 110 报警,处警单位是南宁市公安局三塘派出所,处警回执单显示警情类型为其他,处置情况为不属管辖。2018 年 6 月 6 日,蒋某清向法院起诉,请求判令陈某生归还蒋某清借款本金 200000 元及利息 87000 元(利息的计算以 200000 元为基数,按 10000 元本金每月支付 150 元利息的标准,自 2015 年 12 月 22 日暂计算至 2018 年 5 月 29 日,以后计至还清本金止的利息另算)。

陈某生辩称对蒋某清提交的落款日期为 2010 年 1 月 17 日及 2010 年 9 月 2 日的两张《借条》的真实性、合法性、关联性没有异议。对落款日期为 2010 年 9 月 2 日的《欠条》的真实性、合法性没有异议,但对关联性有异议,认为该《欠条》上的内容是蒋某清与其因租赁关系产生的债务,不是其向蒋某清借的借款,该笔债务在法律关系上不属于民间借贷,不应在本案(民间借贷)中合并审理,蒋某清应另行起诉。对落款日期为 2015 年 12 月 12 日的《借条》的真实性、合法性、关联性均不认可,认为此《借条》是其在蒋某清的胁迫下出具,不是其的真实意思表示,其未收到蒋某清 200000 元的现金借款。

【审理结果】

扶绥县人民法院一审审理认为:民间借贷合同是实践性合同,需合同当事人存在借贷的真实合意及贷款方支付借款本金给借款方,民间借贷合同才成立。本案争议的焦点为陈某生实际尚欠蒋某清借款本金及利息是多少。(1)关于借款本金部分。庭审中,陈某生对于蒋某清主张的 200000 元借款不予认可,辩称其并未收到该借款,系在蒋某清的胁迫下所写,不是其真实意思表示且有相关报警记录予以证实。蒋某清称 200000 元借款是陈某生对多次欠款的重新确认而来,但其在庭审中不能向本庭说明多次借款的具体金额、交付方式以及借款地点,且蒋某清提供 2010 年 1 月 17 日与 2010 年 9 月 2 日的借条上所写的借款数额总计与 2015 年 12 月 12 日的《借条》所写的借款数额不一致,蒋某清无其他证据证明其已支付借款本金 200000 元给陈某生的事实,故法院对蒋某清主张 200000 元借款本金的事实不予认可,但法院认可经双方确认的 2010 年 1 月 17 日借款 30000 元以及 2010 年 9 月 2 日借款 12000 元。此外,关于 2010 年 9 月 2 日双方就钢管、扣件租金和赔偿金 53000 元出具的欠条与本案所审理的民间借贷无关,法院不在本案中进行处理。(2)关于利息部分。2010 年 1 月 17 日以及 2010 年 9 月 2 日所出具的借条中均约定了借款利息,未约定还款期限。其中借款金额为 30000 元的借条中对月息约定三分即月利率 3% 计算,不符合法律规定,调整月利率为2%。扶绥县人民法院依照原《民法通则》(已失效)第90条、第108条,2017年《民事诉讼法》第64条,最高人民法院《关于审理民间借贷案件适用法律若干问题的规定》(已被修改)第16条第2款,第29条第1款、第2款第2项,原《合同法》(已失效)第206条之规定,作出如下判决:陈某生归还蒋某清借款本金42000元及利息(利息以12000元为基数按照月利率2%,从借款之日起即2010年1月17日起计算至实际清偿之日止;以30000元为基数按照月利率2%,从借款之日起即2010年9月2日起计算至实际清偿之日止)。

一审判决后,蒋某清不服判决提起上诉,但向法院邮寄递交的是民事起诉状,内容包含有不服判决上诉的内容,法院通知要求其修改后再提交但蒋某清未修改亦未再次递交上诉状,故该案未作为上诉案件移交上级法院。蒋某清认为其对一审判决不服已经递交材料表示上诉,一审法院未移送案件至上级法院驳夺其上诉权,为此而上访。

扶绥县人民法院认为,本案判决确有错误故提请本院审判委员会讨论后决定对本案提起再审。

扶绥县人民法院另行组成合议庭再审后认为:蒋某清以2015年12月12日陈某生出具的《借条》为依据,要求陈某生返还借款本金200000元及利息。蒋某清主张这张《借条》是其与陈某生对账后,把以前的借款本金、欠款本金及利息合计后,陈某生重新写了新的《借条》;而庭审中,陈某生认为其是受蒋某清的胁迫下重新写的《借条》,不是其真实意思表示,因此,不承认这张《借条》。因双方对该《借条》的内容产生争议,在真伪不明的情况下,法院不予全部采信。蒋某清举出落款日期为2010年1月17日及2010年9月2日的《借条》证明借款本金,而落款日期为2010年9月2日的《欠条》中欠款本金包含在落款日期为2015年12月12日的《借条》中。庭审中,陈某生对2010年1月17日及2010年9月2日的《借条》《欠条》无异议,因此,对于这两张《借条》,法院予以采信,但是2010年1月17日的《借条》约定的月利息3分,高出法律有关民间借贷利率保护的上限规定,依法支持月利息2分,超出部分依法不予支持。

从落款日期为2010年9月2日的《欠条》内容上看,双方之间就该部分债务已经转换为民间借贷关系,陈某生对该《欠条》无异议,但认为不是民间借贷关系,应另案处理的主张,于法无据,法院不予采信,根据债务应当清偿的原则,对该《欠条》一并处理,亦符合"一次性解决当事人纠纷"的规定。

扶绥县人民法院再审后依照原《合同法》(已失效)第4条、第8条、第9条、第60

条、第 206 条、第 207 条,原《民法通则》(已失效)第 84 条、第 88 条第 1 款、第 90 条、第 108 条,最高人民法院《关于审理民间借贷案件适用法律若干问题的规定》(已被修改)(法释〔2015〕18 号)第 26 条,2017 年《民事诉讼法》第 64 条、第 153 条、第 198 条第 1 款之规定,经本院审判委员会讨论决定,作出如下判决:(1)撤销(2018)桂 1421 民初 804 号民事判决;(2)陈某生向蒋某清返还借款本金 30000 元及利息(利息以 30000 元为基数,按月利率 2% 计算,从 2010 年 1 月 17 日起计至实际清偿之日止);(3)陈某生向蒋某清返还借款本金 12000 元及利息(利息以 12000 元为基数,按月利率 2% 计算,从 2010 年 9 月 2 日起计至实际清偿之日止);(4)陈某生向蒋某清支付租金和赔偿金 53000 元及利息(利息以 53000 元为基数,按月利率 2% 计算,从 2010 年 9 月 2 日起计至实际清偿之日止);(5)驳回蒋某清其他诉讼请求。

再审一审判决后当事人未上诉亦未再上访,判决已生效。

【裁判评析】

本案因蒋某清上访而启动了审判监督程序,一审中是否剥夺了蒋某清上诉的权利是审判监督审查的一个重点。当事人对一审判决不服,依法应当递交上诉状,但是对于当事人递交的上诉材料不规范应如何处理并没有明确的法律规定。2017 年《民事诉讼法》规定:“上诉应当递交上诉状。上诉状的内容,应当包括当事人的姓名,法人的名称及其法定代表人的姓名或者其他组织的名称及其主要负责人的姓名;原审人民法院名称、案件的编号和案由;上诉的请求和理由。”“上诉状应当通过原审人民法院提出,并按照对方当事人或者代表人的人数提出副本。当事人直接向第二审人民法院上诉的,第二审人民法院应当在五日内将上诉状移交原审人民法院。”本案蒋某清向一审法院邮寄递交的是民事起诉状,虽然含有不服一审判决要求上诉的内容,但是形式明显不符合法律规定,法院通知要求其修改后再递交但其未修改亦未再次递交,说明法院已依法履行告知职责,蒋某清未按要求进行是其对自己诉讼权利的放弃。2015 年最高人民法院《关于适用〈中华人民共和国民事诉讼法〉的解释》第 320 条规定:“一审宣判时或者判决书、裁定书送达时,当事人口头表示上诉的,人民法院应告知其必须在法定上诉期间内递交上诉状。未在法定上诉期间内递交上诉状的,视为未提起上诉。虽提交上诉状,但未在指定的期限内交纳上诉费的,按自动撤回上诉处理。”该条规定明确了当事人在行使上诉权利的同时,有义务按规定递交上诉状,故蒋某清虽然表示了上诉但未在法定上诉期间内递交上诉状,应视为未提起上诉。

因租赁产生的债权债务是否应在民间借贷起诉中一并处理,是本案审查的另一个重点。2015年最高人民法院《关于审理民间借贷案件适用法律若干问题的规定》第15条规定:“原告以借据、收据、欠条等债权凭证为依据提起民间借贷诉讼,被告依据基础法律关系提出抗辩或者反诉,并提供证据证明债权纠纷非民间借贷行为引起的,人民法院应当依据查明的案件事实,按照基础法律关系审理。当事人通过调解、和解或者清算达成的债权债务协议,不适用前款规定。”原告蒋某清以欠条为依据提起民间借贷诉讼,被告陈某生抗辩该欠条的产生是因租赁,非民间借贷行为引起。根据欠条的内容及双方的陈述,欠条所指向的债权债务事实上确实是因租赁而产生,那么是否应当按照租赁关系审理呢？根据上述司法解释第15条第2款的规定,双方之间就租赁清算已达成了债权债务协议(即欠条),该欠条所指向的债权纠纷已不适用基础法律关系即租赁关系来审理。审判实务中对双方当事人将结算之前债权债务关系的欠条转化为借款的情况,要从各个证据与案件事实的关联程度、各个证据的证明力以及各证据之间的联系等方面进行综合审查判断。本案中,原告蒋某清与被告陈某生在租赁结算前已于2010年1月17日存在民间借贷关系,2010年9月2日出具《欠条》的当日另外还有一笔借款并出具有一份《借条》,证实双方当日除了结算租赁的债权债务外还有民间借贷的合意。原被告双方并未就该欠租金的事实发生过争议,债权、债务明确。故将顺清与陈某生之间的债务清算协议(即欠条)按照民间借贷纠纷进行审理符合法律规定。再审审理中对欠条所确认的债权是否予以支持,应从以下四个方面进行审查:(1)欠条是不是基于合法的民事关系而产生的债权债务。本案欠条内容已明确是因租赁产生,是合法的民事关系。双方对此并无异议。(2)欠条将租赁产生的债权转化为借款是不是双方当事人真实意思表示。本案在欠条中虽然没有明确写明转化为借款的字样,但是出具欠条的当日还有另一笔借款,且此前已经存在民间借贷,故双方有民间借贷的合意,是双方当事人真实意思表示。(3)欠条所确认的债权转化为借款是否有损害国家、集体或者第三人合法权益。本案并不存在此种情形。(4)欠条指向的债权转化为借款所约定的利率是否超过法定的标准。本案中双方约定利率是“月息两分钱”即月利率2%,按照当时的法律规定,未超过法定的标准。综上所述,法院再审审查认为原审案件实体处理不当,提起再审并依法作出了前述判决。

法院再审本案时将当事人达成协议的欠条中明确的租赁关系产生的债权与民间借贷纠纷一起处理,符合法律规定,对减轻当事人诉累、节省司法资源、尽可能一次性解决纠纷有重要意义。判决后当事人息诉罢访,取得了良好的社会效果。